증보판

중국 철학의
인간 개념 연구

증보판

중국 철학의 인간 개념 연구

— 인식 방법의 전환을 중심으로 —

김원열 지음

본 연구는 '인간'에 대한 과학적 문제의식을 가지고 중국 철학에서 나타나는 '인간 규정들'의 변화 및 발전 과정을 체계적으로 구명하려는 목적에 의한 것이다. 중국의 전통철학의 논리와 연관된 주요 문헌들과 모택동(毛澤東; 1893-1976)의 주요 저작들을 분석하여 '인간' 개념의 변천 과정을 인간은 자연과 다른 특성이 있다는 점을 체계적으로 살펴볼 것이다.

KSI 한국학술정보(주)

머리말

    새로운 책을 낸다는 것은 항상 가슴 설레면서도 무거운 책임을 느끼게 만드는 일이다. 그동안 몇 권의 책들을 출간했다. 예컨대『중국 철학의 인간 개념 연구』(한국학술정보, 2005),『최제우의 동경대전』(삼성출판사, 2006),『동북아시아 유교의 전통과 현대』(한국학술정보, 2007),『송대 신유학의 자연 개념 연구』(한국학술정보, 2008), 공저로『한미 FTA와 한국의 선택』(한울아카데미, 2007) 등이다. 그런데 이번에는 새롭게 증보판의 책을 내게 되었다. 그러니까 2005년 한국학술정보에서『중국 철학의 인간 개념 연구』를 출판했으니 지금 대략 3년 정도의 시간이 지났다. 이 책은 전문적인 학술 서적이기 때문에 독자가 한정적일 수밖에 없는데, 시간이 흐르면서 비교적 많은 분들이 읽어 결국 증보판을 준비하게 된 것이다.

    이 증보판에 지난 출판 때 누락되었던 영문초록을 수록하고, 새로운 글을 추가하였으며, 색인도 갖추게 되었다. 내용에 있어서는 지난 출판 시 머리말에 자세한 설명을 했기 때문에 별도의 자세한 설명이 필요하지는 않다. 그런데 증보판에서 새롭게 수록한 글에 대해서는 약간의 배경 설명이 필요하다. 새로운 글인「현대 중국과 전통 유교의 융합 가능성에 대한 연구」는 2005년도 출판된 연구와 연관되는 주제이다. 대상으로 삼았던 시대로 볼 때 2005년판이 주로 1960년대 문화대혁명 시기까지 다루었다면 이 글은 1970년대부터 지금까지 다루고 있다. 또한 내용면에서도 2005년판이 모택동사상에 주목한 것이라면 이 글은 모택동사상과 함께 등소평의 개혁개방의 논리를 다루고 최근의 논의까지 주목한 것이기도 하다.

돌아보면 시간의 흐름이 매우 빠르게 느껴진다. 지금 이 순간 대학에서 학문의 길, 철학의 길을 걷기 시작할 무렵, 그 처음의 마음 가짐을 떠올린다. 대학생 당시 사회 모순에 대해 치열하게 고민하였고, '철학사상연구회'라는 학회를 만들어 동료 및 후배와 함께 역사, 정치경제학, 그리고 사회철학 등을 공부하고 열띤 토론에 몰두하였다. 그 당시 최대 관심은 이 땅의 중첩된 모순들을 극복하기 위한 변혁 이론이었고, 변혁 이론의 핵심인 사회철학을 연구하기 위해 대학원에 진학하기로 결정했던 것이다. 그렇게 대학원에 들어가 석사 및 박사 과정을 밟으면서 언제나 잊지 않은 것은 한국 사회의 모순과 변혁이었고, 대학원을 졸업한 이후에도 그리고 지금까지도 나의 이상은 언제나 민중해방과 민족통일이다. 아직까지는 여러모로 부족한 점이 있지만, 오랜 기간 가슴에 품었던 이상을 실현하기 위해 나의 사회적 실천은 끊임없이 이어질 것이다.

지금까지 책을 내면서 수많은 사람들의 관심과 사랑 그리고 실질적인 도움에 대해 고마움을 느끼면서도 구체적으로 그분들을 일일이 언급하기보다는 더욱 열심히 연구에 매진하는 것으로 대신하곤 하였다. 무엇보다 이상실현을 위해 앞으로 해야 할 일들이 매우 많기 때문이다. 나의 이상을 실현하기 위해서는 내 자신이 직접 이 땅의 모순들과 부딪혀 그 모순들과 함께 철저하게 깨져야 한다. 사회적 실천을 통해 내 자신이 부서지지 않고는 결코 사회적 모순을 근본적으로 해체시킬 수 없는 것이다. 이제 그 이상실현의 길을 가고자 한다.

2008년 2월 15일
이상실현을 위해
새로운 사회적 실천을 다짐하며
김 원 열

책머리에(2005년 판)

"인간이란 무엇인가?" 이 문제는 오랜 기간 나의 철학적 문제의식이었다. 왜냐하면 인류의 역사를 통해 볼 때 수많은 사상가들이 '인간'에 대해 다양하게 규정했으면서도 아직도 '인간'에 대한 '보편적 합의'에 도달하고 있지 않기 때문이다. 학문 분과들 가운데 하나로 철학에 발을 들여놓고 철학적 개념과 피말리는 그 첨예한 긴장 관계를 형성했지만 항상 문제가 되는 것은 '추상적' 인간이 아니라 이 순간 이 땅에서 모순을 안고 살아가는 '구체적' 인간이었다. 이러한 고민 속에서 나는 "왜 현실 속에서 구체적 인간은 제반 모순에서 벗어날 수 없는 것일까?"라는 문제 의식을 형성하게 되었다. 그리고 이러한 문제의식을 구체화시킨 것이 바로 이 단행본인 "중국 철학의 인간 개념 연구"다.

"중국 철학의 인간 개념 연구"(2003)는 성균관대 대학원 철학박사 학위논문이다. 처음 한국학술정보 측으로부터 출판 권유를 받았을 때 잠시 망설인 것이 사실이다. 기존의 철학박사 학위논문을 단행본으로 엮는 것이 도대체 어떤 의미가 있는지 쉽게 확신이 서지 않았기 때문이기도 하지만, 무엇보다 중요한 이유는 최근 나의 관심사가 이미 학문 일반의 주제에서 현실 사회의 구체적인 문제들을 철학적 대상으로 삼는 사회 철학의 주제로 이행하고 있기 때문이다. 예를 들어 한국 사회의 수많은 사회경제적 모순들에 대한 철학적 성찰과 구체적인 대안 모색이 현재 나의 주요 관심사인 것이다. 그런데 돌이켜 생각해보니 이러한 나의 사회철학적 관심사가 방법론적으로 모색된 것이 석사논문 및 박사논문이었다는 사실을 확인할 수 있었다. 그래도 단지 이러한 사실 관계만으로는 굳이 학위논문을 단행본으로 출판할 이유가 없었다.

내가 단행본 출판을 결정하게 된 이유는 다음과 같다. 첫째, 철학은 독백이나 웅변 또는 연설이 아니라 진지한 의사소통 과정 속에서 형성된다는 점이다. 학위논문이란 기본적으로 심사위원들의 가/부로 결정되는 것이기 때문에, 직접적으로 심사위원들을 대상으로 할 수밖에 없다. 그런데 나의 심사 과정은 진지한 학문적 토론 과정 그 자체였기에, 내게는 매우 의미 있는 시간들이었다. 그래서 단행본 출판을 통해 학문 연구자들이나 일반인들과도 함께 자유롭게 대화할 수 있는 기회를 확대하고 싶었다.

둘째, 중국의 전통철학과 현대철학에 대한 학적 성찰이다. '전통과 현대'의 문제의식 속에서 중국의 전통철학을 규정지은 성리학적 사유체계에 대한 관심은 "송대 신유학의 자연 개념 연구"(1996)라는 석사학위논문으로 구체화되었다. 그리고 석사과정부터 구상했던 중국의 전통철학과 현대철학에 대한 비교를 실현시킨 것이 바로 이 단행본이다. 특히 철학계에서는 금기 사항이었던 '모택동 사상'을 중국의 현대철학으로 다룬 것은 국내 철학박사 학위논문으로는 이것이 최초다. 그래서 학문/사상의 자유라는 맥락에서 그 지평을 확대하는 데 조금이라도 도움이 될 것이라 판단한 것이다.

　셋째, 앞으로 철학은 소수의 독점물이 아니라 민중의 구체적인 삶과 긴밀히 연관되어야 한다. 역사 이래로 많은 철학이 소수의 특수한 지적 능력을 갖춘 사람들만이 향유할 수 있는 것으로 왜곡되었고, 그 과정에서 민중 일반에게는 철학이 '뜬구름 잡는 지적 유희'로 도저히 이해하기 어려운 것으로 인식되었다. 그러나 진정한 사회철학은 민중들이 살아가면서 부딪히는 삶의 모순을 부둥켜안고 그 모순의 본질을 체계적으로 규명하며 민중과 더불어 실질적인 해방을 쟁취하는 강력한 실천적 지향을 갖추고 있다. 논문의 형식을 강조하는 지금의 학적 제도 속에서 기본적인 제약이 있긴 하지만, 이러한 사회철학의 문제의식을 담으려고 한 것이 이 학위논문이다. 사회철학의 문제의식을 보다 많은 사람들과 공유하고 싶은 것이 솔직한 심정이다.

이상과 같은 세 가지 근거로 단행본 출판을 결정하였지만, 이 책이 완결무결하다는 것을 말하는 것이 아니다. 오히려 분명히 문제와 한계를 안고 있는 책이라는 것이 진실에 더욱 가까울 것이다. 바라는 것이 있다면 그 문제와 한계를 이 책을 읽는 사람들이 지적해주는 것이며, 독자와의 열린 토론을 통해 이론적 완성도를 높이는 것이다. 철학의 길은 예술의 길과 마찬가지로 끝이 없는 길이고, 산너머 또다시 산이 영원히 펼쳐지는 길이다. 그 과정에서 한 인간의 냉철한 지식뿐만 아니라 기쁨과 분노 그리고 사랑과 인내가 녹아들게 마련이다. 비록 매우 건조한 문체로 쓰여진 글일지라도 그렇다고 생각한다.

그렇다면 "중국 철학의 인간 개념 연구"에서 말하고자 한 핵심은 무엇인가? '인간'에 대한 인식이 역사적으로 변천을 거듭했고 지금도 새롭게 인간에 대한 인식이 다시 구성되고 있다. 이러한 전제하에 '인간'에 대한 이해에서 중국의 '전통 사상'과 '현대 사상'이 인식론적으로 크게 전환된 점을 규명하였다. 특히 전통적으로 "자연과 인간은 하나다."(天人合一)라는 즉자적(卽自的) 인식 방법이 현대 중국에 이르러 '인간의 자각능동성(自覺能動性)'을 강조하는 대자적(對自的) 인식 방법으로 전환된 점이 중요하다. 다시 말해 인간은 다른 종들과 공유되는 신체적/자연적 측면도 있지만, 다른 종들과 달리 인간만이 지닌 독특한 본질을 규명하는 것에 초점을 맞춘 것이다.

이러한 목적을 구체적으로 논증하기 위해서는 우선 중국의 전통적인 인식 방법의 특징을 규명해야 할 것이다. 그래서 제 2장 '중국 고대의 순수 본질의 인간'과 제 3장 '중국 중세의 충동의 억제와 인격 중심체'에서 중국의 전통 철학을 대상으로 자연에 몰입된 '즉자적' 인간과 순수본질에 대해서 직관이나 표상의 복합체를 '대상'으로 설정하여 항상 상황에 따라 규정되는 환경의 감각적 외면으로부터 독립하려는 특성, 즉 '성즉리'(性卽理)와 '심즉리'(心卽理)의 내용을 중심으로 그 인식 방법의 특징을 체계적으로 다루었다. 그리고 전통과 현대의 과도기로서 제 4장 '근대적 이성과 충동에서의 해방'에서는 서양의 신학과 근대철학이 중국의 사상에 끼친 영향에 주목하여 서양의 절대 신학과 이성철학에서 나타난 인간의 특징을 규명하고, 중국의 철학자들이 논의한 근대적 이성의 특징을 서술하였다. 이러한 연구를 토대로 중국의 현대 철학을 대표하는 '모택동 사상'을 다룬 것이 제 5장 '모택동 사상의 대상성의 변화-사회적 실천-'이다.

제 5장은 인식론적 측면에서 모택동(毛澤東; 1893-1976)의 '계급적' 인간 개념이 지닌 특징으로 구성되었다. 주로 '존재와 사유의 관계' 문제, '인민 중심의 자각적(自覺的) 능동성', '사회 변화의 주체이자 대상인 계급' 문제, '현실의 구속을 제거하는 사회적 실천'을 통해 모택동의 '계급적' 인간 개념을 연구한 것이다. 모택동 사상(毛澤東思想)의 인간 개념이 지닌 특징을 체계적으로 정리하면 다음과 같다.

첫째, 모택동의 세계관은 '존재'가 '사유'보다 원초적이라는 '유물론적'(唯物論的) 또는 '사회역사적'(社會歷史的) 인간의 실천적 역할을 바탕으로 하고 있다. 보다 구체적으로 모택동의 "사회적 존재가 사회적 의식을 규정한다."는 명제에서 인간은 사회적인 구체적 현실의 구속에 대항해서 강력하게 부정할 수 있는 존재다. 이러한 모택동의 '유물론적' 인간은 인간을 추상적으로 이해하던 관념론적 인간관과는 달리 인간의 '사회적 특성'에 주목한 것으로, 계급적 인간관의 기초를 형성한다. 사회적 존재의 의미는 이미 주어져 있는 세계 영역에 대한 '저항'의 체험이고, 이 저항은 단지 현실의 환경에 순응하는 것이 아니라 환경을 의식적으로 인간을 위한 세계로 만드는 과정에서 필연적으로 존재하게 된다. 계급적인 자각 의식을 지닌 모택동의 인간관이 맑스-레닌주의(Marx-Leninism)의 영향을 받은 것이 분명하지만, 그의 특색은 자본주의의 자체 모순에 의한 공산주의의 필연적 도래라는 맑스-레닌주의를 능가하는 영원한 '계속 혁명'의 논리를 전개한다는 점이다. 다시 말해 모택동 사상에서는 '역사의 종말'이 거론되지 않으며, 무한한 역사의 과정이 전제되어 있는 것이다. 또한 중국의 전통철학에서 피통치자는 자연 속에 구속된 '백성'(百姓)으로만 존재하며 언제나 통치의 대상이었지 통치의 적극적인 주체가 될 수 없었다. 그런데 모택동 사상에서 계급적으로 각성된 '인민'(人民)은 무엇보다 중국 혁명의 중요한 사회적 주체이자 역사의 새로운 주체로 규정된다. 이런 점에서 볼 때, 모택동 사상의 의식화된 '인민'은 전통철학의 '백성'과 근본적으로 다른 것이다.

모택동의 사상에서 '사회적 존재'로서 계급적으로 의식된 인간은 구체적인 현실 속에서만 존재하는 동물과 근본적으로 차이가 있다. 다시 말해 모택동은 인간이 다른 동물과 근본적으로 차이가 있는 점을 '자각적 능동성'으로 파악하는 것이다. 이러한 인간의 '자각적 능동성'은 인식의 주체인 인간 자신을 포함하여 인식의 대상인 자연과 사회를 객관적으로 대상화하여 정확히 인식하고, 자연과 사회를 적극적으로 개조할 수 있는 인간만의 특성을 규명한 것이다. 이러한 모택동의 대자(對自, für sich)적 인간관은 근본적으로 세계에 대한 저항 체험으로써 근원적인 사회적 경험은 모든 의식과 표상 그리고 지각에 '앞서서' 존재한다. 그렇다면 주어진 현실을 '부정'하는 인간의 특성은 무엇을 의미하는가? 또한 중국을 혁명한다는 것은 무엇을 의미하는가? 근본적으로 현실을 부정하거나 중국을 혁명한다는 것은 고행적인 '사회적 실천'으로 인민이 부조리한 현실에 맞서 저항할 때, 생명충동과의 관계에서 세계가 무엇보다 대립적으로 나타나고 동시에 우연적인 즉자적 상태에 대한 모든 감각적 지각의 조건이 되는 생명충동의 '지양'에서만, 즉 즉자적인 생명충동이 능동적으로 무력적인 힘으로 대자적으로 전화되는 데에서 성립된다. 그러므로 각종 모순들이 혼재되어 있는 사회에서 철학한다는 것은 필연적으로 끊임없는 '계속혁명'의 무기가 될 수밖에 없다. 모택동은 대상을 '물자체'(物自體, Ding an sich)가 아닌 인간의 과학과 실험 그리고 실천으로 '우리를 위한 물(物)'(Ding für uns)로 만드는데 관심이 있으며, 대상인 자연과 사회를 적극적으로 개척하는 인간의 의지와 노력을 강조한다. 이러한 모택동의 인간관에 이르러 중국철학은 전통적인 주류 사상에서 끊임없이 강조되어온 현실의 지배질서에 순응하는 '수동적'(受動的, passive) 인간의 '정'(靜)적 세계관에서 부조리한 현실에 대항하는 '능동적'(能動的, active) 인간의 '동'(動)적 세계관으로 전환한 것이다.

　둘째, 모택동에게 인민은 '사회적 실천(實踐)'을 통해 형성된 '사상'(思想)의 힘에 의해 자신을 격렬하게 둘러싸고 있는 생명충동에 대해 원칙적으로 '고행적인' 태도를 취한다. 항상 현실에 대해 "예."라고 '긍정'만 하거나, 현실을 혐오하여 도피할 때조차도 궁극적으로는 '긍정'만 하는 지배 질서에 순응적인 '백성'과 비교해 보면, 전통철학의 '백성'이 현실을 긍정만 하는 즉자적 존재인데 반해 모택동이 중시하는 '인민'은 현실을 '부정'할 수 있는 대자적 존재다. 이 '인민'은 현실에 대해 "아니오."라고 '부정'하는 생명의 고행자이고, 모든 속박된 현실에 대항하는 영원한 혁명가다. 모택동에 있어 혁명계급으로서의 인민은 전통적인 백성과 달리 보다 살기 좋은 사회로 만들기 위해 직접 실천의 주체가 되어 부조리한 현실의 고조되는 긴장 속에서 '화해'의 길을 모색하는 인간이다. 즉 모택동의 '인민'은 역사를 새롭게 창조하는 노동계급으로 새로운 세계를 가장 많이 요구하고 그 세계를 만들어가는 인간이다. 그래서 오직 '인민'만이 충동을 임의의 우연성으로서가 아니라 '기획적으로 부정'하는 존재이기 때문에, '인민'은 그의 지각 세계 위에 이념적인 사상의 세계를 세울 수 있으며, 다른 한편으로 바로 그렇게 함으로써 그들 속에 잠

재해 있는 억압된 욕구에 혁명의 힘을 지속적으로 공급할 수 있게
된다. 다시 말해서 모택동의 '인민'은 즉자적인 그들 자신의 충동적
원동력을 대자적인 사상적 실천으로 승화시킬 수 있는 것이다. 이
과정이 감성인식(感性認識)과 이성인식(理性認識)의 변증법적 통일
과정이다. 혁명적인 '사회적 실천'의 측면에서 볼 때, 모택동의 인간
개념은 추상적인 인간이 아니라 구체적인 '계급적' 인간을 그 내용
으로 한다. 예를 들어 모택동은 '인간'을 규정할 때 추상적이고 형이
상학적인 인간보다는 '유산계급'(有産階級)이나 '무산계급'(無産階級)
이라는 구체적이고 계급적인 인간을 언급하며, 이 계급이 사회변화
의 주체임을 논증한다. 그리고 '계급적 이익'이란 판단기준을 가지고
자본가나 봉건군벌이 아닌 노동자나 농민의 이익을 철저하게 관철시
킨다. 이러한 모택동의 계급적 인간 개념은 중국의 전통철학의 인간
관을 철저히 지양(止揚)하는 논리적 기초가 된다. '인간과 인간'의
관계에서 중국 전통철학의 인간관이 추상적인 인간론을 내세우면서
실질적으로는 성왕 중심의 특수한 지배계급의 이익을 옹호한 것이었
다면, 모택동 사상의 인간 개념은 구체적인 계급적 인간 개념을 내

세우고 실질적으로도 보편적인 '인민의 이익'을 혁명적으로 대변한 것이다.

셋째, 모택동 사상의 계급적 인간 개념의 특징이 잘 나타나는 것은 공산당 지배구조를 포함한 기존 지배체제들에 대해 끊임없이 혁명의 논리를 전개하는 '계속혁명'(繼續革命)의 논리다. 모택동 사상의 '숙고적'(熟考的) 인간 개념은 인식주체인 인간 자신이나 공산당 자체도 혁명의 대상으로 삼는 매우 사회역사적인 변증법의 논리인 것이다. 이러한 모택동의 인간 개념은 맑스-레닌주의자들과 달리 철저한 자기-부정을 통해 평등한 세상을 구현하려는 중국의 혁명 사상을 대변하고 있는 것이다. 모택동이 강조한 '인민'은 노동자와 농민을 주축으로 한 것이며, 실제로 노동을 하여 사회적 재생산을 유지하고 발전시키는 '계급'을 의미한다. 문화대혁명 당시 이 '인민'의 영원한 '계속혁명'의 실천은 불평등한 중국 사회의 현실적 구속을 제거하여 평등한 사회로 만들려는 변증법적 실천의 논리였다. 중국 현대 사회에서 그 구체적인 성과가 나타난 것은 교육·의료·여성 등의 분야였지만, 개혁·개방 이후 중국 사회에는 새로운 주체가 등장하여 자신의 철학을 주장하게 되었다. 새로운 주체의 신자유주의적 세계상(像)은 문화대혁명 시기 형성되었던 '인민'의 세계상을 억압하게 된 것이다. 그래서 한 사회의 사상은 언제나 그 사회의 주체에게 종속된다. 다시 말해서 모택동의 "사회적 존재가 사회적 의식을 규정한다."는 명제는 오늘날에도 여전히 설득력이 있는 것이다.

　　마지막 제 6장 결론에서는 2장부터 5장에 걸친 논의들을 총결하고, 모택동 사상에서 인간은 전통사상에서 주체였던 성현(聖賢)이 아니라 즉자적으로 성현에 몰입되어 존재하던 백성(百姓)이 대자적으로 존재하는 인민(人民)으로 전환되어 사회적 실천의 주체로서 사회 변화를 담당한다는 점을 다시 강조하였다. 이 결론은 지금까지의 논의를 집약적으로 보여주기 때문에, 이 결론 부분을 먼저 읽고 서론과 본론의 각 장들 그리고 다시 결론을 읽는다면 "중국 철학의 인간 개념 연구"를 정확히 이해하는데 도움이 될 것이다.

　　미래의 일을 쉽게 장담할 수 없지만 죽어서야 붓을 놓을 수 있는 철학의 길에서 앞으로 무엇을 대상으로 연구하고 어떻게 글을 쓸지를 생각해보곤 한다. 그런데 미래는 현재의 삶과 밀접한 연관이 있다. 다시 말해 미래는 현재의 실천을 통해 가능성이 현실로 전환되는 것이다. 그래서 현재 나의 지적 활동을 토대로 앞으로 해야 할 일을 생각해보는 것이 필요하다. 확실히 나는 미래를 꿈꾸거나 생각한다. 그러나 단지 꿈과 생각에 그친다면 그것이 실현될 가능성은 상대적으로 적을 것이므로, 이곳에 기록하여 내 스스로를 긴장시키고 실제로 그것을 시도해보는 계기로 삼고자 한다.

현재 나는 한국 사회의 수많은 문제들을 철학적 대상으로 삼아 많은 사람들과 토론하고 있다. 그 사람들 가운데는 전문 연구자도 있고, 일반인들도 있으며, 학생들도 있다. 그런데 분명한 사실은 이들이 한국 사회 문제에 대해 내면 깊숙이 실천적 관심과 뜨거운 열정을 지니고 있다는 점이다. 이들과 함께 만나서 토론하는 시간은 분명 즐겁고 힘이 난다. 확실히 연구모임과 대학강의 그리고 시민강좌를 통해 내가 가르치는 것이 아니라 오히려 더욱 많은 것을 배우고 있다. 특히 현대 사회 문제에 대한 비판적 연구와 토론을 거치면서 문제의식이 보다 구체적으로 심화되는 과정을 확인하고 있다. 특히 한국 사회의 계급 문제와 민족 통일에 대한 연구 및 토론이 무르익는다면 그 사회철학의 문제의식을 민중이면 누구나 쉽게 이해할 수 있는 글로 표현하여 함께 생각하고 토론하며 실천할 수 있는 계기를 적극적으로 만들 것이다.

앞으로 해야 할 연구 및 저술 작업 가운데는 고전에 대한 재해석을 빼놓을 수가 없다. 기존의 고전강독과 해석이 과거의 방법을 되풀이하는 것에 머무르거나 전통에 대한 관심을 신비하게 포장하는 경향이 대부분이지만, 현재 나의 고전강독은 현대를 살아가는 민중의 관점에서 비판적으로 재해석하는 작업의 연속이었다. 그 시민강의의 과정에서 실제로 사회문제를 해결할 수 있는 사상적/실천적 단초를 발견하곤 한다. 그래서 단지 고전을 강독하는 것에 그치는 것이 아니라 그 강독 내용을 기초로 고전을 새롭게 해석하고 비판적으로 저술하여 끊임없이 중요한 사회철학의 토론 대상으로 삼을 예정이다.

지금 이 순간 발을 딛고 있는 이 모순의 땅에서 사회철학의 길을 걸을 수 있게 된 것은 일일이 거론하기도 힘들만큼 수많은 이들과의 치열한 토론과 따뜻한 격려 그리고 실질적인 도움이 없었으면 아마 불가능했을 것이다. 그 분들에게 고마움을 표현하는 가장 좋은 방법

은 이 사회에서 의미 있는 철학적 작업을 지속적으로 수행하는 일이
라 생각하며 서문의 글을 맺고자 한다.

2005년 4월

김 원 열

목 차

 **제1장** 서 론

제1절 연구 목적

이 연구의 목적은 중국철학 방법에서 "자연과 인간은 하나다."(天人合一)라는 동일성에 기초하여 자연에 맹목적으로 몰입되어 있는 '즉자적 존재'(卽自的 存在)로만 인간을 규정하려는 일반적 견해에 대해서, 인간은 식물 및 동물(天, 즉 自然)과는 다르게 자연과 인간 자신을 모두 대상화시킬 수 있는 '대자적 존재'(對自的 存在)라는 방법론을 제시하는 데 있다.[1]

---

1) 여기서 사용되는 '즉자적'(an sich)과 '대자적'(für sich)의 철학적 의미에 대해서는 헤겔(Georg Wilhelm Friedrich Hegel; 1770-1831)의 다음 저서

인간은 무제한으로 세계를 개방할 수 있는 존재다. 다시 말해서 인간의 특성은 생각하는 사상(思想)의 힘에 의해 세계를 개방, 즉 대상화하여 끊임없이 세계의 외연을 확장시키는 존재인 것이다. 반대로 식물과 동물은 어떤 '세계'도 가지지 못하고, 단지 그들의 환경(天)에 몰아적으로 몰입해서 생명을 유지할 뿐이다. 거북이가 어디로 이동하든 자신의 등껍질이라는 환경을 몸의 구조로서 짊어지고 있는 것처럼, 동물은 어디서든 그 환경을 떠날 수가 없다. 동물은 그 환경을 대상으로 삼을 수가 없는 것이다. 환경을 멀리 떼어놓고 관조한다든지, '자연 환경'을 '인간 세계'와 거리를 두고 인식하는 것은 인간만이 할 수 있는 고유한 능력인데, 동물은 이러한 것을 실행할 수 없으며, 또 욕정과 충동에 국한되어 있는 '저항 중심체'를 '대상들'로 변화시키는 것을 실행할 수도 없다. 그러므로 '대상화할 수 있는 존재'는 철학의 논리적 측면에서 가장 형식적인 범주에 속한다.[2]

이와 같은 '인간의 형식 구조'로부터 다시 말해 인간에게 주어진 것(所與性), 즉 그의 환경과 그의 전체적인 심리적·신체적 존재, 그리고 상호 간의 인간관계를 스스로 대상으로 만들 수 있는 인간의 능력으로부터 '자연과 하나'가 아닌 인간적인 '특수성'을 이해할 수 있다.

중국철학 방법에서 위와 같은 인간의 정신적 특수성이 고려되지 않고 육체적 자연성만을 강조한 결과 자연에 순응하는 수동성의 방

를 참조할 것. 헤겔, 『정신현상학 Ⅰ』, 임석진 역, 서울, 지식산업사, 1989, 59-135쪽.

[2] 참조. 막스 쉘러, 『인간의 지위』, 최재희 역, 서울, 박영사, 1976, 59-63쪽 특히 59쪽. 쉘러(Max Scheler; 1874-1928)는 인간 '세계'(世界)와 동물 '환경'(環境)의 차이를 '정신적 존재'의 여부에 두고 있다.

법론이 체계적 중심론으로 발전하였다. 그러나 또한 인간의 사상적 특수성을 강조하여 자연을 '대상화'하는 인간, 환경의 불편함에 저항하여 그 환경을 열고 나가 '세계'를 확장하는 능동성을 강조하는 방법이 발전하게 된다. 자연을 우리를 위한 것으로 대상화하는 헤겔의 '대자적 존재'[3](對自的 存在, für sich Selbst)로 인간을 규정하는 관념적이지만 능동적이기도 한 논리체계를, 필자는 모택동의 사회를 변혁하는 실천적 인간 개념까지 이 연구에서 체계화하고자 한다.

"인간(人間)이란 무엇인가?"[4] 오늘날 과학의 발달에 따라 인간의 정체성을 묻는 질문에 대해 합리적인 답변들이 늘고 있는 것은 사실이다. 자연과학 특히 생물학적인 유전공학 연구 성과는 괄목할 정도로 발달하여 '인간 유전자 기획'(人間 遺傳子 企劃, HGP; Human Genome Project)에 의한 인간의 유전자 지도를 완성하는 단계에까지 이르렀다. 그러나 수많은 과학적 답변들에도 불구하고 아직까지 '인간'의 본질에 대한 일치된 방법론이나 통일적인 이해가 이루어지지

---

3) 헤겔,『정신현상학 Ⅰ』, 임석진 역, 서울, 지식산업사, 1989, 82쪽.
4) 역사적으로 볼 때 '인간'에 대한 개념 규정은 매우 다양하게 전개되었다. 예를 들어 '인간'은 자기 자신을 '직립'할 수 있는 동물, '기도'하는 존재, '도구'를 만들어 사용할 수 있는 동물, '언어'를 만들어 사용하는 동물, '사회'적 동물, '정치'적 동물, '노동'하는 동물, '유희'의 동물, '이성'적 존재, '윤리'적 존재, '예술'적 존재 등으로 규정해왔다. '인간'에 대한 다양한 규정들을 체계적으로 나누어보면, '원시'적 규정, '신학'적 규정, '철학'적 규정, '생물학'적 규정 등으로 분류할 수 있다. 또한 '인간'이 '자연'과 다른 독특한 '문화'적 존재라는 규정과 이와는 반대로 인간이 '자연'과 근본적으로 다르지 않은 '자연'적 존재라는 규정으로 나눌 수 있다. 여기서 중요한 사실은 인간에 대한 서로 다른 규정은 서로 타협할 수 없는 세계관을 대변하고 있다는 점이다.

않은 상태다.5) 다시 말해 지금까지의 인간 규정은 방법론에 따라 전혀 다르게 정의되었던 것이다. 그럴 수밖에 없는 것이 과학의 발달뿐만 아니라 인간 사회의 총체적 발전과정을 고려한다면, '인간'에 대한 개념 규정은 학자에 따라 다르게 이루어질 수 있는 것이다. 이러한 근본적인 한계에도 불구하고 현대사회에서 '인간'을 체계적으로 명료하게 규정하려는 방법론은 과학적 방법으로 합의된다는 점에서는 일치한다.6)

본 연구는 '인간'에 대한 과학적 문제의식을 가지고 중국 철학에서 나타나는 '인간 규정들'의 변화 및 발전 과정을 체계적으로 규명하려는 목적에 의한 것이다. 역사적으로 볼 때, 인간에 대한 개념 규정은 그 사회의 발전 정도를 반영하는 가운데, 다양한 시대적 인식 구조라는 한계를 지닌다. 철학에서 인간 개체가 객관적 대상을 인식하는 과정은 인간 인식의 역사적 발전 과정과 긴밀히 연관되어 있는 것이다. 예를 들어 인식론적 측면에서 볼 때 풍습(Ethos, 仁愛), 도덕(Moral, 義理), 윤리(Ethik, 禮儀), 초윤리(Metaethik, 思想)라는 단계적 분류는 세계에 대한 인간 인식의 역사적 발전 과정을 나타냄과 동시에 인간 개체의 인식 발달을 함께 체계적으로 보여준다.

---

5) 쉘러는 '인간'에 대한 '학문', 즉 '인간학'을 '자연과학적 인간학', '철학적 인간학', '신학적 인간학'으로 나누고, 이 인간학들이 '하나의 통일된 인간 이념을 갖고 있지 않은 것'으로 파악한다. 참조. 막스 쉘러,『인간의 지위』, 최재희 역, 서울, 박영사, 1976, 12쪽.
6) 현대 정보화 사회에서 '정보 또는 지식'의 독점 문제나 '인간 복제'의 생명윤리 문제 등은 끊임없이 인간에 대한 새로운 규정을 요구하고 있다. 여기서 항상 부딪히는 의견대립의 현상은 주로 과거의 인간 개념과 새로운 인간 개념 사이에서 발생한다.

이 연구에서 핵심적인 개념인 '인간'(人間, human)은 분명히 '육체'(肉體, body)와 '정신'(精神, mind)이라는 두 측면을 모두 지니고 있다.[7] 인간은 육체를 지녔다는 점에서 다른 동물과 마찬가지로 '즉자적 존재'로 자연에 몰입적이다. 그러나 인간의 '사회성'이나 인간의 '정신'은 다른 동물과는 명확히 구별되는 질적 차이들을 보여준다. 예를 들어 칼 마르크스(Karl H. Marx; 1818-1883)가 인간을 '사회적 관계들의 총체'로 파악한 것이나,[8] 막스 쉘러가 인간만의 독특한 본질을 '정신'으로 설정한 것[9]은 모두 자연적 존재들과 본질적으로 다른 '인간'만의 고유한, 환경을 대상화하는 특성을 규명한 것이다.

여기서 중요한 것은 '인간'의 두 측면인 '육체와 정신'의 상호관계로 이 관계를 철학적 용어로 치환하면 바로 '존재와 사유의 관계'다. 철학에서 '존재와 사유의 관계'는 매우 중요한 문제다. 왜냐하면 '존재'와 '사유'의 관계를 어떻게 설정하느냐에 따라 철학의 기본적인 체계와 방법이 전혀 달라지기 때문이다. 예를 들어 존재보다 '사유'를 더 원초적으로 보려는 것이 관념론의 방법적 입장이라면, '존재'에 종속되는 것이 사유라고 파악하는 것이 유물론, 즉 과학적 논리다. 프리드리히 엥겔스(Friedrich Engels; 1820-1895)가 '철학 전체의 최고 문제인 존재에 대한 사유의 관계'[10]라고 표현한 배경에는 바로

---

7) 인간이란 존재의 현 실태는 육체를 떠난 정신이나, 정신적 기능이 정지된 육체를 배제한다. 그만큼 육체와 정신은 인간 존재를 통일적으로 구성하고 있는 인간의 유기적 측면들이다. 다만 본 연구에서는 논리적 측면에서 양자의 고유한 특성을 분석하여 인간에 대한 규정을 다루고 있다.
8) 마르크스·엥겔스, 『독일이데올로기 1』, 김대웅 역, 서울, 두레, 1989, 39쪽.
9) 막스 쉘러, 『인간의 지위』, 최재희 역, 서울, 박영사, 1976, 56-78쪽.

이러한 과학적 세계관의 문제가 있는 것이다.[11]

그런데 '존재와 사유의 관계'에서 '인간'에 대한 규정은 인식 주체인 인간 자신을 인식 대상으로 삼는 것이기에 필연적으로 사유(思惟)는 유기적인 것으로부터 실존적으로 해방되어 있다. 인간이 사유를 지닌다는 것은 인식발달의 역사에서 오랜 시간이 경과한 후에야 가능할 수 있었다. 왜냐하면 인간의 사유는 외부의 객관적 대상(客觀的 對象)에 대한 매개의 과정을 거쳐야 비로소 자신을 인식 대상으로 설정할 수 있기 때문이다. 그래서 인식의 초기과정에서 원시인들이 다른 존재들, 즉 무기물, 식물, 동물 등과 완전히 다른 존재로 자신을 파악하는 것은 무척이나 어려울 수밖에 없었던 것이며, 이러한 양상은 원시적 세계관이 의인화(擬人化)의 형식으로 자연계(自然界)를 이해하는 방식에서 잘 드러난다.[12] 중국의 원시적 신화에도

---

10) 프리드리히 엥겔스, 『포이에르바하와 독일 고전철학의 종말』, 양재혁 옮김, 서울, 돌베개, 1987, 32쪽.

11) 그런데 여기서 명확하지 않은 것은 '존재' 개념과 '사유' 개념의 의미다. 특히 '존재' 개념은 다른 개념들과 비교할 때, 흔히 최고의 상위 개념으로 사용되기 때문에 논리학적으로 종차(種差)에 의한 개념 규정이 어려워진다. 그렇다고 '존재' 개념을 규정하지 않을 경우 논의에 극심한 혼란을 불러일으키게 될 것이다. 또한 '사유' 개념의 경우, 인식의 과정과 결과를 모두 포괄하는 넓은 외연의 개념이며, '존재' 개념과의 관계를 통해 그 의미가 명확하게 드러날 수 있다. 다시 말해 '존재'란 무엇이고, '사유'란 무엇인지를 개념적으로 명확하게 규정해야 이후 본 연구의 논의를 체계적으로 진행할 수 있는 것이다. 따라서 본 연구에서 사용하는 '존재' 개념은 '자연', '물질'과 같은 객관적 실재이며, '사유'는 '정신', '의식'과 같은 주관적 실재를 의미한다는 것을 밝혀둔다.

12) 중국의 원시적 자연인식 가운데 '擬人化'에 대해서는 다음을 참조할 것. 김원열, 「宋代 新儒學의 自然 槪念 硏究」, 서울, 성균관대 석사학위논문, 1996, 27-30쪽. 이 밖에 중국 철학의 人間 개념을 다루면서 자주

이러한 의인화의 방법은 일반적으로 사용되었다. 예를 들어 중국 고대 사상의 기본적인 문헌인 『시경(詩經)』을 분석해 보면 원시적 사유의 대부분은 자연을 '의인화'하여 이해하고 있는 것을 확인할 수 있다. 이러한 의인화 방식은 원시 그리스의 신화적 사유를 봐도 예외가 아니다. 그리스의 신들은 사람의 생각에 기초하여 설정된 가공의 존재인 것이다.

그런데 문명의 발달에 따라 자연을 의인화의 방법으로 이해하는 것은 근본적인 한계에 부딪히게 된다. 왜냐하면 개별 과학의 발전으로 인간은 자연의 법칙(法則, law)들을 정확히 인식할 수 있게 되었기 때문에, 자연과는 다른 인간만의 특수성을 설명할 수 있게 되었다. 이러한 이유로 인간은 자신과 자연물들을 대상화하여 그 질적 차이를 구분하게 된 것이다. 그리스의 철학자 아리스토텔레스(Aristotelēs; 기원전 384-322)가 인간과 자연의 본질과 차이점을 체계적으로 분류한 형식에 따라서 후대에 귀납적 논리와 연역적 논리가 발전한 것이다. 이에 반해 중국의 고대 철학들은 대부분 인간과 자연의 차이점을 문제로 삼기보다는 자연과 인간이 같다는 공통점에 더욱 주목하였으며, 이러한 '인간과 자연의 동일성'만을 주장하는 연역적 논리가 후대의 철학방법, 즉 동양철학이라는 분과로 지금도 이어지고 있는 것이다.

이와 같이 "그리스와 중국의 사유 방법이 다르게 된 것은 어떤 원인들 때문인가?" 여기에는 많은 이유가 있지만, 근본적으로는 사회의 발달 정도와 문화의 차이에 기인한다. 예를 들어 그리스가 이집트와

거론되는 自然 개념은 선행연구인 이 학위논문을 바탕으로 한 것이다.

같은 고대 문명의 유산에 영향받고 또한 해양성 문화인 데 비하여, 중국은 내륙에서 고립적인 문명을 발전시킨 결과다. 확실히 이러한 문명적 차이가 발생한 원인들에 대한 연구는 중요한 연구과제다. 왜냐하면 '방법의 차이'는 오늘날까지도 철학연구에 큰 영향을 미치기 때문이다. 따라서 본 연구의 또 다른 목적은 두 문명 간의 사유방법의 차이가 발생한 원인에 대해 체계적으로 규명하는 점에도 있다.

본 연구는 중국의 전통철학의 논리와 연관된 주요 문헌들[13])과 모택동(毛澤東; 1893 – 1976)[14])의 주요 저작들[15])을 분석하여 '인간' 개

---

13) 중국의 철학들 가운데 본 연구의 기초적인 연구 자료는 주로 중국 고대의 儒家, 道家, 墨家, 法家의 주요 저작들과 漢代의 儒學, 魏晋南北朝의 玄學, 宋代의 性理學, 明代의 陽明學 등의 기초적인 자료들이다. 다만 원문과 각주를 참고 또는 인용할 경우 판본이 다른 서적들 가운데 가능한 필자가 직접 소장하고 있는 책을 기준으로 했다. 이 밖에도 논지 전개상 필요할 경우 다른 원자료들도 연구에 적극적으로 활용하고 있다. 이러한 자료들의 선별은 중국의 수많은 사상들 가운데 중국 사회의 사유체계와 인식방법에 미친 영향이 비교적 큰 것을 기준으로 이루어졌다.

14) 모택동의 전기에 관한 문헌은 상당히 많지만 학술적 가치가 있는 것만 제시하면 다음과 같다. Benjamine I. Schwartz, *Chinese Com –munism and the Rise of Mao*, Cambridge, Harvard University Press, 1951. 宇野重昭, 『毛澤東』, 東京, 清水書院, 1970. Edgar Snow, China's Long Revolution, Middlesex, Penguin Books, 1974. Helen Foster Snow, Inside Red China, New York, Da Capo Press, 1977. 스튜어트 R. 슈람, 『모택동』, 김동식 옮김, 서울, 두레, 1979. 潘平 編, 『毛澤東之路』 1–4卷, 北京, 中國靑年出版社, 1993. 王占陽 編, 『中外記者筆下的毛澤東』, 沈陽, 沈陽出版社, 1993. 에드가 스노우, 『중국의 붉은 별』, 서울, 신홍범 옮김, 1994. Jonathan Spence, Mao Zedong, New York, Viking Penguin, 1999.

15) 모택동 사상의 기본적인 자료는 다음과 같다. 毛澤東文獻資料硏究會 編, 『毛澤東集』 1–10, 東京, 蒼蒼社, 1972. 毛澤東文獻資料硏究會 編, 『毛澤東裸卷』 Ⅰ–Ⅲ, 東京, 蒼蒼社, 1984. 中共中央文獻硏究室 編, 『毛澤

념의 변천 과정을 인간은 자연과 다른 특성이 있다는 점을 체계적으로 살펴볼 것이다. 특히 인식론적 측면에서 중국 전통철학의 연역적 논리, 즉 순환반복적인 자연변증법과 모택동 사상의 과학적인 역사변증법의 차이를 규명하는 것은 중국 철학의 기본적인 철학구조와 방법론적 특징의 근본적 변화를 이해하는 데 중요한 역할을 한다. 특히 모택동 사상은 '존재'와 '사유'의 '역사변증법적 관계'를 특징으로 하며, 이 역사변증법의 논리를 집중적으로 살펴볼 필요가 있다. 왜냐하면 이 변증법, 즉 사회역사변증법의 방법이 전통철학의 자연변증법이나 관념변증법과 분명한 차이를 잘 보여주기 때문이다.16) 따라서 철학의 근본문제인 '존재와 사유의 관계'를 중심으로 '중국철학'에서 인간 존재를 고찰할 경우, 중요하게 대두되는 연구과제는 자연에 즉자적, 몰아적으로 빠져버려 자연을 대상화하지 못하는, 그래서 자연 질서에 순응하는 인간상과 반대로 인간이 활동하는 자연·사회 환경의 저항중심체와 반응중심체를 '대상'으로 설정할 수 있으

東哲學批注集』, 北京, 人民出版社, 1988. 中共中央文獻編輯委員會 編, 『毛澤東選集』1-4, 北京, 人民出版社, 1991. 中共中央文獻研究室 編, 『毛澤東文集』1-8, 北京, 人民出版社, 1993-1999. 中共中央文獻研究室 編, 『毛澤東早期文稿』, 長沙, 湖南出版社, 1995. 또한 비교적 정확하고 상세한 중국 근현대사와 모택동의 연표는 다음을 참고할 것. 竹內實 編, 中國近現代論爭年表(1895-1989) 上下, 京都, 同朋舍, 1992. 中共中央文獻研究室 編, 『毛澤東年譜』上中下, 北京, 新華書店, 1993.

16) 양재혁은 변증법을 '객관적 변증법', '관념변증법', '역사변증법'으로 나누고 있다. 다음을 참조할 것. 양재혁, 『동양사상과 마르크시즘』, 서울, 일월서각, 1987, 198쪽. 필자는 그의 '역사변증법'을 '사회역사 변증법'이자 '유물변증법'으로 파악하고 있는데, 왜냐하면 인식론적으로 볼 때 '역사변증법'은 인식 주체와 인식대상이 사회적 실천을 통해 통일되는 변증법이기 때문이다.

며, 원칙적으로 이 대상들의 '본질'을 스스로 파악하는 인간상이다. 이러한 행동의 형식은 근본적으로 환경의 구속을 제거하는, 세계를 '확장하는 형식'과의 차이다. 다시 말해 전통적 논리인 자연에 순응하는 인간과 그 환경의 불편함에 저항하여 새로운 환경, 즉 세계를 창조하는 인간이 대비될 것이다.

전통철학은 역사적 연원이 오래되었을 뿐만 아니라 인간에 대한 규정은 특정 학파와 개별 사상가에 따라 매우 다양하게 이루어진다. 그러나 그 다양성에도 불구하고 중국 전통철학에서 인간 규정은 공통된 체계와 방법을 바탕으로 한다. 예를 들어 '인간과 자연'의 교섭 관계에서 양자의 동일성에 기반을 둔 '자연적'(自然的) 또는 '본성적'(本性的) 인간 규정이 바로 그것이다. 이러한 중국의 전통적인 사유체계는 인간의 자연적 측면만을 강조한 논리로, 인간과 다른 존재들의 특성을 철저히 규명하지 못하고 있다. 뿐만 아니라 중국 전통적인 사유체계는 '인간과 인간'의 관계에서도 성왕(聖王)을 진리의 기준으로 한 연역적 방법의 논리이기 때문에 역사적으로 볼 때 일반 백성들은 오직 성왕을 위해서만 즉자적(卽自的, an sich)으로 존재할 뿐이다. 왜냐하면 전통철학에서 백성은 통치의 대상이지 대상화 능력을 지닌 통치의 주체로 인정되지 않기 때문이다.

그런데 중국의 모택동 사상에서는 인간과 자연의 본질적 차이가 주요하게 취급되고, 성왕의 진리가 절대화되는 논리가 아닌 철저히 인민(人民)의 실천적 행위에서 진리의 기준을 추구하는 논리다. 예를 들어 모택동은 '인간과 자연'의 본질적 차이를 인간의 '자각적 능동성'(自覺的 能動性)으로 파악하고 있다. 인간의 '자각적 능동성'은 인간만이 지닌 독특한 능력으로 동물들과 근본적 차이를 보여주며, 그가 언급하는 사유의 능동적 특성은 중국의 사회주의 혁명 과정에서 중요한 역할을 한다. 특히 본 연구에서는 모택동 사상의 '자각적 능동성'에 주목하여 중국의 사회주의 혁명에서 전통적 사유형식인 자연순응적 수동성을 배척하고 의식적이고 적극적 · 능동적인 인민이 주어진 환경을 대상화하여 세계를 자신의 목적에 따라 변화시키려는 실천적인 논리를 중점적으로 연구한다. 이와 같이 모택동이 '인민'의 '사회적 실천'을 진리의 기준으로 제시한 논리는 전통철학에서 제시됐던 '인간'에 대한 규정을 근본적으로 전환시킨 것이다. 구체적으로 전통철학의 자연과 인간의 미분화의 방법이 모택동 사상에 이르러 철저하게 지양(止揚, aufheben)되어 현대 과학적 인식방법이 새롭게 형성된 획기적 전환점이 되었다. 본 연구에서는 바로 이러한 전환점에 주목하여 전통철학에서 자연에 몰입하는 존재로 규정했던 '인간'이 세계를 창조해가는 '인간'으로 되는 과정을 과학적 인식방법의 측면에서 체계적으로 규명할 것을 목적으로 한다.

제2절 연구 방법과 범위

중국 철학에 대한 선행 연구들을 검토해 볼 때, 대부분 개별 철학자에 대한 수많은 연구들이 매우 풍부하게 이루어졌음을 확인하게 된다.[17] 이 연구들 가운데 역사과학적 연구방법을 기초로 중국 철학에 대해 연구한 것은 대부분 근대 이행기 중국을 분할 점령했던 제국주의 국가들에 의한 중국 철학 연구다.[18] 그리고 개별 철학자에 대한 수많은 연구들을 바탕으로 그 철학사가 최초로 중국인에 의해 기술되고, 서양인들에게 그들의 언어로 소개된 지도 이미 오래되었다.[19]

17) 흔히 잘못된 편견들 가운데 서양인의 중국철학 연구에서 서양인이 중국어에 대한 이해가 부족하리라는 선입견이 있는데, 이것은 서양의 중국학에 대한 무지에서 비롯된 것이다. 예를 들어 조셉 니담(Joseph Needham; 1900-1995)의 문헌목록만 봐도 서양 학자들과 중국학자들이 중국철학에 대한 연구를 얼마나 축적했는가를 쉽게 확인할 수 있다. 다음을 참조할 것. Joseph Needham, *Science and Civilisation in China* vol. I, Cambridge, Cambridge University Press, 1954, 249-298쪽.

18) 대표적으로 영국, 프랑스, 독일, 일본, 미국 등의 제국주의 국가들을 꼽을 수 있다. 이들 자본주의 국가들은 중국을 식민지나 상품의 소비지로 여기고, 중국에 대한 수많은 연구를 축적했다. 이 연구 과정에 깊숙이 스며 있는 '오리엔탈리즘'(orientalism)의 문제가 없는 것은 아니지만, 각종 문헌에 대한 체계적인 분석과 근대적인 객관적 연구 방법은 외면할 수 없는 학적 성과다. 예를 들어 알프레드 포르케(Alfred Forke; 1867-1944)의 연구들은 중국 철학 문헌들에 대해 객관적이고 체계적인 방법을 적용한 학적 성과물들이다. 포르케의 대표적 저술 목록은 다음을 참조할 것. 조셉 니담, 같은 책, 275쪽. 참고로 근동지방을 중심으로 이루어진 제국주의 국가의 식민지 지배를 위한 '오리엔탈리즘'의 문제를 본격적으로 제기한 학자는 사이드(Edward W. Said; 1935-2003)다. 에드워드 W. 사이드, 『오리엔탈리즘』, 박홍규 역, 서울, 교보문고, 1991. 또한 '오리엔탈리즘'의 타자화 논리와 마찬가지로 중국 지식인들이 서양을 왜곡한 '옥시덴탈리즘'의 문제에 대해서는 다음을 참조할 것. 샤오메이 천, 『옥시덴탈리즘』, 정진배 옮김, 서울, 강, 2001. 다만 오리엔탈리즘의 논리가 분명히 문제를 지니고 있지만, 그 반작용으로 과거 문화에 대한 문화적 보수주의자들의 무조건적 옹호를 보증해 주지는 않는다.

19) 중국 철학을 서양에 영어로 소개한 최초의 대표적인 학자는 馮友蘭(1895-1990)과 Derk Bodde며 그 대표적인 작업이 바로 다음과 같은

그런데 중국 철학에 대한 수많은 연구들에도 불구하고, 중국의 전통철학과 현대철학을 비교하는 연구들 가운데 '인간'과 '자연' 문제를 체계적으로 연구한 논문은 거의 없다. 특히 한국에서 중국철학 연구는 대부분 현대중국을 연구의 대상으로 삼지 못했기 때문에, 모택동의 '인간' 개념에 대한 체계적인 연구는 매우 드문 현상이다.[20] 이와 같은 매우 편향적인 연구 상황에서 '인간'과 '자연'에 대한 연구는 주로 역사과학자들에 의해 이루어진 선행 연구들을 비판적으로 검토하는 것에서 출발할 수밖에 없다.

중국의 전통철학과 모택동 사상의 관계에 대한 연구에서 무엇보다 먼저 검토해야 할 것은 모택동 사상에 대한 선행 연구들의 방법이다. 왜냐하면 그 방법들은 기본적으로 '모택동 사상의 연원'이란 문

책들이다. Fung, Yu-Lan, *A History of Chinese Philosophy* Ⅰ-Ⅱ, Derk Bodde, trans. Princeton, Princeton University Press, 1937-1952. Fung, Yu-Lan, *A Short History of Chinese Philosophy*, New York, Macmillan, 1948.

20) 철학박사 학위논문의 경우, 아직 국내에서 중국의 현대철학 가운데 대표적인 철학인 모택동 사상을 직접 다룬 박사학위논문이 없다는 것은 현대중국에 대한 철학적 연구의 빈약한 학문 현실을 단적으로 보여준다. 물론 모택동 사상에 대한 국내 철학자들의 연구나 번역이 없는 것은 아니지만, 그 성과가 출판된 것은 극히 소수에 불과하다. 모택동 사상과 연관된 국내 철학자들의 연구나 번역이 단행본으로 출판된 것을 순서대로 제시하면 다음과 같다. 김충렬·공기두, 『모택동 사상론』, 서울, 일월서각, 1985. 송영배, 『중국사회사상사』, 서울, 한길사, 1986. 양재혁, 『장자와 모택동의 변증법』, 서울, 이론과 실천, 1989. 양재혁, 『동양사상과 마르크시즘』, 서울, 일월서각, 1989. 필검횡, 『모택동 사상과 중국철학』, 이철승 옮김, 서울, 예문서원, 2000. 이철승, 『유가사상과 중국식 사회주의 철학』, 심산, 2002. 조경란, 『중국 근현대 사상의 탐색』, 서울, 삼인, 2003.

제에서 출발하고 있기 때문이다. 따라서 본 연구와 긴밀히 연관된 선행연구에 대한 검토에서 먼저 이루어져야 할 것은 모택동 사상에 대해 이데올로기적으로 편향된 연구 방법들에 대한 체계적인 분석과 평가다.

중국의 현대철학인 '모택동 사상'의 성립과 전개는 1921년 창건된 중국공산당의 역사적인 혁명 과정과 긴밀히 연관되어 있다.[21] '모택동 사상'이란 용어가 처음 사용된 것은 1945년이지만, '모택동 사상'이 '마르크스-레닌주의의 보편원리와 중국혁명의 구체적인 실천이 서로 결합한 결과'를 의미하는 것이라면, 중국 공산당이 일본 제국주의에 맞서 민족 전쟁을 수행하고 있던 1938년에 이미 '모택동 사상'이란 개념이 성립되기 시작했다는 것을 알 수 있다.[22] 예를 들어 1938년 모택동은 다음과 같이 말한다. "공산당원은 국제주의적 마르크스주의자지만, 마르크스주의는 반드시 자국의 구체적인 특징과 서로 결합하여 일정한 민족형식을 거쳐야 비로소 실현될 수 있다. 마르크스-레닌주의의 위대한 역량은 바로 그것과 각국의 구체적인 혁명실천과 서로 연계되는 곳에 있는 것이다."[23] 이러한 모택동의 주

---

21) 등소평은 모택동 사상과 중국공산당의 관계를 다음과 같이 강조한다. "모택동 사상이 없었다면 지금의 중국공산당도 없을 것이며, 이것은 조금도 과장된 표현이 아니다." 참조. 中共中央文獻編輯委員會 編, 『鄧小平文選』 2, 北京, 人民出版社, 1994, 149쪽.

22) 역사적 측면에서 '毛澤東思想'이란 용어의 기원과 그 특징에 관한 체계적인 연구는 다음 논문을 참조할 것. 段若鵬·許冬梅·于吉楠, 「毛澤東思想的基本特徵及其發展史研究述評」, 『毛澤東研究述評』, 北京, 中央文獻出版社, 1992, 50-61쪽.

23) 中共中央文獻編輯委員會 編, 『毛澤東選集』 2, 北京, 人民出版社, 1991,

장은 이후 '모택동 사상의 연원'에 대한 연구에서 '마르크스-레닌주의'(Marx-Leninism)24)뿐만 아니라 '민족형식'이나 '민족전통'과의 연계성에도 주목하게 되는 '양원설'(兩源說), 즉 '두 가지 근원에 관한 이론'의 근거가 된다.25)

본 연구의 주제인 '인간 개념'에서 중국의 전통철학과 모택동 사상에 대한 방법론적 비교는 선행 연구들에서 철저하게 전개되지 못했다. 선행 연구들의 방법론적 특징과 문제점을 본 연구의 방법과 비교하여 살펴보면 다음과 같이 크게 세 가지로 나눌 수 있다.26)

첫째, 1945년 2차세계대전이 종결된 후 '냉전'(冷戰, Cold War) 시기에 이루어진 모택동 사상과 마르크스-레닌주의의 비교 연구는 사회주의 체제와 자본주의 체제의 치열한 경쟁과 함께 활발하게 이루어졌다. 이러한 비교 연구는 중국 공산당의 입장에서 냉전 이전에

534쪽.

24) 확실히 마르크스(Karl H. Marx; 1818-1883)와 레닌(Wladimir I. Lenin; 1870-1924) 등의 철학인 '마르크스-레닌주의'는 모택동 사상의 형성에 큰 영향을 미친 것이 사실이다. 그러나 본 연구는 중국의 전통철학과 모택동 사상의 비교를 중심으로 논지를 전개하기 때문에, 연구와 직접적으로 연관된 매우 제한된 범위에서만 '마르크스-레닌주의' 철학을 언급할 것이다.

25) 이와 같이 '모택동 사상의 연원'을 주요한 연원과 부차적인 연원으로 나눈 '兩源說'의 입장에서 '모택동 사상'을 연구한 대표적 문헌은 다음과 같다. 楊超·畢劍橫 主編, 『毛澤東思想史』 1-4卷, 修訂本, 成都, 四川人民出版社, 2001.

26) 이 부분은 크게 세 가지 연구경향들을 다루고 있는데, 각각의 연구경향들에 대한 서술순서는 모택동 사상 일반의 선행연구 검토, 중국의 전통철학과 모택동 사상의 비교연구 검토, 방법론적 문제점, 필자의 방법론 순으로 되어 있다.

당내의 교조주의에 대해 비판하던 차원에서 이루어지고,27) 냉전 이후에도 '중국식 사회주의' 체제의 정통성을 강조하기 위하여 필요한 이념적 요청을 배경으로 한 것이다.28) 그런데 1960년대 이래로 구소련과 동유럽의 사회주의 국가의 연구자들 대부분은 모택동 사상이 마르크스-레닌주의와 전혀 상관이 없는 '사이비 사회주의'라고 비난했다.29) 이와 같이 '모택동 사상'에 대한 그들의 부정적 평가는 전후 사회주의 건설과정에서 촉발된 중국과 소련의 대립과 연관된 것이다. 방법론적 측면에서 이러한 사회주의 진영의 '모택동 사상' 연구들을 고찰해 보면 '논리적 객관성의 결여'라는 문제점이 있다.

본 연구의 주제인 '중국 철학의 인간 개념'에 대한 연구에서 가장 핵심적인 것은 중국의 전통철학과 모택동 사상의 방법론적 차이점이다. 그런데 모택동 사상을 학문적 연구대상으로 여기지 않고 오로지 체제의 적(敵)이나 절대악으로 파악하는 이데올로기적 방법이 심각한 문제다. 예를 들어 김상협은 중국을 '자유진영 공동의 敵'으로 상정하고 있으며,30) 김충렬은 군사독재체제 시기에 반공정책에 편중하여 모택동 사상을 철학으로 분석하지 않고, 오로지 제거해야 할 대상으

---

27) 이달(李達; 1890-1966)의 경우가 대표적이다. 이달의 주요 저서인 『실천론 해설』과 『모순론 해설』은 모택동 사상을 선전하기 위해 이루어진 연구 작업이다. 자세한 내용은 다음을 참조할 것. 任俊明·安起民 主編, 『中國當代哲學史』, 北京, 社會科學文獻出版社, 1999, 11-16쪽.
28) 이와 같은 '중국식 사회주의'의 체계화는 모택동이 이달에게 보낸 편지로 확인된다. 참고. 中共中央文獻硏究室 編, 『毛澤東文集』 6, 北京, 人民出版社, 1999, 154-155쪽.
29) 石仲泉 主編, 『毛澤東硏究述評』, 北京, 中央文獻出版社, 1992, 655쪽.
30) 김상협, 『모택동 사상』, 개정증보판, 서울, 일조각, 1977, IV쪽.

로 삼았다.[31] 이러한 반공정책에 따른 연구경향은 그 방법론에서 형이상학적인 논리에만 진리를 국한시키는 근본적인 한계를 지니고 있다. 또한 이러한 연구는 이념적인 필요에 따른 것으로 역사적 사실을 의도적으로 외면한 것이기 때문에 형이상학적인 방법의 한계에 머물러 있다.[32] 이러한 결과를 초래한 것은 냉전 시기 체제 대립의 차원에서 자본주의 체제를 옹호하고 사회주의 국가인 중국을 적대시하여 모택동 사상을 반공정책적 차원에서 연구하다 보니 중국의 전통철학과 모택동 사상의 객관적인 비교 연구를 할 수 없었던 것이다. 이러한 이념적 연구경향이 지닌 방법론적 문제는 중국의 전통철학과 모택동 사상을 선과 악, 즉 무조건 옹호할 성스러운 것과 철저히 배제할 미천한 것이라는 기계적 이분법으로 양자를 비교한다는 점이다.

이에 비해 본 연구는 중국을 적대시하는 이념편향적 연구가 아니며, 중국의 전통철학과 모택동 사상의 상호관계를 과학적으로 분석하는 연구다. 따라서 본 연구의 방법은 '무극이면서 태극'(無極而太極)이라는 '즉자적' 미분화의 논리 대신에, 무극은 태극이 '아니라'는 상호대상적인 '비교'(比較)의 방법이다. 중국의 전통철학과 모택동 사상을 연구할 경우 그 방법론적 비교 없이 각각의 자체 논리만 따

---

31) 김충렬, 「모택동의 실천론과 모순론 비판」, 『아세아연구』 제22권 제2호 (통권 제62호), 서울, 고려대아세아문제연구소, 1979년 7월, 175-230쪽. 김충렬·공기두, 『모택동 사상론』, 서울, 일월서각, 1985, 특히 174-202쪽.
32) 대만의 섭청도 장개석의 독재하에서 반공정책적 차원의 이념적 편향에 치우쳐 모택동 사상을 비판하기 위해 마르크시즘과 비교하고 있다. 참조. 葉靑, 『毛澤東思想批判』, 臺北, 帕米爾書店, 1970, 19-21쪽. 특히 3쪽에서 그는 자신의 저술이 '反共을 강화하여 적과의 전쟁에서 승리하기 위한 것'임을 분명히 밝히고 있다.

로따로 설명해서는 그 사상의 사회역사적인 특성을 체계적으로 밝힐 수 없게 될 것이다. 한 철학을 연구 대상으로 할 때 서로 다른 방법과의 비교를 통한 연구가 필요한 것이다. 중국의 전통철학과 모택동 사상을 비교하는 것은 바로 현대 중국의 건설에 큰 영향을 미친 모택동 사상의 인간 개념이 방법론적으로 전통철학의 자연순응적 방법과 다르게 자연을 대상화하는 과학적 방법임을 증명하기 위한 것이다. 이 비교의 과정을 통해 중국 철학의 인간상(人間像)이 보다 체계적으로 규명될 것이다.

둘째, 냉전 시기에 사회주의를 비난하는 미국 중심의 자본주의 진영의 연구에서도 모택동 사상과 마르크스-레닌주의를 비교하는 것은 정책적으로 반드시 필요한 연구과제였다.[33] 그런데 이러한 정책적 연구는 중국에 대해 반공이념에 의한 사회주의 비판과 자본주의 체제 우월론에 근거해서 모택동 사상을 연구 대상으로 삼았다.[34] 이 연구 방법론은 모택동 사상을 객관적 연구의 대상으로 하지 않고 다만 부정의 대상으로만 취급하는 주관적인 방법이었다. 그렇다고 미국과 서유럽의 자본주의 국가에서 모택동 사상에 대한 반공정책적

---

33) 냉전 시기 자본주의 진영의 반공정책적 연구들 가운데 대표적인 것으로 다음을 참조할 것. Benjamine I. Schwartz, *Chinese Com-munism and the Rise of Mao*, Cambridge, Harvard University Press, 1951. 스튜아트 슈람, 『모택동』, 김동식 역, 서울, 두레, 1979. 바넷트 도크, 『중공의 오늘과 내일』, 박노태 역, 서울, 원동사, 1967.
34) 냉전시기 체제 대립의 최전선에 있던 대만과 한국에서 반공정책적 차원의 연구들 가운데 대표적인 것은 다음과 같다. 葉靑, 『毛澤東思想批判』, 臺北, 帕米爾書店, 1970. 김상협, 『모택동 사상』, 개정증보판, 서울, 일조각, 1977. 김충렬·공기두, 『모택동 사상론』, 서울, 일월서각, 1985.

연구만 있었던 것은 아니다. 특히 1968년 프랑스와 독일을 주축으로 진행된 학생운동의 고양과 함께 제3세계에 대한 논의과정에서 모택동 사상에 대한 연구가 활발하게 전개되었다. 그러나 중국에서 문화대혁명의 퇴조와 함께 모택동의 사망 이후 그의 사상에 대한 연구의 주제는 감소하게 되었다.[35]

그런데 모택동 사상에 대한 연구들 가운데 그것을 역사적인 객관적 연구로 대상화하지 못하고 다만 편향적으로 찬양과 선전에만 몰두한 연구 경향의 문제가 남아 있다. 이러한 연구 경향은 등소평의 개혁·개방 이전, 주로 교조주의자들이 이끌던 모택동 사상 연구에서 주류를 형성하였다. 이와 같은 연구의 문제는 오로지 모택동 사상을 교조적으로 신봉한 가운데 어떠한 비판도 용납하지 않는 매우 주관적인 방법이라는 점이다.[36]

본 연구가 주관적 방법의 문제를 극복할 수 있는 대안으로 채택한 것은 '사회역사'(社會歷史)의 방법이다. 철학연구는 철저히 사회역사적 방법에 기초해야 과학적인 규명이 가능하다. 만약 과거의 철학이나 사상을 비사회적인 방법과 비역사적인 방법으로 연구할 경우 그 범주나 개념이 공허하고, 그 때문에 범주와 개념의 체계적 의미를 밝혀낼 수가 없게 된다. 여기서 '사회역사적' 방법이란 어떠한 사상도 그 사회의 현실과 역사적 한계 내에서 연구되어야 정확한 파악

---

35) 石仲泉 主編, 『毛澤東研究述評』, 北京, 中央文獻出版社, 1992, 659쪽.
36) 중화인민공화국에서 개혁·개방 이전의 모택동 사상 연구는 대부분 '중국식 사회주의'를 옹호하는 핵심적 논리로 마르크스주의의 중국화를 주장하고, 모택동 사상의 무오류성을 논증하고 있다.

이 가능하다는 전제를 가지고 있다. 따라서 어떤 사상을 주관적인 방법으로 연구하는 것을 철저히 비판하는 입장에서 중국의 전통철학과 모택동 사상의 인간 개념을 역사적인 중국 사회의 현실 속에서 객관적으로 비교하는 '사회역사적' 방법으로 연구하는 것이 필요하다.

셋째, 미국이나 대만을 중심으로 모택동 사상을 비판하던 입장과 소련을 중심으로 하여 동유럽의 사회주의 국가에서 모택동 사상을 '사이비 사회주의'라고 비판하던 논리 이외에 중국의 문제는 중국의 관점에서 연구해야 한다는 미국과 서유럽 학자들의 제3의 연구경향이다.[37] 이 연구경향은 세계적으로 탈냉전이 진행되면서 끝내 사회주의 체제가 붕괴되기 시작하던 1988년 이후 등소평이 개혁·개방을 추진하던 중국에서 새로운 '모택동열'(毛澤東熱; 모택동 연구 유행 현상)이 일어나는 현상[38]에 앞서서 또는 그 현상과 함께 진행된다. 이 '모택동열'의 현상은 중국의 개혁·개방이 초래한 사회적 모순들에 대해 사상적으로 모색하는 과정에서 발생하였다. 그리고 모택동 사상에 대해 외국 학자들의 첫 번째와 두 번째 연구 방법에 대한 반성적 검토가 있었으며, 개혁·개방 이전에는 접할 수 없었던 중국 공산당 내부의 기초 자료들을 통해 모택동 사상을 총체적으로

---

37) 서구 중심의 연구를 비판하고 비서구 중심의 연구를 강조한 것은 폴 A. 코헨, 『미국의 중국근대사 연구』, 서울, 고려원, 1995, 27–36쪽을 참고하고, 철학적 의미의 내재적 방법론에 관해서는 송두율, 『역사는 끝났는가』, 서울, 당대, 1995, 251–262쪽을 참조할 것. 또한 중국 연구에 내재적 방법론이 적용된 실증적 연구는 특히 다음을 참고할 것. 송두율, 『소련과 중국』, 서울, 한길사, 1990.

38) 廖良初·季省身 主編, 『毛澤東思想的昨天與今天』, 北京, 北京出版社, 1993, 282쪽.

연구할 수 있게 되었다.[39]

그런데 중국의 전통철학과 모택동 사상을 전통철학의 연속으로 파악하는 연구방법이 존재한다. 앞에서 거론했듯이 중국의 대표적인 연구 방법은 '양원설'(兩源說)로 중국의 전통철학과 모택동 사상의 연속적 관계를 규명하는 방법이다. 이 '양원설'은 주로 의미 연관이나 차이점이 배제된 상태에서 단순히 전통철학의 한 요소를 모택동 사상의 한 요소와 기계적으로 대응시키는 방법을 특징으로 한다. 이 방법의 문제점은 중국의 전통사상과 모택동 사상의 공통점을 단순하게 도식적으로 파악하여 중국에서 실제로 전개되었던 철학의 방법이 근본적으로 변화한 계기를 제대로 파악하지 못한다는 점이다. 또한 이 방법의 문제는 중국의 전통철학의 범위가 지나치게 넓고 산만하여 정작 중국의 전통적인 주류 철학에 대한 모택동의 철저한 비판을 체계적으로 다루지 못한다는 점이다. 특히 중국의 필검횡(畢劍橫)은 전통철학의 민본사상(民本思想)이나 전통도덕(傳統道德)을 모택동 사상과 연속된 것으로 파악한다.[40] 이러한 연구방법은 중국의 전통철학에 대한 체계적인 비판을 결여한 결과 중국의 전통철학과 모택동 사상의 근본적인 차이를 밝히지 못하는 한계를 지닐 수밖에 없다.

중국의 전통적 인간과 모택동 사상의 인간 사이에 근본적인 차이를 규명하기 위해 본 연구에서 활용하는 것은 '사회분석'(社會分析)

---

39) 石仲泉 主編, 『毛澤東研究述評』, 北京, 中央文獻出版社, 1992, 659쪽. 특히 모택동 사상의 기초 자료들의 공개가 없었다면 본고의 연구도 거의 불가능했을 것이다.
40) 필검횡, 『모택동 사상과 중국철학』, 이철승 옮김, 서울, 예문서원, 2000. 특히 277-311쪽.

의 방법이다. 이 방법은 사회 속에서 실천하며 살아가는 인간을 구체적으로 파악하는 방법이다. 전통철학의 방법에서는 자연과 인간의 특성을 체계적으로 분류하지 않았으며, 인간의 사회적 역할을 성왕을 위한 관점에서 설명했다. 본 연구의 '사회분석' 방법은 사회에서 행위하는 인민의 실천에 진리의 기준을 두면서 그 계급적 역할을 분석하는 것이다. 이러한 사회분석의 방법은 전통철학에서 관념적 구름 위에 형성한 모호한 인간의 역할을 모택동의 사회적 실천 이론을 근거로 구체적이고 계급적인 종속관계를 분명히 밝히는 데서, 그 굴종적 종속성으로부터 해방되어 새로운 사회를 창조하는 것에서 현실적 구속인 계급으로부터 실존적으로 해방된 인간을 규명할 것이다.

이 연구의 연구 범위는 앞에서 다룬 첫 번째의 소련을 중심으로 한 동구권의 학자들이 모택동 사상을 '사이비 사회주의'라고 비난한 관점과 두 번째 미국 대만을 중심으로 한 이념편향적인 반공의 논리를 비판하고 중국의 문제를 중국 자체의 역사적 경험을 중시하는 제3의 관점에서 바라보는 방법을 채택하여 인식 이론의 발전 단계를 중국 전통적 사유체계에서 변화되었던 과정으로 제한할 것이다. 한 인간의 인식 발달의 과정을 유아기, 아동기, 청년기, 성인기, 노년기 등으로 나누어 설명할 수 있듯이 한 사회의 인식 발달 단계도 사회의 발전 정도에 따라 풍습(風習, Ethos), 도덕(道德, Moral), 윤리(倫理, Ethik), 초윤리(超倫理, Metaethik), 탈-초윤리(脫-超倫理, post-Metaethik)로 분류할 수 있다. 구체적으로 한 인간의 성장과 그에 따른 인식 발달을 살펴보면 다음과 같다.

한 인간의 성장 과정에서 유아기는 내 것과 네 것을 구분하지 못하는 그래서 단순한 '즉자적' 풍습(Ethos)의 단계에 머문다. 이 단계에서 어느 정도 자라면 내 것과 네 것을 구분하고 자신의 것을 지키려는 아동기에는 스스로 '대자적' 도덕(Moral)의 단계로 전환한다. 그리고 인간이 청년기에 도달하면 지난 일의 행위를 반성하며 의식된 자신을 설정하며, 행동 과정의 형식을 먼저 대상으로 설정한 직관이나 표상의 복합체로서 순수한 본질에 의해서 동기가 주어진다. 이때에 원칙적으로 인간 조직 기관의 생리적·심리적 상태로부터 독립하려 하며, 충동발동으로부터도 독립하려 하면서 항상 상황에 따라 규정되는 환경의 감각적 표상으로부터도 독립하려는 노력을 기울이는데, 이것이 윤리(Ethik)의 단계이다. 그다음은 인간의 성인기로 독특한 자신만의 개성을 바탕으로 하여 창조적인 삶을 계획한다. 창조적인 계획을 성공시키기 위해 타자를 설득하고 다시 성찰하여 인격 중심체로부터 나오는, 충동발동의 '자유로운' 억제이자, 또한 처음에 주저했던 충동발동을 해방시킨다. 이 단계의 행동은 한 사태의 대상성의 변화 그 자체를 가치 있는 것으로 또 궁극적인 것으로 체험하게 하는 것이다. 이러한 인식행동의 형식은 원칙적으로 환경의 구속을 제거하는, 그래서 새로운 세계를 확장시키는 형식이며 초윤리(Metaethik)의 단계다.[41] 마지막으로 인간의 노년기는 과거 지향적인 복고적 특성을 지니고 있고, 세계를 새롭게 개척하거나 확장하기

----

41) 참조. 양재혁, 「대성로; 智(法)를 향한 성균학통의 전환」, 『성균회보』 제 286호, 서울, 성대동창회, 2003년 5월 1일. 참고로 양재혁은 한 인간의 성장 단계를 유년기, 청소년기, 청년기, 장년기로 나누어 그 인식 발달의 특징을 규명하고 있다.

보다 기존의 세계를 유지하려는 보수적 태도를 취하게 되며, 이것이 탈-초윤리(post-Metaethik)의 단계다.[42]

이와 같이 한 인간의 인식 발전이 이루어지듯이 인간 사회도 낮은 단계에서 높은 단계로, 단순한 직선이 아니라 나선형(螺旋形)으로 발전한다. 이러한 나선형의 발전론적 방법을 본 연구에 적용하면 다음과 같다. 첫째, 중국철학의 인식론적 발전단계에서 "자연과 인간은 하나다."(天人合一)라는 분리 이전의 명제를 '즉자적' 풍습(Ethos)의 단계로 파악한다. 둘째, 주희를 대표로 하는 송대 성리학의 '성즉리'(性卽理)와 왕수인을 대표로 하는 명대 양명학의 '심즉리'(心卽理)의 명제를 인간이 만물, 즉 자연을 일차적 대상으로 설정하는 직관이나 표상의 복합체로서 독립해서 행동하는 도덕(Moral)의 인식단계로 설정한다. 셋째, 지금까지 세계의 중심인 천하(天下) 유일의 제국이었던 중국이 세계 국가들 가운데 하나일 뿐이라는 인식은 충동적 단계로부터 독립된 근대적 이성의 윤리(Ethik) 단계다. 넷째, 모택동의 사회적 실천론은 '한 사태의 대상성의 변화' 그 자체를 가치 있는 것으로 궁극적인 것으로 체험하게 하는 혁명적인 초윤리(Metaethik)의 단

---

42) 탈-초윤리의 인식 단계는 한 인간의 노년기를 규명하기에는 논리적으로 적합한 설정이지만, 인간 사회의 발전과 연관하여 설명할 경우에는 좀 더 주의를 기울여야 한다. 왜냐하면 인식론적으로 볼 때, 인간 개체는 노년기를 거쳐 인식론적 단절인 사망에 이르지만, 인간의 사회는 인식론적 발달이 전승되기 때문이다. 특히 현재 중국 사회의 발전은 진행 중이기 때문에 노년기의 인식론적 특징을 그 사회에 대비시키는 것은 논리적으로 엄밀하게 일치하지는 않는다. 따라서 인간 사회의 발달을 다루는 이후의 서술에서는 탈-초윤리의 단계를 거론하지 않고, 풍습의 단계에서 초윤리의 단계까지만 한정하여 다룰 것이다.

계다. 이 단계는 숙고적 의식의 심화 과정이며 내일을 위한 새로운 가치와 질서를 계획하고 목적의식적으로 실천하는 것을 의미한다. 이 초윤리 단계의 인간은 나와 네가 구분이 없는 사랑인 인애(仁愛)에 매몰된 풍습 단계의 인간과는 다르다.

본 연구의 연구범위는 주로 중국 철학의 인간 개념이다. 여기서 가장 핵심적인 연구대상은 '존재와 사유의 관계' 문제다. 이 연구대상은 두 가지 측면에서 다루어지는데, 하나는 '인간과 자연'의 교섭 관계고 다른 하나는 '인간과 인간'의 사회적 관계다. 존재와 사유의 문제 가운데 자연과 인간의 상호 관계는 인간에 대한 개념규정에서 매우 중요한 연구대상이다. 왜냐하면 인간은 자연과의 비교 속에서 자신의 정체성을 확보할 수 있으며, 그 비교를 통한 '차이'의 규명이 인간만의 본질적 특성을 밝혀주기 때문이다. 또한 '인간과 인간'의 상호관계는 인간 개념의 실질적 내포를 풍부하고 정확하게 만든다는 점에서 반드시 엄밀한 과학적 연구의 대상으로 삼아야 한다. 따라서 본 연구에서는 '자연과 인간' 및 '인간과 인간'의 상호관계를 중심으로 존재와 사유의 문제를 체계적인 과학적 연구의 대상으로 삼는다.

그런데 중국 철학의 인간 개념을 체계적으로 다루기 위해서는 무엇보다 중국 철학 전반에 걸쳐 주요하게 언급되는 인간 개념들을 연구의 주요 범위로 설정하여 그 인간 개념들을 철저히 규명할 수밖에 없다. 이 과정에서 중국의 전통철학과 모택동 사상의 인간 개념을 비교하는 것은 그 자체로 중요한 의미가 있다. 왜냐하면 모택동 사상은 중국의 전통철학에서 규정한 인간 개념을 철저하게 지양한 사유체계이며, 전통철학의 인식방법을 근본적으로 변화시킨 철학이기 때문이다. 그렇다고 해서 본 연구에서 중국의 전통철학자들과 모택동의 철학에 관한 모든 분야들을 빠짐없이 서술하지는 않을 것이다. 본 연구는 '인간과 자연'의 관계, '인간과 인간'의 관계를 통해 '인간' 개념의 변화를 체계적으로 규명하는 '주제 중심의 연구'이기 때문이다. 그래서 단순히 중국의 전통철학이나 모택동 사상을 무매개적으로 단조롭게 나열하는 일은 없을 것이다.

'주제 중심의 연구'를 위해 본 연구의 주제인 '인간' 개념과 긴밀히 연관된 한계 내에서 중국 전통철학의 인간 개념, 그리고 서양 근대철학의 인간 개념을 연구의 범위로 삼을 것이다. 예를 들어 중국 전통철학의 인간 개념을 다룰 때, 크게 중국 고대철학과 중세철학으로 나누고, 그 사유체계에서 '인간' 개념을 구성하는 특징적인 내용을 중심으로 연구의 범위를 한정짓는다.43) 이러한 연구범위의 한정 결과 중국 고대의 대표적인 철학자 집단인 유가(儒家), 도가(道家),

---

43) 중국의 전통철학을 고대철학과 중세철학으로 구분하는 근거는 크게 두 가지에 입각하고 있다. 하나는 경제적 사회구성체의 변화고, 다른 하나는 철학체계와 사유방법의 변화다. 중국의 철학이 경제적 사회구성체의 변화와 밀접한 연관이 있다는 사실은 생산관계의 변화에서 확인할 수 있다. 예를 들어 중국 고대철학의 자연적 인간에서 중세철학의 본성적 인간으로 변화한 것은 고대사회의 주인-노예의 생산 관계가 중세사회의 지주-소작의 생산 관계로 사회구성체가 변화한 현상을 반영한 것이다. 다만 이러한 '반영'이 즉각적인 기계적 반영이 아니라 변증법적 반영이란 점이 중요하다. 왜냐하면 철학은 한편으로 경제적 사회구성체의 규정을 받지만, 다른 한편으로 이념으로서 내재적으로 자체의 체계와 논리를 갖추고 사회구성체에 일정한 영향을 미치기 때문이다. 중국 사의 시대구분에 관한 필자의 구체적인 문제의식은 다음을 참조할 것. 김원열, 「宋代 新儒學의 自然 槪念 硏究」, 서울, 성균관대 석사학위논문, 1996, 특히 8-9쪽과 18-19쪽.

묵가(墨家), 법가(法家)의 '인간' 개념이 어떤 특징이 있는지가 분명하게 드러나게 된다. 또한 한(漢)을 거쳐 위진남북조(魏晉南北朝)에 형성된 '자연적' 인간의 '전형화'도 연구 범위의 한정 속에서 가능한 논리전개다. 그리고 중국의 중세 사유체계를 지배했던 송대(宋代) 성리학(性理學)과 명대(明代) 심학(心學)을 중요한 연구 범위로 설정하여 '인간' 개념을 체계적으로 다룸으로써 중국의 전통철학에서 끊이지 않고 주장되는 '인간과 자연의 합일'의 문제점을 규명할 수 있게 된다. 연구의 범위를 설정하면서 서양 근대철학 일반의 보편적인 인간 개념이 아니라 중국 철학에 영향을 준 제한된 범위에서 이루어진 서양 근대철학 일부의 '특수한' 인간 개념을 연구범위로 하였다. 이러한 연구범위를 바탕으로 해야 중국의 현대철학들 가운데 하나인 모택동 사상의 '인간' 개념을 체계적으로 규명할 수 있게 된다. 이상과 같은 연구 범위의 설정은 중국 철학의 인간 개념을 합리적으로 연구하기 위해 반드시 필요한 작업이다. 이제 다음 절에서 연구의 본론 및 결론에 해당하는 각 장의 구성 체계를 설명할 것이다.

제3절 연구의 내용 구성

본 연구의 제2장과 제3장의 구성은 중국 전통철학에서 자연에 몰입된 '즉자적' 인간과 순수본질에 대해서 직관이나 표상의 복합체를

'대상'으로 설정하여 항상 상황에 따라 규정되는 환경의 감각적 외면으로부터 독립하려는 특성, 즉 '성즉리'(性卽理)와 '심즉리'(心卽理)의 내용을 중심으로 그 인식 방법의 특징을 체계적으로 다룬다. 특히 두 장에서는 인간에 대한 인식을 역사적이고 발전적인 측면에서 다룬다. 제4장에서는 서양의 신학과 근대철학이 중국에 끼친 영향에 주목하여 서양의 절대 신학과 이성철학에서 나타난 인간의 특징을 규명하고, 중국의 철학자들이 논의한 근대적 이성의 특징을 서술한다. 그리고 제5장에서는 '육체적 존재(存在)와 정신적 사유(思惟)의 관계(關係)' 문제를 중심으로 모택동 사상에서 인간의 역할을 계급모순관계로 제시하는 것과 모택동 사상의 구체적인 특성과 방법을 체계적으로 규명한다. 마지막 제6장 결론에서는 2장에서 5장에 걸친 논의들을 총결하고, 모택동 사상에서 인간은 전통사상에서 주체였던 성현(聖賢)이 아니라 즉자적으로 성현에 몰입되어 존재하던 백성(百姓)이 대자적으로 존재하는 인민(人民)으로 전환되어 사회적 실천의 주체로서 사회 변화를 담당한다는 점을 결론으로 도출한다. 각 장들의 주요 내용을 보다 구체적으로 살펴보면 다음과 같다.

본론 제2장에서는 '인간과 자연', '인간과 인간'의 관계를 중심으로 중국 고대의 논리체계와 그 방법을 분석하여 그 인간 개념의 특징을 크게 두 가지로 나누어 분석한다.
첫째, '인간과 자연의 동일성(同一性)'이다. 이 '동일성'의 사유체계에서 인간은 자연 속에 매몰되어 있으면서 신이나 자연의 힘에 굴복하여 '알 수 없는 자연'의 신비한 현상에 순응하는 '수동적'(受動

的) 인간이다.[44] 이 '수동적' 인간관은 자연을 실험이나 산업의 대상
으로 설정하기보다 거대한 자연 속에서 신비한 자연의 법칙에 순응
하려는 인간의 소극적 모습을 특징으로 하고 있다. 이러한 '자연적'
인간의 사유체계는 중국 고대의 주술적인 인간 개념을 바탕으로 한
것으로, 자연에 대한 인간의 특성을 철저하게 구분하지 못하는 한계
를 지니고 있다.

둘째, '성왕 중심'(聖王 中心)의 인간 규정이다.[45] 여기서 역사의
주체는 신이거나 성왕일 뿐 다수의 백성이 아니다. 그리고 주술적인
인간은 다른 인간들에 비해 독특하고 신비한 능력을 지니고 있는 소
수의 존재, 즉 성인(聖人)이나 성현(聖賢)으로 대표되며 대다수 사람
과 구별되는 신성한 존재로 간주된다. 그런데 이 성인이나 성현은
일반적으로 신비한 자연 속에서 정적(靜的) 수양의 방법을 통해 심
리적 평화를 추구하거나 남면(南面)한 상태에서 절대적 지위를 유지
하는 최고 통치권자이자 소수 특권 계급이며, 나머지 다수의 사람은
오로지 통치의 대상이 된다. 바꿔 말해서 백성은 오직 통치자인 성
왕을 위해서만 대상화되는 '즉자적' 존재인 것이다. 역사적으로 볼
때 이 '성왕 중심'의 인간관은 중국 철학의 주류(主流) 사상으로 형
성되었으며, 주로 제왕(帝王)의 현실적 권력을 정당화하는 지배이념
(支配理念)의 역할을 하게 된다.

---

44) 胡廣 等 撰, 『詩經』, 서울, 成均館大 大東文化硏究院, 1984, 卷11 「小
雅・雨無正」, 247쪽, 浩浩昊天, 不駿其德, 降喪饑饉, 斬伐四國.
45) 朱熹 集註, 『孟子』, 서울, 成均館大 大東文化硏究院, 1990, 「滕文公章
句上」, 553쪽, 或勞心, 或勞力. 勞心者, 治人, 勞力者, 治於人. 治於人
者, 食人, 治人者, 食於人, 天下之通義也.

인간과 자연을 동일시하는 사유는 전통적인 중국사상의 주된 흐름으로 인간을 순수한 '본질'(本質)의 차원에서만 다루고 있다. 이 '순수 본질'(純粹 本質)의 인간 규정은 인간의 자연적 본질의 특성만을 지나치게 강조하여, 상대적으로 인간의 역사적 사회성과 같은 '특수성'에 주목하지 못한 결과다. 이러한 인간은 인간과 자연의 무차별적인 동일성을 기반으로 한 사유체계다. 또한 '자연적' 인간관은 자연 질서(自然秩序, natural order)로 인간의 사회질서(社會秩序, social order)를 설명하는 논리체계와 방법을 갖추고 있다. 여기서 인간 사회의 계급적 질서는 자연 질서의 차원에서 철저하게 옹호되는 것이다. 이러한 인간관에는 인간과 인간의 관계가 주로 신분적 높고 낮음에 의해 결정되는 특징이 있다. 이 '자연적' 인간관에서 역사적 주체는 왕을 정점으로 하여 주로 신분이 높은 정치적 지배계급이다. 나머지 신분이 낮거나 육체노동에 종사하는 사람들 대다수는 피지배계급이 된다. 이와 같이 '성왕 중심'의 세계관이 바로 중국 고대사회에서 인간에 대한 핵심적인 내용을 구성한다.

인간과 자연의 '동일성'을 바탕으로 한 '성왕 중심'의 논리 구도는 이후의 중국 사상에서 '순수 본질'의 '전형화'(典型化)로 체계화된다. 이러한 전형화는 유가의 대표적 인물들인 성현(聖賢)이 신성불가침의 종교적 존재로 격상되고, 유가의 문헌은 경전(經典, Canon)으로 전환되는 과정에서 이루어진 것이다. 그런데 논리적으로 볼 때 '순수 본질'의 '전형화'는 인간의 다양한 특성들 가운데 오직 '자연적 측면'만을 강조하는 즉자(卽自, an sich)의 논리(論理, logic)이자 인간의 역사적 사회성이 배제된 숙명론적(宿命論的) 세계관의 특성을 지니고 있다. 예를 들어 한대(漢代) 동중서(董仲舒; 기원전 179 – 104)에 의해 형성된 자연적 인간의 전형화[46]는 위진남북조시대 현학 (玄學)으로 체계화되는데, 그 논리는 현실 정치의 위험을 회피하는 소극적인 청담(淸談)을 통해 결과적으로 성왕 중심의 지배질서를 비판하거나 거부하지 못하고 현실 권력에 순응하게 된다.

　제3장에서는 주로 송대(宋代) 성리학(性理學)과 명대(明代) 심학 (心學)을 중심으로 '인격' 중심체에서 비롯되는 일차적인 충동발동의 '자유로운' 억제이자 또한 성현의 전형화에 얽매였던 충동을 해방시 키는 인간관을 다룬다. 여기서 인간의 특징은 결코 대상화(對象化) 될 수 없는 인격(人格)의 차원에서 나타난다. 이 신유학(新儒學)의 '인격적'(人格的) 인간은 크게 세 가지로 단계적 구분이 된다.

　첫째는 '감각충동'(感覺衝動)의 논리다. 여기서 인간은 능동적으로 사유하는 존재가 아니라 감각과 충동이 분화되지 못한 '수동적'(受動 的) 존재다. 이 '감각충동적' 인간 개념은 마치 식물이 그런 것처럼 대상화의 능력을 결여하고 있는 무의식의 존재라는 특성을 지닌다. 예를 들어 북송대(北宋代) 주돈이(周敦頤; 1017 – 1073)가 수립한 철 학 방법 가운데 핵심적인 '주정'[47](主靜)의 논리는 이러한 감각충동 적 상태를 이상적인 인간의 특징으로 내세운 사유체계다. 이 감각충

---

46) 董仲舒, 『春秋繁露』, 賴炎元 註譯, 臺北, 臺灣商務印書館, 1984, 卷1 「玉杯」, 23쪽, 人受命于天, 有善善惡惡之性, 可養而不可改, 可豫而不可去.
47) 周敦頤 撰, 『周元公集』, 景印文淵閣四庫全書, 臺北, 臺灣商務印書館, 1983, 卷1 「太極圖說」, 418쪽, 主靜.

동적 인간 개념은 인간관계에서 주어진 사회신분적 질서를 무비판적으로 수용한다. 다만 역사의 주체를 성왕이나 귀족에 그치는 것이 아니라 북송대에 본격적으로 등장하기 시작한 신흥 사대부까지 확장하는 것이 특징이다. 그러나 성왕(聖王)과 사대부(士大夫)의 실제적인 권력의 비중을 비교하면 여전히 왕의 권력은 사대부의 그것을 훨씬 능가하기 때문에 성왕 중심의 논리를 완전히 벗어나는 것은 아니다. 북송대 신유학에서 이러한 감각충동적 인간관은 이후 인간의 선천적인 본성적 측면과 선험적인 인식에 주목하는 논리로 이어진다.

둘째는 '본성적'(本性的) 인간이다. '인간과 자연'의 관계에서 볼 때, 이 본성적 인간은 감각충동적 인간과 비교하여 좀 더 체계적인 특징을 지니고 있다. 본성적 인간은 인간 본성의 유래와 특징 그리고 본성의 규범화 등을 통해 생명체로서의 자기를 '넘어서 초월'하려 한다. 여기서 인간은 본래, 즉 태어나기 이전에 이미 유전적 선험적 요소를 지닌 선천적 존재로 된다. 대표적으로 남송대 주희(朱熹; 1130－1200)의 주경(主敬)의 논리는 하늘이 부여한 선천적 본성에 충실하려는 인간을 논리적으로 체계화한 것이다. 그런데 주희의 사유를 분석해 보면 인간이 질적으로 동물과 별 차이가 없게 된다. 왜냐하면 주희의 철학에서 최고 범주인 '이'(理, 원리)의 측면에서는 인간이나 동물이 모두 본성적으로 동일한 것으로 되기 때문이다. 이러한 독립되지 않은 인간 규범의 논리가 집중된 것이 바로 주희의 "본성은 이치다."[48](性卽理)라는, 즉 사물의 성격이나 사람의 성격이

---

48) 朱熹 集註, 『中庸』, 서울, 成均館大 大東文化硏究院, 1990, 1章, 769쪽, 性卽理也.

모두 '원리'라는 동일성에 포함되는 일차적 명제다. 그러나 다른 한편 '인간과 인간'의 관계에서는 피통치자가 통치자를 대할 때 항상 경건하고 조심스런 상태를 유지할 것을 요구하는 신분계급 차등의 이차적 논리가 송대 신유학의 기본적인 틀을 형성하고 있다. 이러한 일차적인 본성적 인간은 인간이 어떤 신화적이거나 역사적으로 만들어진 사건들을 암송을 통해 기억해두고 현실의 정치적 문제에 대해 판단의 근거로 삼는데, 이념의 내재화 과정에서 고착된 사유의 경직성은 주어진 자연이나 환경을 대상화하지 못하는 결과를 낳는다. 그런데 '공존'(共存, coexistence)의 논리는 성왕과 인민의 모순관계를 은폐하는 공동체를 지향한다. 그러므로 이 '공존'의 이념은 그 역사의 실질적인 주체가 성왕과 같은 최고 통치자를 정점으로 한 일부 유력한 통치자들, 즉 유교 경전을 진리의 기준으로 삼는 특정인들의 자유의지에 매몰되는 문제를 내포하고 있다. 오직 유교적 지식인(士) 집단에 속하는 부류만 자신의 육체와 운동을 세계 공간 속에서 대상화할 수 있다. 이러한 대상화 능력의 발현은 인간이 '학문'에서 확장하는 것의 시초에 불과하다. 왜냐하면 인간에게 있어 학문의 위대함은 인간의 학문 활동이 지상에서의 그 우연적 지위와, 인간의 전체적이며 심리적인 구조에 대해서, 마찬가지로 다른 사람들과의 분명한 인과관계에 있는 하나의 낯선 사물에 대해서도 점점 더 포괄적으로 '추론하는 것'을 배울 수가 있다는 점에 있다. 다시 말해서 주희의 성리학적 상하 신분질서의 대상화는 천인합일의 즉자성을 거부하는 초보적인 차등성이다.

셋째는 '선험적 정신'(先驗的 心)의 인간이다. 명대 왕수인(王守

仁; 1472－1528)이 "정신은 이치다."[49](心卽理)라고 정신(心)을 강조
했을 때, 주희가 "본성은 이치다."라고 세계상의 대상과 법칙들에 대
해 논의한 것보다 인간의 특수성을 잘 표현한 것이다. 왜냐하면 '정
신'(心)이라는 개념은 인간에게만 국한된 의미이기 때문이다. 인간
(구체적으로는 성현에 한해서)만이 본능을 '초월'할 수 있으며, 하나
의 중심으로부터 시·공간적 세계의 피안(彼岸)에서 '모든 것'을 심
지어 자기 자신까지도 인식의 대상으로 삼을 수 있다. 그러므로 왕
수인의 경우 본성(性)이 아닌 정신(心)으로 표상화한 인간은 사상적
존재(思想的 存在)로서 스스로 생명체이면서 식물이나 동물과 달리
자기 자신과 자연을 대상화하여 세계를 확장시킬 수 있는 초월적 존
재다. 이와 같은 초월적 존재로서 인간은 학문뿐만 아니라 예술의
가능 근거를 지니게 된다. 예술은 언제나 인간의 현존재를 넘어설
것을 전제하기 때문이다. 그런데 이와 같이 '정신'으로 표현된 인간
의 범주에는 왕수인에게 있어서도 주희와 마찬가지로 '양지'(良知)를
지닌, 즉 성현이라는 소수 유력한 지배 집단만 포섭할 뿐이다. 따라
서 그가 언급하는 인간의 '마음'은 자기의 신체와 자기의 심리적인
것을 대상화하는 활동의 중심으로 그 자체가 이 세계의 한 '부분'으
로만 여전히 남아 있다.

　위에서 논한 이 세 가지 유형의 인간, 즉 첫 번째의 '감각충동'의
즉자적 인간상과 두 번째의 '성즉리'로서의 상하 질서의 대상화 그
리고 세 번째 '심즉리'라는 특수 본성인 '양지'를 자득한 인격체 논

---

49) 陳榮捷, 『王陽明傳習錄詳註集評』, 臺北, 臺灣學生書局, 1999, 30쪽, 上
　　卷「徐愛書」, 心卽理也.

리를 통해 알 수 있듯이 중국 중세까지의 인간상은 자연과 완전히 독립된 이분법적인 근대적 이성의 논리로는 발달하지 않았다. 다시 말해 다른 세계상과 근본적으로 구별되는 정신과 육체의 문제는 서양 기독교의 영향 관계에서 이성적 존재인 새로운 인간의 주제로 등장하게 된다. 따라서 다음 장에서 서양 기독교가 중국사상에 미친 영향과 근대 중국 철학의 사회진화론적 논의들을 체계적으로 살펴본다.

제4장은 먼저 명대 및 청대(淸代) 서양의 선교사들과 상인들이 기독교적 세계관과 과학적 기구들을 중국에 전파한 것에 따라 기존의 세계관에 변화가 일어나는 현상에 주목한다. 기독교의 세계관에 따르면 인간은 유일신의 창조물로 제시되고, 인간은 이성을 소유하였기 때문에 자연과 다르며 인간의 육체는 죽음을 맞이하지만 인간의 이성(정신)은 사멸하지 않고 신과 같이 영원하다고 한다. 이러한 기독교의 이분법적 세계관은 중국의 유교적 지식인들에게 낯선 것으로 '인간은 자연'이라는 '천인합일'의 즉자성에 회의를 하게 만든다. 그리고 중국철학에서는 낯선 개념인 '이성능력'(靈才, intellect)을 독립시켜 육체와 분리된 '완전한 정신'의 불멸성을 강조한다. 명청대 중국에 입국한 예수회 선교사들 가운데 마테오리치(Matteo Ricci; 1552–1610)는 유일신학적 관점에서, 다시 말해 세계를 창조한 하나님(God)을 전제한 가운데, 인간이 육체와 분리될 수 있는 '이성'으로 창조적 신(神)의 순수형상(純粹形相, eidos)을 지니고 있다고 규정한다.[50] 이러한 '이성능력'을 지닌 인간관이 중국에 소개됨으로써 자연

---

50) 마테오리치, 『天主實義』, 송영배 외 역, 서울, 서울대출판부, 1999, 41–42쪽.

과 다른 인간의 신과 같은 능동적인 자연개척능력이 새롭게 논의되었다. 그러나 선교사들의 이러한 신학적 인간 개념은 중국의 일부 지식인들에게 소개되었긴 하지만, 중국 사상의 주된 흐름을 바꾸지는 못했다. 왜냐하면 중국은 19세기 중반에 이르기까지 전통적인 자연몰입적 인간을 주체적으로 대상화할 만큼 사회적 토대가 크게 뒤바뀌는 충격을 겪지 않았기 때문이다. 이와 같이 경제적 사회구성체의 측면에서 큰 변화가 없이 계속된 농경사회였기에, 명말청초(明末淸初)의 지식인들이 전통적인 성왕 중심의 사상을 부분적으로 비판하였지만, 그 사상을 체계적으로 비판하여 새로운 사유체계와 방법에 입각한 새로운 세계관을 정립하지는 못했던 것이다.

그런데 청대 말에 이르러서도 중국 철학자들은 서양의 개신교 목사나 근대 계몽주의 철학자가 제시한 세계를 대상화하고 동시에 자신을 대상화하는 데에 주목하였지만 중국화시키는 것에는 성공하지 못했다. 왜냐하면 세계 제국주의의 확대과정에서 청의 왕조 체제가 무력하게 해체될 때 지식인들이 극심한 혼란에 대해 준비가 철저하지 못했기 때문이다. 이런 상황에서 서양 근대철학자들의 이성적 인간의 논리는 사회진화론의 소개와 함께 학자들 사이에서 중요한 논의의 대상이 된 것이다. 다시 말해 '적자생존'(適者生存)과 '우승열패'(優勝劣敗)를 핵심적인 내용으로 하는 사회진화론에 따라 인민의 역할이 폭넓게 논의되면서 성왕을 위한 백성(百姓)의 '수동성'이라는 전통적 '천하'(天下)의 사유에서 적극적으로 자신과 다른 인간, 다른 민족, 다른 국가와 경쟁하고 상호투쟁(相互鬪爭)하는 인민(人民)의 '능동성'에 주목하는 '국민국가'의 사유로 전환하게 된다. 이와 같이 성왕과 천하라는 주제가 인민과 국민국가라는 새로운 주제로 전환하면서 인민의 '자유의지'(自由意志)가 강조된다. 청말의 근대적인 사상가였던 엄복(嚴復; 1853-1921)이 진화론적 인간관의 논리들을 번역 소개하는 과정에서 제시한 절충적 방법에는 서양사상을 이해하는 중국적 특징이 있다.[51] 엄복의 사회진화론 소개는 당시 중국 지식인들에게 큰 영향을 미치지만, 청일전쟁과 러일전쟁 이후 서양의 근대사상은 주로 일본식으로 변화된 채 철저한 비판 없이 중국에 소개된다.

손문(孫文; 1866-1925)의 경우, 중국의 봉건적 지배 질서에 맞선 공화제의 신해혁명을 전개하였으며, 결국 황제의 지배체제를 종식시킬 수 있었다. 그의 혁명론은 반봉건적 공화제에 근거했기 때문에 근본적으로 자유주의적 국가 철학이 전통적인 천하의 제왕이라는 '중화사상'을 대체할 수밖에 없었다. 그러나 지역적 권력을 분할하던 봉건적 군벌에 의해 중국은 다시 분열과 혼란에 빠지게 되었다. 이에 손문은 1917년 성공한 볼셰비키 혁명의 영향을 받아 '삼민주의'(三民主義) 혁명론을 중국의 통일을 위해 '신삼민주의'(新三民主義)로 보충하게 된다.[52] 그런데 보완된 그의 혁명론에서 자본주의의 병폐를 사전에 막아보려는 시도는 있었지만, 근본적으로 자유주의적 국가 이성이 그의 사상에 중심을 차지하고 있었다. 이 시기에 다양한 서양 근대 사상들이 제국주의의 침략과 함께 중국에 급속도로 유

---

51) 엄복의 번역 작품들에 관한 체계적인 분석과 합리적인 평가는 다음을 참조하라. Benjamine I. Schwartz, *In Search of Wealth and Power -Yen Fu and the West,* Cambridge, Harvard University Press, 1964.

52) 廣東省社會科學院歷史研究室 合編, 『孫中山全集』 卷1, 北京, 中華書局, 1981, 355쪽.

입되면서 마르크스-레닌주의도 함께 논의되기 시작했다. 손문이 '국민혁명'(國民革命)의 이론인 '신삼민주의' 사상을 전개하는 것과 동시에, 중국에서는 처음으로 노동자·농민 계급(階級, class)의 이익(利益)을 철저히 관철시키려는 '마르크스-레닌주의' 철학이 1921년 중국 공산당의 창당에 따라 1949년까지 사회주의 혁명의 길에 지대한 흐름을 형성하게 된다. 이 혁명적 과정에서 새로운 인간의 역할이 강조되는데, 그것이 바로 '계급적'(階級的) 인간 개념이다. 이 '계급적' 인간은 모택동의 사상에서 근간이 되는 것으로, 제국주의의 자본가 계급 중심의 지배 사상에서 중국 인민이 자신들을 해방시키는 사회적 실천 철학의 핵심적인 전환점이 된다.

이상과 같이 중국의 전통적 세계관에 대해서 서양의 기독교 신학 및 근대 철학에서 나타나는 인간관을 바탕으로, 모택동의 계급적 인간의 역사적 역할을 체계적으로 규명한 것이 제5장이다.

제5장에서는 인식론적 측면에서 모택동(毛澤東; 1893-1976)의 '계급적' 인간 개념이 지닌 특징을 다루고 있다. 주로 '존재와 사유의 관계' 문제, '인민 중심의 자각적(自覺的) 능동성', '사회 변화의 주체이자 대상인 계급' 문제, '현실의 구속을 제거하는 사회적 실천'을 통해 모택동의 '계급적' 인간 개념을 연구한 것이다. 모택동 사상(毛澤東思想)의 인간 개념이 지닌 특징을 체계적으로 정리하면 다음과 같다.

첫째, 모택동의 세계관은 '존재'가 '사유'보다 원초적이라는 '유물론적'(唯物論的) 또는 '사회역사적'(社會歷史的) 인간의 실천적 역할을 바탕으로 하고 있다. 보다 구체적으로 모택동의 "사회적 존재가 사회적 의식을 규정한다."[53]는 명제에서 인간은 사회적인 구체적 현실의 구속에 대항해서 강력하게 부정할 수 있는 존재다. 이러한 모택동의 '유물론적' 인간은 인간을 추상적으로 이해하던 관념론적 인간관과는 달리 인간의 '사회적 특성'에 주목한 것으로, 계급적 인간관의 기초를 형성한다. 사회적 존재의 의미는 이미 주어져 있는 세계 영역에 대한 '저항'의 체험이고, 이 저항은 단지 현실의 환경에 순응하는 것이 아니라 환경을 의식적으로 인간을 위한 세계로 만드는 과정에서 필연적으로 존재하게 된다. 계급적인 자각 의식을 지닌 모택동의 인간관이 마르크스－레닌주의(Marx－Leninism)의 영향을 받은 것이 분명하지만, 그의 특색은 자본주의의 자체 모순에 의한 공산주의의 필연적 도래라는 마르크스－레닌주의를 능가하는 영원한 '계속 혁명'의 논리를 전개한다는 점이다. 다시 말해 모택동 사상에서는 '역사의 종말'이 거론되지 않으며, 무한한 역사의 과정이 전제되어 있는 것이다. 또한 중국의 전통철학에서 피통치자는 자연 속에 구속된 '백성'(百姓)으로만 존재하며 언제나 통치의 대상이었지 통치의 적극적인 주체가 될 수 없었다. 그런데 모택동 사상에서 계급적으로 각성된 '인민'(人民)은 무엇보다 중국 혁명의 중요한 사회적 주체이자 역사의 새로운 주체로 규정된다. 이런 점에서 볼 때, 모택동 사상의 의식화된 '인민'은 전통철학의 '백성'과 근본적으로 다른 것이다.

---

53) 中共中央文獻硏究室 編, 『毛澤東文集』 8卷, 北京, 人民出版社, 1999, 320쪽.

모택동의 사상에서 '사회적 존재'로서 계급적으로 의식된 인간은 구체적인 현실 속에서만 존재하는 동물과 근본적으로 차이가 있다. 다시 말해 모택동은 인간이 다른 동물과 근본적으로 차이가 있는 점을 '자각적 능동성'[54]으로 파악하는 것이다. 이러한 인간의 '자각적 능동성'은 인식의 주체인 인간 자신을 포함하여 인식의 대상인 자연과 사회를 객관적으로 대상화하여 정확히 인식하고, 자연과 사회를 적극적으로 개조할 수 있는 인간만의 특성을 규명한 것이다. 이러한 모택동의 대자(對自, für sich)적 인간관은 근본적으로 세계에 대한 저항 체험으로써 근원적인 사회적 경험은 모든 의식과 표상 그리고 지각에 '앞서서' 존재한다. 그렇다면 주어진 현실을 '부정'하는 인간의 특성은 무엇을 의미하는가? 또한 중국을 혁명한다는 것은 무엇을 의미하는가? 근본적으로 현실을 부정하거나 중국을 혁명한다는 것은 고행적인 '사회적 실천'으로 인민이 부조리한 현실에 맞서 저항할 때, 생명충동과의 관계에서 세계가 무엇보다 대립적으로 나타나고 동시에 우연적인 즉자적 상태에 대한 모든 감각적 지각의 조건이 되는 생명충동의 '지양'에서만, 즉 즉자적인 생명충동이 능동적으로 무력적인 힘으로 대자적으로 전화되는 데에서 성립된다. 그러므로 각종 모순들이 혼재되어 있는 사회에서 철학한다는 것은 필연적으로 끊임없는 '계속혁명'의 무기가 될 수밖에 없다. 모택동은 대상을 '물자체'(物自體, Ding an sich)가 아닌 인간의 과학과 실험 그리고 실천으로 '우리를 위한 물(物)'(Ding für uns)로 만드는 데 관심이 있으

---

54) 中共中央文獻編輯委員會 編, 『毛澤東選集』 2卷, 北京, 人民出版社, 1991, 477쪽.

며, 대상인 자연과 사회를 적극적으로 개척하는 인간의 의지와 노력을 강조한다. 이러한 모택동의 인간관에 이르러 중국철학은 전통적인 주류 사상에서 끊임없이 강조되어온 현실의 지배질서에 순응하는 '수동적'(受動的, passive) 인간의 '정'(靜)적 세계관에서 부조리한 현실에 대항하는 '능동적'(能動的, active) 인간의 '동'(動)적 세계관으로 전환한 것이다.

둘째, 모택동에게 인민은 '사회적 실천(實踐)'을 통해 형성된 '사상'(思想)의 힘에 의해 자신을 격렬하게 둘러싸고 있는 생명충동에 대해 원칙적으로 '고행적인' 태도를 취한다. 항상 현실에 대해 "예." 라고 '긍정'만 하거나, 현실을 혐오하여 도피할 때조차도 궁극적으로는 '긍정'만 하는 지배 질서에 순응적인 '백성'과 비교해 보면, 전통 철학의 '백성'이 현실을 긍정만 하는 즉자적 존재인 데 반해 모택동이 중시하는 '인민'은 현실을 '부정'할 수 있는 대자적 존재다. 이 '인민'은 현실에 대해 "아니오."라고 '부정'하는 생명의 고행자이고, 모든 속박된 현실에 대항하는 영원한 혁명가다. 모택동에 있어 혁명 계급으로서의 인민은 전통적인 백성과 달리 보다 살기 좋은 사회로 만들기 위해 직접 실천의 주체가 되어 부조리한 현실의 고조되는 긴장 속에서 '화해'의 길을 모색하는 인간이다. 즉 모택동의 '인민'은 역사를 새롭게 창조하는 노동계급으로 새로운 세계를 가장 많이 요구하고 그 세계를 만들어가는 인간이다. 그래서 오직 '인민'만이 충동을 임의의 우연성으로서가 아니라 '기획적으로 부정'하는 존재이기 때문에, '인민'은 그의 지각 세계 위에 이념적인 사상의 세계를 세울 수 있으며, 다른 한편으로 바로 그렇게 함으로써 그들 속에 잠

재해 있는 억압된 욕구에 혁명의 힘을 지속적으로 공급할 수 있게 된다. 다시 말해서 모택동의 '인민'은 즉자적인 그들 자신의 충동적 원동력을 대자적인 사상적 실천으로 승화시킬 수 있는 것이다. 이 과정이 감성인식(感性認識)과 이성인식(理性認識)의 변증법적 통일 과정이다. 혁명적인 '사회적 실천'의 측면에서 볼 때, 모택동의 인간 개념은 추상적인 인간이 아니라 구체적인 '계급적' 인간을 그 내용 으로 한다. 예를 들어 모택동은 '인간'을 규정할 때 추상적이고 형이 상학적인 인간보다는 '유산계급'(有産階級)이나 '무산계급'(無産階級) 이라는 구체적이고 계급적인 인간을 언급하며, 이 계급이 사회변화 의 주체임을 논증한다. 그리고 '계급적 이익'이란 판단기준을 가지고 자본가나 봉건군벌이 아닌 노동자나 농민의 이익을 철저하게 관철시 킨다.55) 이러한 모택동의 계급적 인간 개념은 중국의 전통철학의 인 간관을 철저히 지양(止揚)하는 논리적 기초가 된다. '인간과 인간'의 관계에서 중국 전통철학의 인간관이 추상적인 인간론을 내세우면서 실질적으로는 성왕 중심의 특수한 지배계급의 이익을 옹호한 것이었 다면, 모택동 사상의 인간 개념은 구체적인 계급적 인간 개념을 내 세우고 실질적으로도 보편적인 '인민의 이익'을 혁명적으로 대변한 것이다.

셋째, 모택동 사상의 계급적 인간 개념의 특징이 잘 나타나는 것 은 공산당 지배구조를 포함한 기존 지배체제들에 대해 끊임없이 혁 명의 논리를 전개하는 '계속혁명'(繼續革命)의 논리다.56) 모택동 사

---

55) 中共中央文獻編輯委員會 編, 『毛澤東選集』 3卷, 北京, 人民出版社, 1991, 1096쪽.

상의 '숙고적'(熟考的) 인간 개념은 인식주체인 인간 자신이나 공산당 자체도 혁명의 대상으로 삼는 매우 사회역사적인 변증법의 논리인 것이다. 이러한 모택동의 인간 개념은 마르크스-레닌주의자들과 달리 철저한 자기-부정을 통해 평등한 세상을 구현하려는 중국의 혁명 사상을 대변하고 있는 것이다. 모택동이 강조한 '인민'은 노동자와 농민을 주축으로 한 것이며, 실제로 노동을 하여 사회적 재생산을 유지하고 발전시키는 '계급'을 의미한다. 문화대혁명 당시 이 '인민'의 영원한 '계속혁명'의 실천은 불평등한 중국 사회의 현실적 구속을 제거하여 평등한 사회로 만들려는 변증법적 실천의 논리였다. 중국 현대사회에서 그 구체적인 성과가 나타난 것은 교육·의료·여성 등의 분야였지만, 개혁·개방 이후 중국 사회에는 새로운 주체가 등장하여 자신의 철학을 주장하게 되었다. 새로운 주체의 신자유주의적 세계상(像)은 문화대혁명 시기 형성되었던 '인민'의 세계상을 억압하게 된 것이다. 그래서 한 사회의 사상은 언제나 그 사회의 주체에게 종속된다. 다시 말해서 모택동의 "사회적 존재가 사회적 의식을 규정한다."는 명제는 오늘날에도 여전히 설득력이 있는 것이다.

제6장인 결론은 각 장에서 언급된 인간관들을 바탕으로 중국의 전통철학 및 근대철학과의 비교를 통해 모택동 사상의 인간 개념이 지닌 독특한 특징을 다시 한번 명료하게 정리한다. 특히 중국의 전통철학의 '백성'이 모택동의 '인민'과 대비되면서 인간에 대한 규정

---

56) 中共中央文獻編輯委員會 編, 『毛澤東選集』 1卷, 北京, 人民出版社, 1991, 329쪽.

방법이 크게 전환된 점이 부각될 것이다. 그리고 현대사회에서 그의 인간 규정인 실천적 인민의 의미가 어떤 것인지 비판적으로 고찰하는 과정에서, '백성과 인민'의 인간 개념을 총체적으로 파악한다.

제2장   중국 고대의 순수 본질의 인간

  기본적으로 인간은 '사회적 관계의 총체'[57]로 사회를 떠나서는 인간의 정체성을 확보할 수 없다. 특히 인간은 자연과의 교섭과정에서 자신의 정체성을 확보할 수 있는 존재다. 이런 점에서 주로 자연과의 교섭문제를 중심으로 중국 고대사회의 인간 개념을 살펴볼 필요가 있다. 중국의 고대 철학을 고찰할 경우, 각 사상가에 따라 '인간'에 대한 규정이 매우 다양하게 형성되었다는 사실을 발견하게 된다. 이러한 개념규정의 다양성은 기본적으로 고대 사상가들의 사회경제

---

57) 마르크스(Karl H. Marx; 1818-1883)는 동시대 철학자였던 포이어바흐 (Ludwig A. Feurbach; 1804-1872)에 대한 열한 가지 테제 가운데 여섯 번째에서 포이어바흐가 인간의 본질적 특성을 '종교적 본질'로 파악한 것에 대해 그 추상성을 비판하면서 '사회적 관계의 총체'로 새롭게 인간의 본질을 규정하고 있다. 마르크스·엥겔스, 『독일이데올로기 1』, 김대웅 역, 서울, 두레, 1989, 39쪽.

적 배경을 바탕으로 형성된 것이며, 그 역사적 배경과 계급적 차이에 따라 다양한 인간 개념이 성립하게 된 것이다.58) 그런데 '인간'에 대한 그 다양한 해석들에도 불구하고 중국 고대의 사유체계에는 철학자들 사이에 공유되는 의식의 흐름이 존재한다. 다시 말해 중국 고대 철학에서 '인간과 자연'의 교섭 관계와 '인간과 인간'의 사회적 관계를 중심으로 살펴볼 때 매우 독특한 두 가지 특징이 나타나는 것이다. 즉 중국 고대 철학은 인간과 자연의 '동일성'에 기초해 '순수 본질'의 인간에 주목한 사유체계이자, 철저히 '성왕 중심'의 논리 체계라는 특징을 지니고 있는 것이다.

여기서는 먼저 중국 고대의 대표적인 학파였던 유가(儒家), 묵가(墨家), 도가(道家), 법가(法家)를 중심으로 중국 고대의 사유체계를 살펴보고, 고대 철학자들이 공유했던 인간 개념의 특징을 논증할 것이다.59) 중국 고대 철학에서 네 학파 이외에 다른 학파들이 없었던

---

58) 중국 고대 철학의 인간 개념을 단일한 규정으로 설명하는 방법은 논리적으로 일반화의 오류를 범할 위험이 전혀 없는 것은 아니다. 그렇다고 중국 고대의 사유체계들에 관통하고 있는 인간의 특징을 아예 규명할 수조차 없다는 것은 매우 성급한 단정이다. 오히려 체계적인 분석과 종합을 통해 중국 고대 철학자들이 공유하고 있던 인간 개념을 정확하게 파악하는 것은 기존 선행연구들에서는 찾아보기 힘들다는 점에서 학적으로 의미 있는 작업이다.

59) 이 네 학파들은 중국의 전통철학 형성에 매우 큰 영향을 미쳤다. 특히 儒家는 春秋時代만 해도 사상적 맹아기에 불과했지만, 戰國時代에 다른 사상들과의 치열한 경쟁을 거쳤으며, 漢代 이후에는 마침내 국가철학적 지위를 차지하여 전통적인 사유체계를 주도하게 되었다. 중국 고대 철학에서 타학파에 대한 비평을 통해 이루어진 사상투쟁에 대해서는 다음의 문헌들에서 참조할 것. 王先謙 撰, 『荀子集解』上, 北京, 中華書局, 1988, 卷6 「非十二子」, 89-105쪽. 孫詒讓 撰, 『墨子閒詁』上,

것은 아니다. 예를 들어 앞에서 거론한 네 학파 이외에도 명가(名家), 음양가(陰陽家)를 합친 '여섯 가지 학파'[60](六家), 종횡가(縱橫家), 잡가(雜家), 농가(農家), 소설가(小說家) 등을 합쳐 모두 '열 가지 학파'[61](十家) 또는 '아홉 가지 학적 흐름'(九流)이 중국 고대 철학에 존재했던 것이 사실이다. 그런데 중국 고대사회에서 이들 학파들은 네 학파들과 비교할 때, 중국 고대 철학의 인간 개념에 미친 영향이 상대적으로 적었으며, 나머지 영향은 중국의 전통철학에 흡수된 형태로 남아 있다. 그리고 중국의 고대 철학에서 전개되었던 '자연적' 인간 개념이 '전형화'(典型化)라는 과정을 거치게 되는데, 이것을 중심으로 '자연적' 인간 개념이 후대 철학자들에게 전승되는 양태를 검토할 것이다.

北京, 中華書局, 2001, 卷9 「非儒 上下」, 286-307쪽. 王先謙 編, 『莊子』, 成都, 四川省新華書店, 1988, 卷8 「天下」, 95-104쪽. 王先愼 撰, 『韓非子集解』, 北京, 中華書局, 1998, 卷19 「顯學」, 456-464쪽.

60) 漢代 역사학자 司馬談(기원전 ?-110)이 중국 고대 철학들을 여섯 가지로 분류한 「論六家之要旨」로, 그의 아들 司馬遷(기원전 135-?)이 편찬한 『史記』에 그 분류의 내용이 그대로 실려 있다.

61) 漢代 今文經學에 맞서 古文經學을 주장했던 劉歆(?-23)이 『七略』「諸子略」에서 중국의 고대 철학들을 열 가지로 분류한 것이 대표적이다.

제1절 인간과 자연의 동일성

인간이 자기 자신을 인식의 대상으로 삼는 것은 역사 이래로 지금까지 철학의 중요한 과제였다. 그런데 인식의 초기 과정에서 인간이 자신을 대상화하여 인식하는 것은 결코 쉬운 작업이 아니다. 왜냐하면 인간은 무엇보다 자신을 압도하였던 자연을 먼저 이해하고 자연에 적응하거나 개척하는 것이 생존을 확보하는 지름길이었기 때문이다. 중국의 경우도 이러한 인식의 발달 경로에서 예외가 될 수 없었기에 '인간 자신에 대한 인식'보다 '자연에 대한 인식'이 먼저 이루어졌던 것이다.

중국 고대철학의 발생은 당시의 자연적, 시대적, 사회적 환경 등과 긴밀히 연관되어 있다. 중국의 고대사회는 거대한 자연재해인 대홍수와 대기근 속에서 생존조차 쉽지 않은 상황에 처해 있었다. 예를 들어 잦은 황하의 범람과 기상이변 그리고 가뭄으로 인한 기근 등에 시달리면서 중국 고대인들은 생존에 급급한 나머지 거대한 자연현상에 대해 절대적인 무력감에 휩싸일 수밖에 없었다. 이러한 가운데 인간은 자연과 정면으로 대립하기보다는 자연 속에서 생존이라도 유지하려는 '수동적'(受動的) 자세를 취하게 되었다. 이러한 수동성(受動性, passivity)은 자연에 대한 인간의 교섭 태도 가운데 소극적인 측면을 나타내는 것이다.

자연에 대한 '수동적' 태도는 중국 고전들에 잘 나타나 있다. 중국에서 가장 오래된 고전들 가운데 하나인 『시경(詩經)』에는 거대한 자연현상에 대해 당시 사람들의 어찌할 수 없는 무력감과 좌절감 그리고 원망이 짙게 배여 있다. 예를 들어 중국 고대사회의 대표적인 민요풍의 가사집인 『시경』에는 "크나큰 하늘(天)은 그 덕을 살피지 않고 죽음과 기근을 내리니, 사방의 사람들이 죽는구나."[62]라고 하여 당시 사람들이 자신들을 죽음으로 내모는 자연현상에 대해 원망의 목소리를 높이고 있는 내용이 담겨 있다. 이러한 원망은 자연에 대한 절대적 숭배의 단계를 벗어난 것이기도 하지만, 실제 내용은 자연현상에 대해 어찌할 수 없는 좌절감을 담고 있는 것이다. 이러한 원망은 『시경』의 다른 곳에서도 곧잘 표현되고 있다. 예를 들어 『시경』에는 다음과 같이 하늘을 원망하고 있다. "하늘(天)은 고르지 않아 이 어지러운 재해를 내리는구나. 하늘은 은혜롭지 않아 이 크나큰 변괴를 내리는구나."[63] 여기서 알 수 있듯이 중국 고대사회에서는 하늘이 민중에게 재해와 변괴를 일으키는 무서운 존재였던 것이다. 이와 같이 인간의 힘으로 어찌할 수 없었던 거대한 자연의 파괴적 힘에 대해 인간은 심각한 무력감에 휩싸이는데, 여기서 인간은 '낯선 자연'을 의인화(擬人化)하여 인식하게 된다.[64] 따라서 중국 고

---

62) 胡廣 等 撰, 『詩經』, 서울, 成均館大 大東文化研究院, 1984, 卷11 「小雅・雨無正」, 247쪽, 浩浩昊天, 不駿其德, 降喪饑饉, 斬伐四國.

63) 胡廣 等 撰, 『詩經』, 서울, 成均館大 大東文化研究院, 1984, 卷11 「小雅・節南山」, 235쪽, 昊天不傭, 降此鞠訩. 昊天不惠, 降此大戾.

64) 擬人化를 통해 자연을 인식하는 원시적 사유의 比喻(Allegory) 방법적 특징에 대해서는 다음을 참조할 것. 김원열, 「宋代 新儒學의 自然 概念 研究」, 서울, 성균관대 석사학위논문, 1996, 27-32쪽.

대의 초기에는 주체인 인간이 대상인 자연을 의인화의 방식으로 동일시한 것이다.

이러한 자연의 의인화 과정은 "건(乾)은 하늘(天)이다. 그러므로 아버지라 부른다. 곤(坤)은 땅(地)이다. 그러므로 어머니라 부른다."[65] 라는 규정에서 그 대표적인 형태를 이루게 된다. 이것은 하늘-아버지, 땅-어머니라는 의인화적 규정으로 낯선 자연을 친숙한 혈연적 관계에 빗대어 이해하려는 원시적인 인식형태들 가운데 하나다. 이런 점에서 중국 고대의 인간 개념은 기본적으로 원시적인 자연 이해에 바탕을 두고 있는 것이다. 그런데 이러한 원시적 자연인식의 형태가 춘추전국시대의 주류를 형성했던 학파들 속에서 잔존해 있었던 점에 주목할 필요가 있다.

기원전 6세기와 5세기에 걸쳐 정치적으로 끊임없이 좌절했던 공자(孔子; 기원전 551-479, 이름은 丘)[66]는 현대적 의미의 철학자나 종교의 창시자가 아니라, 고대 중국문명의 전달자이자 교육자다.[67] 또한 그는 한편으로 이전 시대의 의인화된 자연 개념에 비해 자연의

---

65) 胡廣 等 撰, 『易經』, 서울, 成均館大 大東文化研究院, 1984, 卷24 「說卦傳」, 655쪽, 乾天也. 故稱乎父. 坤地也. 故稱乎母.

66) 孔丘는 흔히 신성한 명칭인 孔夫子(공 선생님)로 일컬어진다. 심지어 漢代에는 孔丘를 현실적 권력을 얻지는 못했지만 유가적 이념의 신성한 대표자란 의미의 素王 또는 文成王이라고 하였다. 그러나 그 신성한 명성 자체는 역사적으로 조작의 과정을 거쳐 형성된 것이다. 본 연구에서는 이러한 역사적 사실을 중시하여 孔夫子라는 명칭을 사용하지 않는다.

67) 이와 같은 평가에 대해서는 포르케의 연구를 참조할 것. Alfred Forke, *Geschichte der alten chinesischen Philosophie*, Hamburg, Kommissionsverlag L. Friederichsen & Co., 1927, 115-116쪽.

의인성을 회의하는 사상가였지만,[68] 다른 한편으로 거대한 자연현상에 비해 인간이란 존재가 얼마나 무력한지를 다음과 같이 표현하고 있다. "하늘(天)에게 죄를 짓는다면 빌 곳이 없다."[69] 여기서 알 수 있는 것은 그에게 하늘은 인간사에 영향을 미치고 선악을 판별하고 심판하는 존재인 것이다. 그런데 그의 자연 개념에서 하늘은 여전히 '알 수 없는 그 무엇'(Etwas)이거나 '물자체'(物自體, Ding an sich)로 남겨진 채 그에게 주요한 관심사가 되지 못했다. 다시 말해 그는 하늘의 의인화를 완전히 벗어나지 못한 한계를 지닌 채 자연보다는 인간에게 관심을 돌린 것이다. 이러한 사상적 경향은 결국 자연을 적극적으로 탐구의 대상으로 삼고 그것을 실험하고 개척하여 인간을 위해 존재하게 만들 수 있는 계기를 결여하게 만들었다. 이와 같이 자연과 인간의 관계에서 '수동적' 인간의 전형적 모습은 바로 그가 이상적 인격체로 설정했던 군자(君子)다.

군자는 공자의 사상에서 핵심적인 인간 개념이다. 원래 군자는 글자 그대로 '왕의 아들'이란 의미였고, 이후에 사회 신분적인 용어로 '귀족'을 일컫는 말이었는데, 그가 사회신분적 의미에 덧붙여 '도덕적 인격'의 의미를 새롭게 부여한 것이다. 그는 기본적으로 군자를 통치자 가운데 인격적으로 원만한 '유교적 교양을 갖춘 사람'으로 생각했다. 특히 군자의 요건은 "君子는 도구나 수단이 아니다."[70]라

---

68) 朱熹 集註, 『論語』, 서울, 成均館大 大東文化硏究院, 1990, 「陽貨」, 405쪽, 天何言哉. 四時行焉, 百物生焉, 天何言哉.
69) 朱熹 集註, 『論語』, 서울, 成均館大 大東文化硏究院, 1990, 「八佾」, 105쪽, 獲罪於天, 無所禱也.
70) 朱熹 集註, 『論語』, 서울, 成均館大 大東文化硏究院, 1990, 「爲政2」, 86

고 하여, 어느 특정 분야의 전문적 지식이나 기술을 갖추어 특수한 분야의 일을 처리하는 것과 무관한 '인격적 덕'을 갖추는 것이 필수적이었다.[71]

중국 사회에서 오랜 기간 자연적 재료를 변형시켜 실질적으로 사회생활을 영위시켰던 전문적인 기술자 집단들을 천시한 것은 이러한 공자의 군자사상과 긴밀한 연관이 있다. 이 전문적인 기술자들은 객관적 대상인 자연을 변형 가공하여 인간을 위한 물건을 생산하는 사람들로 이들에 대한 천시는 인간과 자연의 동일성에 기반을 둔 자연적 인간 개념의 필연적 귀결인 것이다.

또한 공자는 자산(子産; 기원전 581－521)과의 대화 가운데 군자의 특성을 다음과 같이 네 가지로 표현하였다. "공자께서 자산에게 말씀하셨다. 군자의 도리에 네 가지가 있으니, 그 행하고 그치는 데 공손하고, 그 맡은 일에는 공경스러우며, 그 백성을 기르는 데 은혜롭고, 그 백성을 부리는 데 정의롭게 하는 것이다."[72] 여기서 주목할 점은 두 가지다. 첫째는 군자의 사회신분적 지위가 백성(民)을 다스리는 통치자라는 점이고, 둘째는 군자의 행동거지가 매우 조심스럽다는 사실이다. 특히 '공손하고' '공경스러운' 행동은 군자의 수동적

쪽, 子曰, 君子不器.

71) 레벤슨(Joseph R. Levenson)은 君子不器의 논리를 '비전문가적 이상'으로 파악하고, 明代와 淸初의 미술작품에서 그 구체적인 증거를 규명하고 있다. 참조. Joseph R. Levenson, *Confucian China and Its Mordern Fate* Ⅰ－Ⅲ, Berkeley, University of California Press, 1966, 15－43쪽.

72) 朱熹 集註, 『論語』, 서울, 成均館大 大東文化研究院, 1990, 「公冶長」, 144쪽, 子謂子産. 君子之道四焉, 其行已也恭, 其事上也敬, 其養民也惠, 其使民也義.

인 삶의 태도를 보여주는 것이다.

그런데 공자는 대부분 소인(小人)과 대비하여 군자(君子)라는 이상적 인간상을 내세운다. 예를 들어 그는 군자와 소인을 구분하면서 "군자는 정의(義)에서 깨닫고, 소인은 이익(利)에서 깨닫는다."[73]고 하였다. 여기서 소인은 통치자이긴 하지만 자신의 이익만을 추구하는 이기적 인간으로 비판받는다. 다시 말해 공자는 군자를 의로운 '도덕적' 인간으로, 소인을 이익만을 추구하는 '비도덕적' 인간으로 본 것이다. 그렇다면 군자와 소인은 고정불변의 인간 개념인가? 아니면 상호 전환이 가능한 인간 개념인가?

공자는 인간의 선천적인 본성과 후천적인 경험의 문제를 다음과 같이 설명하고 있다. "인간의 본성은 서로 가깝고, 습관은 서로 멀다."[74] 이것은 선천적인 본성적 측면에서는 큰 차이가 없는데, 후천적인 경험의 차원에서는 크게 차이가 있다는 것을 의미한다. 이러한 논리만 보면 마치 군자와 소인은 얼마든지 경험적 노력에 따라 달라질 수 있을 것처럼 보인다. 그러나 공자의 다음과 같은 논리는 인간의 변화 가능성을 일축시키고 있다. "오직 뛰어난 자는 어리석은 자와 바뀌지 않는다."[75] 여기서 언급되는 '상지'(上知)와 '하우'(下愚)는 도덕적 측면에서 '군자'와 '소인'의 또 다른 명칭이기도 하며, 결

---

73) 朱熹 集註, 『論語』, 서울, 成均館大 大東文化硏究院, 1990, 「里仁」, 130 쪽, 子曰, 君子喩於義, 小人喩於利.

74) 朱熹 集註, 『論語』, 서울, 成均館大 大東文化硏究院, 1990, 「陽貨」, 392 쪽, 性相近也, 習相遠也.

75) 朱熹 集註, 『論語』, 서울, 成均館大 大東文化硏究院, 1990, 「陽貨」, 393 쪽, 唯上知與下愚不移.

국은 양자의 상호 전환이 불가능하다는 것을 주장하고 있는 것이다. 따라서 '군자'로 대변되는 공자의 인간 개념은 오직 '군자'만을 옹호하고 철저히 '소인'을 배제하는 논리다. 이와 같이 '군자' 중심의 논리는 어떤 사회적 배경하에 이루어진 것인가?

기원전 6세기와 5세기 중국의 상황은 기존의 통치계급이었던 군자에 대항해 새로운 통치계급인 소인이 발흥하던 때였다. 이 시기에 공자는 군자의 입장에 서서 기존 체제에 반대하는 소인을 비난한 것이다. 그가 내세운 군자의 입장 옹호는 그의 복고적 사유체계 내에서 상호 긴밀한 연관이 있는 것이다. 여기서 그가 표면적으로 이익을 천시하고 정의를 내세우고 있지만, 실제적으로는 소인의 이익을 배제하고 군자의 이익을 내세운 것이며, 소인의 정의를 무시하고 군자의 정의를 옹호한 것이다.

그런데 공자의 군자 중심의 논리에서 보다 중요한 것은 정의와 이익을 대립적으로 파악하고 이익의 문제를 도외시한 채 도덕적 정의만을 내세운 점이다. 이와 같은 '도덕적 정의' 우위의 논리가 중국 유가사상의 주요한 특성으로 자리를 잡았다는 사실이 중요하다. 예를 들어 전국시대의 유학자인 맹자(孟子; 기원전 372?−289, 이름은 軻)의 경우에서 볼 수 있듯이, 실질적 이익보다는 인의(仁義)라는 도덕적 덕목이 항상 우선하였다.[76] 그리고 공자와 맹자 이후의 유학자들은 이익을 천시하고 인의를 중시하는 사상을 강력하게 옹호하였던 것이다.

---

76) 朱熹 集註, 『孟子』, 서울, 成均館大 大東文化硏究院, 1990, 「梁惠王章句上」, 453쪽, 王何必曰利? 亦有仁義而已矣.

이러한 유가의 사상을 적극적으로 비판하고 춘추전국시대에 크게 유행했던 학파가 바로 도가와 묵가다. 우선 도가의 사상을 살펴보면 도가는 인간의 인위적인 문화적 노력을 경시하고 인간의 자연적 측면을 강조한다. 『노자교석(老子校釋)』에는 "대도(大道)가 없어지자 인의(仁義)가 있게 되었다."[77]는 내용이 있는데 이것은 바로 도가가 유가의 인의를 비판하고 있는 것이다. 도가의 '대도'가 의미하는 바를 살펴보면, 기본적으로 "말해질 수 있는 도는 항상된 도가 아니다."[78]라고 논리적 규정을 거부하는 입장이었지만, 다른 곳에서는 도의 구체적 의미를 설명하고 있다. 예를 들어 『노자교석』에는 "인간은 땅을 본받고, 땅은 하늘을 본받으며, 하늘은 도를 본받고 도는 저절로 그러함(自然)을 본받는다."[79]라고 하여 도가의 도(道)가 '저절로 그러함'의 '자연적 질서'(自然的 秩序, natural order)를 이상으로 삼고 있다는 것을 분명하게 보여준다.

이러한 '자연적 질서'의 사상은 이후에도 이어져 인간의 사회적이고 인위적인 질서를 극단적으로 부정하고 '있는 그대로'의 혼돈적 질서를 절대적으로 긍정하는 사상의 흐름이 나타나게 되었다. 그 대표적인 경우가 『장자(莊子)』에 나타나는데, 이곳에서는 혼돈(混沌, chaos)의 죽음을 초래한 인위적 노력을 우화적으로 설명하면서 혼돈을 '자연의 상태'로 놓아둘 것을 역설하는 내용이 담겨 있다.[80] 이러한 도

---

77) 朱謙之 撰, 『老子校釋』, 北京, 中華書局, 1984, 18章, 72쪽, 大道廢, 有仁義.
78) 朱謙之 撰, 『老子校釋』, 北京, 中華書局, 1984, 1章, 3쪽, 道可道, 非常道.
79) 朱謙之 撰, 『老子校釋』, 北京, 中華書局, 1984, 25章, p.103, 人法地, 地法天, 天法道, 道法自然.

가의 논리체계는 바로 '자연과 인간의 동일성'을 기반으로 한 것으로 도가의 이상적 인간은 자연을 적극적으로 개척하는 인간이기보다 자연에 순응하는 '수동적' 존재인 것이다. 도가의 '수동적' 인간 개념은 인간이 자연을 객관적인 인식대상으로 설정하지 못하고, '자연적' 인간이 강조되었으며, 궁극적으로 인간이 자연에 종속되는 결과를 초래하였다. 이러한 사상적 경향은 도가의 구성원이 주로 몰락한 귀족이며 이들의 회의적이고 허무적인 세계관이 반영된 결과다.[81]

그런데 중국의 고대사회에서 자연에 대해 인간이 적극적으로 대응하는 '능동성'(能動性, activity)의 개념이 전혀 없었던 것은 아니다. 예컨대 묵가(墨家)의 경우 자연을 인간 자신들을 위해 적극적으로 이용하고 활용하는 사상을 지니고 있었다. 표면적으로 유가의 예악(禮樂) 사상에 반대한 점에서 묵가의 사상은 도가와 유사하지만, 실제 내용은 도가의 사상과 차이가 있었다. 묵가의 사상은 수공업자를 중심으로 형성된 논리체계로, 자연적 재료를 변형 가공하여 인간을 위한 사물로 만드는 가운데 중국 고대 사상에서 독특한 인간 개념을 전개하였다. 묵자(墨子; 기원전 468?-376, 이름은 翟)는 인간이 식물이나 동물과는 달리 자연을 변형시키는 노동의 힘을 통해 생존을 확보할 수 있다는 점을 강조한다. 墨子는 "그 노동력에 의존하는 자는 살고, 그 노동력에 의존하지 않는 자는 살지 못한다."[82]고 하여

---

80) 王先謙 編, 『莊子』, 成都, 四川省新華書店, 1988, 卷2 「應帝王」, 49쪽.
81) 侯外廬 主編, 『中國思想史綱』 上冊, 北京, 中國靑年出版社, 1963, 63-71쪽.
82) 孫詒讓 撰, 『墨子閒詁』 上, 北京, 中華書局, 2001, 卷8 「非樂 上」, 257쪽, 賴其力者, 生, 不賴其力者, 不生.

인간의 생존이 노동력의 활용여하에 달려 있다는 것을 주장하였다. 이것은 인간의 본질적 특성을 '노동'에 두었다는 점에서 높게 평가할 만한 인간 개념이며, 당시의 부패한 정치를 비판하는 논리적 근거로 활용되었다. 그리고 이러한 '능동성'을 기초로 한 묵가의 노동 중시의 사상은 인간과 자연의 동일성을 기반으로 한 도가의 사상과는 달리 인간과 자연의 차이점에 주목한 묵가의 장인의식(匠人意識)과 긴밀한 연관이 있다.

조직구성의 차원에서 살펴볼 때에도, 도가가 느슨한 집단적 관계를 지닌 것에 반해,[83] 묵가는 거자(巨子 또는 鉅子)를 중심으로 강력한 응집력을 지닌 소규모 집단을 이루었다. 그리고 묵가는 자연스럽게 동료애를 바탕으로 공동체 의식을 형성하여, 유가의 협애한 인(仁) 사상을 반대하고 소규모 공동체 의식을 겸애(兼愛) 사상으로 발전시켰다. 또한 유가나 도가와 달리 이익(利)의 문제를 적극적으로 수용하여 분배의 문제에도 관심을 기울였다. 이것이 바로 교리(交利) 사상이다. 이와 같이 '이익'의 문제를 적극적으로 해석한 묵가의 사상은 매우 합리적인 논리를 갖추고 있는 것이다. 물론 묵가가 기존 신분제 자체를 부정한 것은 아니었지만, 이것은 그 시대와 그 사회 전체가 안고 있는 한계였지 묵가만의 한계는 아니었다.

다만 사회의 질서유지를 위해 '하늘의 뜻'(天志)을 설정하고 '귀신의 존재를 규명한 것'(明鬼)은 사상적 한계일 수밖에 없다. 왜냐하면

---

83) 여기서 언급하고 있는 道家는 '宗敎的' 도가, 즉 道敎를 가리키는 것이 아니라, '哲學的' 도가를 의미한다. '종교적' 도가인 道敎는 집단적인 신앙생활이란 측면에서 '철학적' 도가보다 훨씬 더 공동체적이다.

아무리 목적이 정당하더라도 그 방법이 미신과 주술을 혼합한 것이라면 현실적 한계에 부딪힐 수밖에 없기 때문이다. 전국시대의 극심한 혼란이 단일한 성왕 중심의 질서로 재편성될 때, 묵가 집단이 지닌 소규모 공동체 의식이 중앙집권적인 성왕 중심의 국가체제에 적응하지 못하고 해체될 수밖에 없었던 것에는 묵가 사상 내부에 잔존했던 미신적 요소라는 한계와도 긴밀한 연관이 있다.

인간(人)과 자연(天)의 관계를 중심으로 전국시대 유가의 인간 개념을 좀 더 살펴보는 것은 중요하다. 왜냐하면 전국시대는 수많은 학파가 존재했으며 그 가운데 유가는 다른 많은 학파들 가운데 일부에 불과했지만, 몇 세기 후 한대에는 유가가 유일한 사상적 주도권을 행사하기 때문이다. 전국시대 대표적인 유가는 맹자와 순자(荀子; 기원전 313?-238, 이름은 況)이다. 이 두 사람을 비교하면 상대적으로 맹자는 인간의 자연적 측면에 주목한 사상가이고, 순자는 인간의 사회적 측면에 보다 많은 관심을 기울인 사상가다. 예를 들어 맹자는 인간의 본질적 특성을 자연성에 두고 그 본성을 아는 것을 자연에 대한 인식으로 이해하였다. 맹자는 다음과 같은 논리를 전개한다. "그 마음을 다하는 자는 그 본성을 인식한다. 그 본성을 인식하면 하늘(天)을 아는 것이다. 그 마음을 보존하고 그 본성을 기르는 것이 하늘(天)을 섬기는 방법이다."[84] 여기서 알 수 있듯이 맹자는 인간의 본성 문제를 다루면서 인간은 본래 도덕적으로 선(善)한 존재이므로,

---

84) 朱熹 集註, 『孟子』, 서울, 成均館大 大東文化硏究院, 1990, 「盡心章句上」, 705쪽. 盡其心者, 知其性也. 知其性則知天矣. 存其心養其性, 所以事天也.

그 선한 자연적 본성을 잘 보존하고 함양하면 한 사회의 정치질서가 보존될 것이라고 파악한다. 인간과 자연의 관계에서 볼 때, 그의 논리는 인간과 자연의 차이점보다는 '동일성'의 측면에 주목하고 있는 것이다.[85]

이에 반해 순자는 기본적으로 인간과 자연의 '차이점'에 주목하여 체계적으로 존재의 다양한 층차를 설명한다. 예를 들어 그는 물이나 불과 같은 무기물, 식물이나 동물, 그리고 인간과 같은 유기체의 본성적 특성을 비교하여 제시하고, 마지막으로 인간만의 독특한 본성을 다음과 같이 파악한다. "물과 불은 물질적 재료(氣)를 지니지만 생명(生)이 없다. 풀이나 나무는 생명이 있지만 지각(知)이 없고, 날짐승이나 들짐승은 지각이 있지만 정의(義)가 없다. 인간은 물질적 재료와 생명과 지각을 지녔으면서도 또한 정의(義)가 있으므로 천하에서 가장 귀하다. 힘은 소보다 못하고 달리는 것은 말보다 못하지만 소나 말을 사용한다. 어째서인가? 말하자면 인간은 사회를 구성할 수 있고, 저것들은 사회를 구성할 수 없다. 인간이 어떻게 사회를 구성할 수 있는가? 말하자면, 나뉘어 각기 역할을 맡기 때문이다. 분업은 어떻게 이루어질 수 있는가? 말하자면 정의가 있기 때문이다. 그러므로 정의는 분업으로 화합되고, 화합되면 하나가 되고, 하나가 되면 힘이 많아지고, 힘이 많으면 강해지고, 강하면 사물(物)을 이기게 되므로, 궁실을 지어 거주할 수 있게 된다."[86]

---

85) 朱熹 集註, 『孟子』, 서울, 成均館大 大東文化硏究院, 1990, 「離婁章句下」, 614쪽. 孟子曰, 人之所以異於禽獸者, 幾希, 庶民去之, 君子存之.
86) 王先謙 撰, 『荀子集解』 上, 北京, 中華書局, 1988, 卷5 「王制」, 164쪽,

여기서 순자는 무기물과 유기체의 공통점을 '물질'(氣)로 파악하고 그 차이점을 생명(生)의 유무로 분류한다. 또한 유기체들 가운데 식물과 동물의 차이는 지각(知)의 유무에 두고 동물과 인간의 차이를 '사회구성력'의 유무로 파악하고 있으며, 사회는 분업으로 가능하고, 분업에 정의(義)가 존재한다고 이해한다. 이러한 존재의 층차를 바탕으로 그는 기본적으로 인간의 본질적 특성을 '도덕적인 정의'가 있는 것으로 파악하는 것이다.

이러한 순자의 인간 개념은 서양의 그리스 철학자인 아리스토텔레스(Aristotelēs; 기원전 384－322)의 인간 개념과 비교할 때, 보다 분명하게 그 철학적 특색이 규명된다. 아리스토텔레스는 식물과 동물 그리고 인간을 영혼(psyche or soul)의 측면에서 각각 영양영혼, 감각영혼, 이성영혼으로 특징짓고 있다.[87] 그는 인간이 영양영혼과 감각영혼 외에 이성영혼도 있다고 하여 인간을 '이성적'(理性的) 존재로 규정하고 있는 것이다. 이와 같이 그가 인간을 '이성영혼'을 지닌 동물로 이해한 것에 비해, 순황은 정의(義)로운 '도덕적' 동물로 파악하고 있다. 이러한 차이는 역사적 사회적 배경의 상이함에서 비롯된 것이다. 즉 순황이 살던 전국시대에는 윤리적 덕목인 정의(義)만으로도 고대사회의 계층적 질서를 유지하는 중요한 기준으로 작용할 수

水火有氣而無生, 草木有生而無知, 禽獸有知而無義. 人有氣有生有知, 亦且有義, 故最爲天下貴也. 力不若牛, 走不若馬, 而牛馬爲用. 何也? 曰, 人能群, 彼不能群. 人何以能群? 曰, 分何以能行? 曰, 義. 故義以分則和, 和則一, 一則多力, 多力則彊, 彊則勝物, 故宮室可得而居也.

87) Joseph Needham, *Science and Civilisation in China* vol.Ⅱ, Cambridge, Cambridge University Press, 1956, 21－22쪽.

있었지만, 아리스토텔레스가 살던 고대 그리스 도시국가는 이미 객관적인 법률제도가 아니고서는 사회적 질서를 유지할 수 없을 만큼 매우 분화되고 발달한 사회였기 때문에 인간만의 특성으로 '이성'을 설정하게 된 것이다.

그런데 맹자와 달리 순자는 인간의 본성을 그대로 놔두면 악하게 된다고 파악하여, 후천적인 교육과 학습을 통해 사회질서에 부합하는 인간을 형성할 필요성에 대해 강력히 주장하였으며, 그 교육의 핵심은 바로 '예의'(禮)였다. 순황에게 예(禮)의 핵심은 분별(分別)이었으며, 그는 사회적 신분에 맞게 행동하는 것이 예의에 맞는 행위로 이해하였다. 여기서 분별은 순황의 개념으로 표현하면 '변별'(辨)이다.[88] 이 변별이 바로 인간이 인간일 수 있는 근거가 되는 것이며, 이 변별(辨)과 분별(分), 예의(禮), 그리고 성왕(聖王)은 매우 긴밀히 연결되는 것이다.[89]

이제 전국시대 유가의 두 사상가의 논리를 종합하면, 맹자가 자연과 인간의 공통점에 주목한 천인합일(天人合一)의 논리로 인간과 자연의 '동일성'에 주목했다면, 순자는 인간과 자연의 차이점에 주목한 천인지분(天人之分)의 논리, 즉 인간과 자연의 분리와 '차별성'을 강

---

88) 동물과의 차이점으로 인간의 '구분 능력'을 내세운 荀子의 논리에 대한 체계적인 분석과 긍정적인 평가에 대해서는 다음을 참조하기 바란다. Alfred Forke, *Geschichte der alten chinesischen Philosophie*, Hamburg, Kommissionsverlag L. Friederichsen & Co., 1927, 228 – 229쪽.
89) 王先謙 撰, 『荀子集解』 上, 北京, 中華書局, 1988, 卷3 「非相」, 78 – 79쪽, 人之所以爲人者, 何已也? 曰, 以其辨也……(중략)……辨莫大於分, 分莫大於禮, 禮莫大於聖王.

조하였다. 따라서 맹자가 이상적 인간으로 설정한 성인(聖人)은 '자연적 본성에 충실한 인간'이며, 순자가 이상적 인간으로 파악한 지인(至人)은 '자연과 인간의 구분에 밝은 자'[90]일 수밖에 없는 것이다. 또한 순자는 인간과 자연의 차이점에 주목하여 둘을 분리한 것에 머문 것이 아니라 인간이 자연을 적극적으로 개척할 것을 내세운다. 이것이 바로 순자의 인정승천(人定勝天)의 논리다. 이러한 순자의 논리는 다른 동물과 인간의 차이를 명확히 제시하듯이 자연과 인간의 기본적 차이를 전제한 것이며, 비로소 자연을 객관적인 인식의 대상으로 설정하고 그 자연이 인간을 위해 존재할 수 있는 철학적 가능성을 열어놓은 것이다.[91]

그런데 맹자의 '천인합일'의 사상은 이후 음양설(陰陽說)과 오행설(五行說)의 매개를 거쳐 한대(漢代) 유가(儒家)와 송대(宋代) 신유가(新儒家)에게 전승되어 중국의 주류사상이 되었던 것에 반해, 순자의 '천인지분'의 논리는 법가(法家)의 사상에 큰 영향을 미쳐 중국의 통일에 기여했지만 이후에는 중국의 주류사상에서 벗어나게 되었다. 중국 고대 철학자들 가운데 법가의 인간 개념을 살펴보면 다음과 같다.

순자의 제자인 한비자(韓非子; 기원전 280?-233)는 인간과 자연의 차이를 명확히 인식하여 인간이 태어나면서 지닌 자연적 조건과 그 조건을 이용하는 인간의 특성을 '생각하는 능력'(思慮)에 두었다. 한

---

90) 王先謙 撰, 『荀子集解』 下, 北京, 中華書局, 1988, 卷11 「天論」, p.308,
   明於天人之分, 則可謂至人矣.
91) 王先謙 撰, 『荀子集解』 上, 北京, 中華書局, 1988, 卷11 「天論」, 317쪽,
   從天而頌之, 孰與制天命而用之.

비자는 다음과 같이 말했다. "듣고 보며 지혜로울 수 있는 것은 하늘(天)이고, 움직이거나 멈추며 생각하는 것은 인간(人)이다."[92] 이와 같이 그는 인간이 대상을 인식할 수 있는 자연적 조건을 갖추었는데, 그것이 오감을 포함한 감각기능이며, 그 감각기능을 이용해 인식활동을 하는 것이 바로 인간이라고 파악한다. 다시 말해 그는 자연적인 감각기관은 선천적인 것이고, 그 감각기관을 활용하여 대상을 인식하고 추리하는 것은 바로 인간이라고 주장한다. 여기서 한비자가 순자의 '천인지분'의 논리를 계승한 것을 알 수 있으며, 자연과 인간의 구별을 강조하여 독특한 논리를 전개한 사실을 확인할 수 있다.

또한 한비자의 인간 개념이 유가의 그것과 크게 다른 점은 바로 '이익(利)'을 추구하는 것을 너무나 당연한 것으로 전제하고 있다는 사실이다. 예를 들어 한비는 다음과 같이 이익의 문제를 언급한다. "인간은 털이나 깃털이 없어 옷을 입지 않으면 추위를 막을 수 없고, 위로 하늘에 속하지 않고 아래로 땅에 붙어 있지 않으며 위장으로 근본을 삼으니 먹지 않으면 살 수가 없다. 이런 까닭으로 이익을 바라는 마음을 피할 수 없다."[93] 한비의 논리를 검토해 보면, 인간이 무엇인가 영양을 보충하지 않으면 살 수 없기 때문에 이익을 추구할 수밖에 없다는 논리를 전개한 것인데, 이것은 바로 이익 자체의 존재를 적극적으로 인정한 바탕에서 사회질서를 法으로 통제하고, 그

---

92) 王先愼 撰, 『韓非子集解』, 北京, 中華書局, 1998, 卷6 「解老」, 138쪽, 聰明叡智, 天也, 動靜思慮, 人也.
93) 王先愼 撰, 『韓非子集解』, 北京, 中華書局, 1998, 卷6 「解老」, 145-146쪽, 人無毛羽, 不衣則不犯寒. 上不屬天而下不着地, 以腸胃爲根本. 是以不免于欲利之心.

이익을 추구하는 욕망을 이용해 상(賞)과 벌(罰)로 부국강병을 달성하려는 의도를 담고 있는 것이다. 이러한 법가의 '법'의 논리가 진(秦)의 통치이념이 되어 전국시대의 패권을 장악하고 마침내 중국의 통일을 달성한 것은 주지의 사실이다.

그런데 한비자의 법은 성왕(聖王)의 권력을 보호하기 위한 행정법이나 형법의 의미를 담고 있는 것이지, 자유로운 시민의 계약법이나 사법을 의미하는 것은 결코 아니다. 더군다나 한비의 논리는 철저히 성왕 중심의 논리인데, 이 점이 고대 그리스의 민주법과 다른 점이다. 고대 그리스 도시국가에서 중무장한 수병이자 '자유로운 시민들'이 투쟁으로 왕을 축출하고 자신들의 대표를 내세웠던 사회의 사상적 발전과 중국 고대사회처럼 철저히 성왕 중심의 질서를 바탕으로 '예속적인 사람들'이 전개했던 사상은 근본적으로 차이가 있을 수밖에 없는 것이다. 이 점에 있어서는 법가뿐만 아니라 유가, 도가, 묵가도 예외가 아니었다. 그렇다면 고대 그리스 도시국가의 철학과 중국 고대 철학의 차이가 발생한 원인은 무엇인가?

중국 고대사회의 경우 일반적으로 황하중상류 부근의 내륙에서 씨족 단위로 고립적인 사회를 구성하여 씨족장이 왕이 되었다. 그런데 씨족의 대표인 그 왕에게 독립적으로 맞설 수 있는 '자유로운 정치적 결사체'가 없었던 것이 문제다. 그렇기 때문에 왕을 중심으로 한 권력적 종속관계에서 자유롭지 못했던 것이다. 이러한 상황에서 대다수 백성들은 자연의 거대한 힘과 왕의 현실권력에 의존하여 인간이 아닌 자연적 구성물 가운데 하나로 취급되거나 기껏해야 통치의 대상일 뿐이었다. 이런 사회적 환경에서 중국의 고대사회는 '인간과 자연의 동일성'을 기반으로 '순수 본질'의 '수동적' 인간관을 형성되게 된 것이다.

이에 반해 서양의 고대 그리스 사회는 지중해를 중심으로 폴리스라는 도시국가에 자유로운 시민이 민회를 결성하였고, 기존의 왕이나 귀족과 투쟁을 통해 공화제를 새롭게 구성할 정도의 현실적인 실력을 지녔다. 이런 현실적 힘을 바탕으로 했기 때문에 그리스의 시민은 자유로운 권력참여가 가능했으며 시민 자체가 인간으로 자연과 대립하여 문명사회를 건설하고 정치적인 통치의 주체로 등장할 수 있었던 것이다. 따라서 고대 그리스 사회에서는 인간이 자연과 분명히 구별되고, 수동적이 아닌 '능동적' 인간 개념이 발달하게 된 것이다.

제2절 성왕 중심의 논리체계

인간은 다른 인간과의 사회적 관계들을 통해 자신의 노동이나 사회적 역할을 수행한다는 점에서, 중국 고대사회의 인간 개념이 무엇을 중심으로 성립했는가를 고찰하는 것은 그 사상의 특징을 이해하는 데 관건이 되는 문제다. 이 문제를 해결하기 위해서는 어떤 사상의 논리가 '누구의 이익'을 대변하는지와 그 사상의 '구체적 내용'이 어떠한가를 살펴보아야 한다.

우선 유가의 경우 특히 공자는 기존 통치자의 입장에서 혼란스럽게 느껴졌던 춘추 말기의 상황을 극복하기 위해 노력했는데, 그 구체적인 내용은 과거의 정치질서, 구체적으로 주대(周代)의 정치질서와 제도를 회복하는 것이었다. 그 근거를 살펴보면 공자는 "주(周)나라는 하(夏)나라와 은(殷)나라를 본받아 문물제도가 성대하구나. 나는 주나라를 따르겠다."94)고 하여 주(周)의 정치문화, 즉 주례(周禮)에 대한 추종을 표현하였다.

공자의 사상에서 핵심 개념인 인(仁)의 경우도 바로 이 주례와 무관하지 않다. 예를 들어 공자는 자신의 수제자인 안연(顔淵; 기원전 521－490)과 대화하면서, "자신을 이겨 예(禮)로 돌아가는 것이 인(仁)이다."라고 규정하여 인(仁)의 본질을 예(禮), 즉 주나라의 예(禮)로 보고 있으며, 인(仁)의 조목을 "예(禮)가 아니면 보지 말고, 예(禮)가 아니면 듣지 말며, 예(禮)가 아니면 말하지 말고, 예(禮)가 아니면 행동하지 마라."95)고 하였다. 여기서 공자의 주장은 인(仁)의 근본이 주례(周禮)에 있으므로 주나라 예를 강력히 옹호하고, 주례에서 벗어나는 것은 철저히 금지시키는 '부정적' 명령의 의미를 담고 있다. 그런데 당시 이미 주례는 시대에 뒤떨어진 예의와 예법으로 어느 제후국도 그것을 원래의 형태대로 따르지 않고 있었다. 그런데도 공자가 주나라 예를 강조한 것은 주례(周禮)에 천자(天子)를 정

---

94) 朱熹 集註, 『論語』, 서울, 成均館大 大東文化研究院, 1990, 「八佾」, 106쪽, 子曰, 周監於二代, 郁郁乎文哉. 吾從周.
95) 朱熹 集註, 『論語』, 서울, 成均館大 大東文化研究院, 1990, 「顔淵」, 287－288쪽, 克己復禮爲仁……(중략)……非禮勿視, 非禮勿聽, 非禮勿言, 非禮勿行.

점으로 한 신분적 위계질서가 갖추어져 있기 때문이다. 이러한 점에서 천자는 권력적 지배의 정당화 차원에서 하늘(天)의 권위에 의존한 지배논리며, 이후에는 천자가 인간 사회의 최고 지배자인 성왕(聖王)으로 구체화된다. 따라서 공자의 사상은 주례를 회복하려는 복고적인 성왕 중심의 논리체계다.

그런데 공자는 "인간의 본성은 비슷하지만 습관에 따라 서로 달라진다."[96]고 한다. 문제는 그 본성과 습관의 구체적 내용을 언급하지 않고 있다는 점이다. 다만 그는 인식적 측면에서 인간의 유형을 네 가지로 분류하여 다음과 같이 설명한다. "태어나면서 아는 사람이 최상이고, 배워서 아는 사람이 다음이며, 곤란해서 애써 배워 아는 자가 또한 그다음이고, 곤란해도 배우려고 하지 않는 자가 백성으로 최하가 된다."[97] 송대(宋代) 신유학(新儒學)을 집대성한 주희(朱熹; 1130－1200)는 이 네 가지 인간의 구분을 기질(氣質)의 차이로 설명하는데, 인식론적으로 중요한 것은 바로 '태어나면서 아는 자'(生而知之者)이다. 이것은 경험과 상관없이 태어나는 그 순간부터 이미 알고 있다는 것인데, 여기에 세 가지 심각한 문제가 있다. 첫째 과연 태어나면서 안다는 것이 인식론적으로 가능한가의 문제이고, 둘째 지지(知之)의 목적어가 분명하지 않다는 점이며, 셋째 생이지지자(生而知之者)가 도대체 누구인가라는 문제다.

---

96) 朱熹 集註, 『論語』, 서울, 成均館大 大東文化硏究院, 1990, 「陽貨」, 392쪽, 性相近也, 習相遠也.
97) 朱熹 集註, 『論語』, 서울, 成均館大 大東文化硏究院, 1990, 「季氏」, 386쪽, 生而知之者, 上也, 學而知之者, 次也, 困而學之, 又其次也, 困而不學, 民斯爲下矣.

첫째 문제의 경우, 인간의 인식발달과정은 태어나서 보고 듣고 느끼는 가운데 대상을 인식하게 되고 실천을 통해 대상세계에 대한 정확한 지식을 습득하게 된다는 점에서 태어나면서부터 무엇인가를 안다는 것은 환상적 관념일 뿐이다. 둘째 문제의 경우, 도대체 '무엇을' 아는지가 빠져 있어 단지 모호한 표현임을 입증하고 있다. 이것은 읽는 사람에 따라 얼마든지 다르게 해석될 수 있는데, 공자의 사유체계의 특성을 고려하면 '지지'(知之)는 '주례'(周禮)를 '배우거나 안다는 것'으로 파악된다. 셋째 문제의 경우, 중국 고대의 유가는 생이지지자(生而知之者)를 주로 성인(聖人) 또는 성현(聖賢)을 지칭하는 것으로 암묵적인 합의를 하고 있는데, 그렇다면 성현이란 실제적인 인간이 아니라 가공의 상상적 인물일 뿐이다.

확실히 공자의 인간 본성과 분류에 대한 설명은 명료하지 못하여, 후대로 갈수록 유가가 혼란을 겪을 수밖에 없었다. 그러나 그 혼란 가운데서도 맹자와 순자는 인간 본성의 문제와 인간 분류의 문제에 대해 본격적인 논의를 전개하였다. 여기서는 먼저 맹자의 인간 본성론에 대해 살펴보고 다음으로 순자의 인간 분류에 대해 다루어보겠다.

맹자는 기본적으로 인간의 본성을 선하다고 파악했으며, 그 전형적인 인물로 요(堯)와 순(舜)을 내세웠다.[98] 이러한 전제하에 그는 공자의 '생이지지'(生而知之)를 계승하여 '양지'(良知)와 '양능'(良能)의 논리를 전개한다. 그는 다음과 같이 양능과 양지를 설명한다. "사람이 배우지 않고도 잘하는 것은 그 양능 덕분이다. 생각하지 않고

---

98) 朱熹 集註, 『孟子』, 서울, 成均館大 大東文化硏究院, 1990, 「滕文公章句上」, 541쪽, 孟子道性善, 言必稱堯舜.

인식하는 것은 그 양지 덕분이다."[99] 여기서 맹자의 양능은 경험과 상관없이 태어날 때부터 선험적으로 지니고 있는 '도덕적 인식능력'을 의미하고, 양지는 경험하지 않고도 이미 알고 있는 선험적인 '도덕적 지식'이다. 여기서 양(良)이란 본연(本然)의 선(善)이며 인위적 산물이 아니다. 따라서 맹자가 보기에 "안고 있는 두세 살 된 아이도 그 어버이를 사랑해야 하는 것을 알지 못함이 없다. 성장해서는 그 형을 공경해야 하는 것을 알지 못함이 없다."[100]고 파악한 것이다. 그러나 실상을 보면 독립적으로 살아갈 수 없는 두세 살 된 아이는 그 부모에게 의존할 수밖에 없는 존재며, 자라서 형을 공경하는 것은 혈통 중심의 가부장적 질서를 사회적 학습을 통해 내면화한 이후에야 형성되는 것이다. 따라서 맹자의 사상은 논리적으로 설득력이 부족하다. 그리고 맹자가 존경해 마지않는 요순과 같은 성인(聖人)이 본성 그대로의 상태라면 그것은 사회적 인간이 되기에 부족한 인간이거나, 현실 속에 존재하지 않는 관념적으로 만들어진 인물일 것이다.

그런데 맹자의 성인관(聖人觀)에서 빠질 수 없는 중요한 사실은 성인이 아무리 도덕적으로 미화된다 해도 결국 중국 사회의 최고 권력자, 즉 성왕이었다는 점이다. 맹자의 논리에 따르면 성왕을 정점으로 한 통치자들은 노심자(勞心者)이고 피통치자들은 노력자(勞力者)

---

99) 朱熹 集註, 『孟子』, 서울, 成均館大 大東文化硏究院, 1990, 「盡心章句上」, 714쪽, 孟子曰. 人之所不學而能者, 其良能也. 所不慮而知者, 其良知也.

100) 朱熹 集註, 『孟子』, 서울, 成均館大 大東文化硏究院, 1990, 「盡心章句上」, 714쪽, 孩提之童, 無不知愛其親也. 及其長也, 無不知敬其兄也.

에 해당하며, 노력자(勞力者)는 노심자(勞心者)를 위해 노동하는 것을 당연하게 여긴다.[101] 이러한 지배자 중심의 논리는 맹자의 철학이 현상적으로 통치 집단의 자기수양과 도덕정치를 강조하고 있지만, 본질적으로는 결국 성왕을 정점으로 한 최고 통치자의 권력유지에 봉사하는 기능을 하게 된 것이다.

맹자와 달리 순자는 인간의 본성을 악한 것으로 규정했으며, 선하다는 것은 후천적인 인위적 노력의 결과로 파악했다.[102] 그가 보기에 인간을 자연 상태로 방치할 경우 온갖 악한 행위가 저질러져 사회질서를 붕괴시키기 때문에, 후천적인 교육을 통해 사회질서를 유지시켜야 한다는 것이다. 그 과정에서 중요한 역할을 하는 것은 예(禮)인데, 공자의 예와 다른 점은 주례(周禮)가 아니라 당시에 적합한 문물제도 및 신분질서라는 점이다. 그래서 순자는 끊임없이 예(禮)를 통한 통치를 강조한 것이다. 또한 순자의 예, 즉 신분질서는 성왕을 정점으로 귀족, 지식인(士), 농민(農), 수공업자(工), 상인(商) 등으로 이루어지는데, 이것은 사회적 분별의 논리로 정당화된다. 다시 말해 그는 직업상의 구분과 차별을 중시하여 국가 구성의 핵심적인 원리로 분별의 논리를 전개한 것이다.[103] 비록 순자가 인간의 본

---

101) 朱熹 集註, 『孟子』, 서울, 成均館大 大東文化研究院, 1990, 「滕文公章句上」, 553쪽, 或勞心, 或勞力. 勞心者, 治人, 勞力者, 治於人. 治於人者, 食人, 治人者, 食於人, 天下之通義也.

102) 王先謙 撰, 『荀子集解』 下, 北京, 中華書局, 1988, 卷17 「性惡」, 434쪽, 人之性惡, 其善者僞也.

103) Alfred Forke, *Geschichte der alten chinesischen Philosophie*, Hamburg, Kommissionsverlag L. Friederichsen & Co., 1927, 237쪽.

성에 대해 맹자와 다르게 파악하고 있지만, 통치의 정당성을 분별의 논리로 합리화하고, 성왕 중심의 논리를 전개한 것은 동일한 점이다.

그렇다면 유가의 예악(禮樂) 논리를 반대했던 도가와 묵가의 경우는 어떠한가? 도가는 기본적으로 인간의 본성이 그대로 간직된 자연 상태를 중시하는 입장이다. 따라서 인간세계의 문화와 문명을 신랄하게 비난하며, '작은 나라에 적은 백성'[104]을 이상적인 국가로 내세운다. 그런데 그 내용을 구체적으로 살펴보면 소국과민(小國寡民)은 국가 차원이 아니라 원시적인 씨족공동체를 의미할 뿐이다. 이와 같이 먼 과거의 원시 공동체의 사회로 되돌아가고자 하는 것은 현실적으로 실현될 수 없는 환상에 지나지 않는다. 왜냐하면 당시의 추세는 수많은 제후국들의 분열이 거대한 통일제국으로 통합되는 과정이었기 때문이다.

도가는 신선(神仙)과 같은 가상의 존재를 가장 이상적인 인물로 내세운다. 예를 들어 『장자』에는 막고야(藐姑射)라는 산에 사는 신인(神人)에 대한 묘사가 있는데, 그 내용을 살펴보면 '오곡을 먹지 않고', '날아다니는 용을 몰고' 등등 가상세계에서나 가능한 이야기들로 가득 차 있다.[105] 사실 신선은 억압받는 몰락귀족이 관념적으로 절대적인 자유의 경지를 꿈꾸는 환상의 산물일 뿐이며, 심리적 대리만족의 대상일 뿐이다. 그러나 이러한 관념적 자유는 냉혹한 현

---

104) 朱謙之 撰, 『老子校釋』, 北京, 中華書局, 1984, 80章, 307쪽, 小國寡民.
105) 王先謙 編, 『莊子』, 成都, 四川省新華書店, 1988, 卷1 「逍遙遊」, 4쪽, 藐姑射之山, 有神人居焉. 肌膚若氷雪, 綽約若處子. 不食五穀, 吸風飮露. 御飛龍而遊乎四海之外.

실 속에서 여지없이 깨져버리고 여전히 현실의 구속과 억압을 벗어나지 못하게 만든다.

그런데 도가가 현실의 많은 문제들, 예를 들어 통치자의 부패와 사치 등을 비난하지만, 그 통치자들이 정점에 있는 신분질서를 철저하게 비판하지는 못한다. 오히려 도가는 최고 통치자인 왕이 도(道), 천(天), 지(地)와 나란히 매우 높은 지위를 차지하는 것으로 인정한다.[106] 그리고 도가는 왕의 바람직한 통치로 "지식인으로 하여금 감히 행위하지 않게 하면 다스려지지 않는 것이 없다."[107]는 것을 강조한다. 이것은 신분질서의 최상위에 있는 왕(王)이 기존의 질서를 '저절로 그런'(自然) 상태로 놔두어야지 인위적으로 지식인들이 왕(王)의 정치행위에 간섭하면 오히려 통치가 불가능한 상황을 초래할 수 있다는 것을 의미한다. 이런 면에서 도가의 논리체계는 성왕의 통치를 유지하기 위한 도구로 얼마든지 활용될 수 있는 것이다. 한대(漢代) 초기에 황로학(黃老學)이 황제의 통치술로 애용되었던 것은 바로 도가의 논리가 성왕 중심이라는 것을 입증한다.

유가를 비판했던 또 다른 학파인 묵가의 경우 도가의 수동적인 '무위'(無爲)에 비해 적극적인 '유위'(有爲)를 대표할 정도로 매우 행동적인 집단이었다. 이들은 자신의 대표적 이념인 '겸애'(兼愛)와 '교리'(交利)를 실현하기 위해 끊임없이 방랑생활을 했다. 묵가의 이상

---

106) 朱謙之 撰, 『老子校釋』, 北京, 中華書局, 1984, 25章, 102-103쪽, 故道大, 天大, 地大, 王大. 域中有四大, 而王居其一焉.

107) 朱謙之 撰, 『老子校釋』, 北京, 中華書局, 1984, 3章, 16쪽, 使知者不敢爲, 則無不治.

적 인간상은 현자(賢者)로, 공공의 이익을 위해서라면 자신의 목숨까지도 바칠 정도로 헌신적인 인격을 갖추고 있었다. 그런데 묵가가 중시하는 이 현자를 구체적으로 살펴보면, 현자는 천자(天子)의 통치를 도와주는 사람이지 최고 통치권자는 아니다.[108] 그래서 묵가는 자신의 이상을 실현하기 위해 절대 다수인 민중과 함께하기보다 최고 통치자인 왕에게 평화를 호소하는 방법을 취했다. 이러한 방법은 묵가 집단이 독자적인 국가 구성능력이 부족한 가운데 이루어진 것으로, 다른 학파와 마찬가지로 성왕 중심의 논리체계를 갖추게 된 원인이기도 하다.

앞에서 설명했던 유가, 도가, 묵가와 비교하면 법가는 가장 성왕 중심의 논리체계를 갖추고 있다. 왜냐하면 법가는 성왕의 권력을 유지하기 위한 직접적 수단과 방법을 탐구하고 그것을 실제로 적용했던 정치집단이기 때문이다. 따라서 법가의 가장 이상적인 군주는 전제적인 권력을 장악하고, 상(賞)과 벌(罰)을 엄격하게 적용하는 성왕이다. 법가는 그 전제군주의 예속적 신하인데 과거 형태의 귀족이 아니라 새로운 관료적 인간이다. 법가의 논리에 따르면 적어도 이론적으로는 전제군주를 제외한 모든 사람은 상벌(賞罰) 앞에 평등하다. 그러나 실제 현실이 그랬으리라고 판단하기에는 전국시대의 역사적 근거가 너무나 부족하다. 오히려 법가와 귀족의 생사를 건 권력투쟁들이 역사에 자주 보이고 있다. 그 대표적인 경우가 진(秦)의 법가적 개혁에 앞장섰던 공손앙(公孫鞅; 기원전 390?-338)과 법가적 개혁

---

108) 孫詒讓 撰, 『墨子閒詁』上, 北京, 中華書局, 2001, 卷3 「尙同 上」, 75 쪽, 天子立, 以其力爲未足, 又選擇天下之賢可者, 置立之以爲三公.

의 대상이었던 귀족의 치열한 상호 투쟁이다. 이 권력투쟁의 과정에서 공손앙의 법가적 개혁을 지지하던 효공(孝公)이 죽자, 귀족의 반격으로 그가 죽음에 이르게 된다. 그러나 그의 법가적 개혁은 진의 정치적 운영원리에 끊임없이 관철되어 진의 부국강병(富國强兵)에 지대한 영향을 미쳤다.

최고 통치자인 성왕의 입장에서는 법가의 사상이 매우 이로운 것이었음에 틀림없다. 왜냐하면 법가의 형법(刑法)은 결국 성왕의 이익을 철저히 옹호하고 그 권력을 끝없이 확장하기 위한 강제적 시도이기 때문이다. 또한 단기적으로 진이 부국강병을 이루어 중국 고대사회를 통일하는 데 법가의 사상이 효과적이었다는 것은 역사가 입증하는 사실이다. 그러나 진의 중국 통일은 오래가지 못하였으며, 더불어 진의 국가철학인 법가의 사상도 역사의 전면에서 뒤로 물러나게 되었다. 다시 말해 진의 중국 통일에 기여했던 법가의 사상은 오래지 않아 그 '엄격한 형법(刑法)의 집행'[109]으로, 중국인의 일반적 정서를 지배하고 있는 '절충적 논리'[110](折衷的 論理)에 맞지 않아 중국 사상계의 주된 흐름에서 밀려나게 되었다. 그러나 근본적으로 法家의 쇠퇴는 심리적 요인보다 중국 사회의 발전 정도에 있으며, 결국은 통일된 이후의 중국 사회가 법가의 논리를 절실히 필요로 하지 않은 것에 있다. 그 결과 법가의 '인위적' 인간 개념은 중국 사회에

---

109) Jacques Gernet, *A History of Chinese Civilization*, tr. J. R. Foster, Cambridge, Cambridge University Press, 1982, 108－109쪽.
110) 특히 자연과 인간의 교섭관계에 대한 중국의 '折衷的 論理'에 대해서는 다음을 참조할 것. 김원열, 「宋代 新儒學의 自然 槪念 硏究」, 서울, 성균관대 석사학위논문, 1996, 114－119쪽.

서 관료적 전제군주의 체제를 유지하는 역할의 일부를 맡게 되는 제한된 범위로 축소되었으며, 다른 학파들의 '자연적' 인간 개념이 일반화되는 현상이 중국 사회 전체를 지배하게 되었다.

지금까지의 논의를 통해 알 수 있는 것은 유가, 도가, 묵가 그리고 법가는 저마다 다양한 인간 개념을 지니고 있으면서도, 그 속에는 사유체계와 논리적 방법의 공통점이 있다는 점이다. 게다가 진의 통일 과정에서 각 사상들이 통합되고 절충되는 과정이 발생하여 사상의 독자적인 특징들이 사라지는 결과를 초래하였다. 그런데 인간과 자연의 관계에서 볼 때 주된 흐름은 인간과 자연의 '동일성'이자 천인합일(天人合一)의 논리이지, 인간과 자연의 '차별성'이자 천인지분(天人之分)의 논리는 아니다. 그리고 인간과 인간의 사회적 관계의 측면에서 볼 때, 앞에서 거론한 네 학파는 모두 성왕 중심의 논리체계라는 공통된 특징을 지니고 있다. 이러한 공통점은 중국 고대 사회가 자유로운 시민의 정치적 결사체가 없었던 현실적 한계에서 비롯된 것이다. 진 이후의 역사를 살펴볼 때 이러한 '성왕 중심'의 사유체계는 통치 집단의 확대과정에도 불구하고 인간과 자연의 '동일성' 논리와 함께 여전히 중국 전통사회의 지배적인 이념으로 기능하였다. 그리고 인간과 자연의 '동일성'에 기초한 '자연적 질서'(自然的 秩序, natural order) 중심의 '순수 본질' 논리는 한대(漢代)에 이르러 '전형화'(典型化)의 과정을 거치면서 '사회적 질서'(社會的 秩序, social order)를 맹목적으로 따르는 즉자적 풍습(Ethos) 이념으로 기능하게 된다.

제3절 자연적 인간의 전형화

중국 고대사회의 '자연적' 인간 개념은 한대(漢代)의 대표적인 유가 동중서(董仲舒; 기원전 179-104)에 이르러 그 전형적인 형태가 이루어졌다. 동중서는 무엇보다 한 무제(武帝) 당시 유학을 왕조의 지배이념으로 만든 사상가다.111) 그가 무제에게 올린 글 중에는 "도(道)의 큰 근원은 하늘(天)에서 나오는데, 하늘이 변하지 않으니, 도 또한 변하지 않습니다."112)라는 내용이 있다. 그가 상소를 통해 주장하는 것은 유교적 통치의 '도'는 '하늘'(天)에 기원을 둔 것이고, '하늘'의 불변성으로 통치의 불변성을 옹호하고 있는 것이다. 여기서 알 수 있듯이 동중서는 변하지 않는 본질을 추구하는 형이상학적 논리를 전개하고 있으며, 그 형이상학적 방법론은 그의 철학체계 전체에 관통되어 있다.

동중서는 중국 고대사회의 '자연적 인간' 개념을 바탕으로 전국시대 음양가(陰陽家)였던 추연(騶衍; 기원전 305?-240)의 오행설(五行說)의 영향을 받아 천인감응(天人感應)의 논리를 전개하였다. 이 천인감응(天人感應)은 자연과 인간의 '동일성'이 강화된 논리로, 도덕

---

111) 班固 撰, 顔師古 註,『漢書』, 景印文淵閣四庫全書, 臺北, 臺灣商務印書館, 1983, 卷56, 351쪽, 臣愚以爲, 諸不在六藝之科, 孔子之術者, 皆絶其道, 勿使並進.

112) 班固 撰, 顔師古 注,『前漢書』, 北京, 中華書局, 1988, 卷56, 833-834쪽, 道之大原出于天, 天不變, 道亦不變.

적으로 인간이 잘못된 정치를 하면 자연의 괴이한 현상(災異)을 촉발하게 된다는 주술적 구조를 갖추고 있다. 그는 자연의 이상현상을 재(災)와 이(異)라 하고, 이것을 각각 인간에 대한 天의 견책이자 위협으로 해석하고 있다.[113] 여기서 천은 자연의 의인화적 표현으로, 인간사에 적극적으로 간섭하는 역할을 하는 '상제'(上帝)적 의미를 지니고 있는 개념이다.[114] 그는 인간과 자연이 이렇게 서로 호응할 수 있는 근거로 음양(陰陽)의 기(氣)를 제시하고 있다. 다시 말해 인간과 자연은 모두 음양의 기를 갖추고 있어 한쪽의 기 변화가 다른 쪽의 기 변화를 일으킨다는 것이다.[115]

동중서의 재이설(災異說)은 현실의 성왕적 권력구조에 대해 사상적 이중성을 갖추고 있다. 왜냐하면 그의 재이설에 따를 경우 한편으로 자연의 이상한 현상으로 성왕의 무한한 권력을 제한하는 기능을 하고 있으며, 다른 한편으로는 자연의 정상적인 현상에 의탁하여 성왕 권력의 정당성을 확보하기 때문이다. 이러한 재이설의 이중성에서 주목할 것은 무엇보다 인간과 자연의 동일성에 기반을 둔 논리

---

113) 董仲舒, 『春秋繁露』, 賴炎元 註譯, 臺北, 臺灣商務印書館, 1984, 卷8 「必仁且智」, 236쪽, 天地之物有不常之變者, 謂之異. 小者謂之災. 災常先至而異乃隨之. 災者, 天之譴也, 異者, 天之威也. 譴之而不知, 乃畏之以威. 詩云, 畏天之威. 殆此謂也.

114) 帝, 上帝, 그리고 天 개념에 대한 상세한 설명은 다음을 참조할 것. 김원열, 「宋代 新儒學의 自然 槪念 硏究」, 서울, 성균관대 석사학위논문, 1996, 27-32쪽.

115) 董仲舒, 『春秋繁露』, 賴炎元 註譯, 臺北, 臺灣商務印書館, 1984, 卷13 「同類相動」, 331쪽, 天有陰陽, 人亦有陰陽. 天地之陰氣起, 而人之陰氣應之而起, 人之陰氣起, 而天之陰氣亦宜應之而起, 其道一也.

라는 점이며, 이 '자연적' 인간의 논리에서 중심이 되는 것은 역시 성왕의 현실 권력이란 점이다. 따라서 동중서의 재이설을 이중성의 측면에서 고려할 때 기본 전제이자 중심 논리가 되는 것은 자연의 보편 현상으로 성왕 권력을 정당화하는 논리며, 부수적으로 자연의 특수 현상을 설명하는 가운데 성왕 권력을 일부 견제하는 기능도 지니고 있는 '성왕 중심'의 사유체계인 것이다.

그런데 동중서의 논리 속에서 인간과 하늘이 결코 동등한 지위에 있는 것은 아니다. 그에게 하늘은 인간보다 훨씬 높은 지위에 있어, "인간의 인간됨은 하늘에 근본 하니, 하늘이 또한 인간의 증조부다."[116]라고 비유적으로 표현한다. 그래서 동중서에 따르면 '인간의 증조부'인 '하늘'의 본성(天性)을 인간이 지니고 있으며, "인간은 하늘에게 명령을 받아 선악의 본성이 있으니, 기를 수는 있어도 고칠 수는 없으며, 예상할 수는 있어도 떠날 수는 없다."[117]는 논리를 전개한다. 여기서 명령하는 하늘과 명령받는 인간의 관계는 능동적 주체와 수동적 객체의 관계를 의미한다. 이런 상황에서 인간이 자연에 대해 적극적인 자세를 취하기 어렵게 되고, 결국 이러한 논리는 수동적인 자연적 인간 개념의 전형을 이루게 된다.

동중서의 형이상학적 사유체계에서는 인간을 크게 세 가지로 분류하여 성인(聖人), 중민(中民), 두소(斗筲)로 나누고, 오직 중민의 본

---

116) 董仲舒, 『春秋繁露』, 賴炎元 註譯, 臺北, 臺灣商務印書館, 1984, 卷11 「爲人者天」, 282쪽, 人之人本于天, 天亦人之曾祖父也.

117) 董仲舒, 『春秋繁露』, 賴炎元 註譯, 臺北, 臺灣商務印書館, 1984, 卷1 「玉杯」, 23쪽, 人受命于天, 有善善惡惡之性, 可養而不可改, 可豫而不可去.

성만이 본성이라고 할 수 있다는 논리를 전개하였다.[118] 이러한 논리는 한편으로 본성이 변하지 않는다는 주장과 다른 한편으로 본성을 변화시킬 수 있다는 주장이 서로 모순되는 논리적 오류에 속한다. 동중서가 이렇게 모호한 태도를 취하게 되는 것은 현실 속의 신분적 위계질서를 추상화하는 사변의 과정에서 전통적인 유가의 교화사상(敎化思想)이 영향을 미친 것이다. 그는 철저히 성왕 중심의 논리체계를 구축하면서 정치의 대상인 백성들을 정치적 목적에 맞게 이용하려는 의도에서 중민의 논리를 전개한 것이다.

그런데 동중서의 논리 가운데 후대에 가장 큰 영향을 미친 것은 바로 인간과 자연의 주술적 일치사상, 즉 천인합일(天人合一)의 사상에 기본적인 토대를 제공했다는 점이다. 예를 들어 그가 언급하는 천인감응(天人感應)과 음양오행(陰陽五行)의 논리는 후대 사상가들이 끊임없이 애용하는 형이상학적 방법이 되었다. 특히 인간과 자연의 동일성을 기본으로 한 성왕 중심의 논리체계는 중국의 전통철학의 주류를 형성하여 자연적 인간의 전형을 이루었다. 후대에 동중서의 형이상학적 방법이 영향을 미친 것이 바로 위진(魏晉)시대 현학(玄學)이다.

위진시대 현학은 현실의 정치투쟁의 소용돌이, 구체적으로 조씨(曹氏) 가문과 사마씨(司馬氏) 가문의 생사를 건 투쟁에서 그 직접적인 화를 피해 권문세가의 지식인들이 자연 속에 은둔하는 가운데

---

118) 董仲舒, 『春秋繁露』, 賴炎元 註譯, 臺北, 臺灣商務印書館, 1984, 卷10 「實性」, 274쪽, 聖人之性, 不可以名性, 斗宵之性, 不可以名性, 名性者, 中民之性.

새롭게 만들어진 사유체계다. 그래서 현학의 논리를 전개했던 당시의 유명한 지식인(名士)은 자연 속에 은둔하며 구체적인 현실 문제를 거론하기보다 추상적인 형이상학적 담론을 전개하였다. 유명한 지식인들이 형성했던 현학의 핵심 개념은 주로 유(有)가 아닌 '무'(無), 인간이 아닌 '자연'(自然) 등이었던 것이다. 일반적으로 현학의 형이상학적 방법은 기존의 도가 사상을 바탕으로 한 것으로, 현실의 제반 문제와 일정한 거리를 둔 수동적인 인간 개념을 형성하게 된다.

그런데 표면적으로 현학은 비정치적인 추상적 담론과 비세속적인 태도를 표방하지만, 본질적으로는 현실의 정치적인 문제와 결코 무관하지 않다. 현학의 '무명'(無名)과 '무위'(無爲)가 바로 그러한데, 명사(名士)는 '무명'으로 명성을 얻고, '무위'로 정치적 문제에 대응한 것이다. 이러한 사상적 경향은 하안(何晏; 193－249)이나 왕필(王弼; 226－249)과 같은 유명한 지식인의 사상에서 잘 나타난다. 예를 들어 왕필은 『노자도덕경』 40장에 있는 "세상의 모든 존재는 유(有, 이미 존재하는 것)에서 생겨나고, 유는 무(無, 감각되지 않는 존재)에서 생겨난다."[119)에 대한 주석에서 줄곧 유보다 무의 가치를 중시하여 다음과 같이 설명한다. "세상의 존재는 모두 이미 존재하는 것이 있기 때문에 생겨나며, 이미 존재하는 것의 시초는 감각적으로 지각되지 않는 무를 근본으로 한다."[120) 이와 같이 불과 24세에 죽

---

119) 王弼, 『王弼集校釋』, 樓宇烈 校釋, 北京, 中華書局, 1980, 110쪽, 天下萬物生於有, 有生於無.
120) 王弼, 『王弼集校釋』, 樓宇烈 校釋, 北京, 中華書局, 1980, 110쪽, 天下之物, 皆以有爲生. 有之所始, 以無爲本.

은 왕필이 구체적인 만물을 일컫는 '유'보다 추상적인 '무' 개념을 강조한 것은 당시 성왕의 권력이 지향할 방향을 간접적으로 표현한 것이다. 다시 말해 왕필을 비롯한 명사들은 성왕이 무위로 통치를 할 때, 기존 지배질서를 보존할 수 있고 성왕과 권문세가의 이익을 확대할 수 있을 것으로 생각한 것이다.

왕필의 '무'(無)를 중시하는 논리는 죽림칠현(竹林七賢)의 경우에도 끊임없이 계승되었다. 죽림에 모여든 권문세가의 명사들은 정치적 입장을 공유하는 사람들로 주로 청담(淸談)으로 정치적 의견을 대신하였다. 여기서 청담이란 비정치적인 은유와 간접적 화법으로 교양 있는 대화를 나누는 것을 일컫는다. 그런데 이들 죽림칠현은 권력의 상층부를 구성하고 있었기에, 그들의 '무'를 강조하는 논리는 성왕 중심의 논리체계를 벗어난 것이 아니라 오히려 성왕의 권력을 강화하는 체계를 갖추고 있었던 것이다.

왕위를 둘러싼 권력투쟁에서 사마씨가 권력의 주도권을 장악하자, 사마씨에 반대하던 죽림칠현은 해체의 과정을 거칠 수밖에 없었지만, 그들의 청담은 남북조(南北朝)시대에 대표적인 형이상학의 체계와 방법으로 전승되고, 당시 유행하던 불교(佛敎) 및 도교(道敎)와 이론적 경쟁과 융합의 과정을 거치면서 서로에게 영향을 미치게 되었다. 그 결과 중국에서 절충적인 학풍이 형성되는데 당시에 대표적인 지적 흐름이 바로 현학이었던 것이다.[121] 중요한 사실은 이 현학

---

121) 王弼은 『老子道德經』뿐만 아니라, 『周易』과 『論語』에 대한 주석을 통해 절충적 방법으로 추상적인 玄學을 형성하게 된다. 특히 『周易』과 『論語』에 대한 王弼의 해석은 다음을 참조할 것. 王弼, 『王弼集校釋』,

의 '자연적' 인간, '성왕 중심'의 사유체계 등의 방법들이 인간 사회 질서의 정당성을 '자연의 질서'에서 확보하고 있다는 점이며, 이러한 자연 중시의 논리가 수(隋)와 당(唐) 이후에도 계속 중국의 사상계에 영향을 미쳤다는 점이다. 다시 말해 '인애'(仁愛)와 같이 인간과 자연의 명확한 구별이 없는 고대사회의 즉자적 인식은 중세 사회에도 여전히 영향을 미쳤던 것이다.

중국 중세사회에서 당대(唐代)는 불교가 매우 융성한 시기이자 퇴락의 모습이 나타난 시기이기도 하다. 특히 당 후반기에는 한족(漢族) 중심적인 분위기에 편승하여 불교에 대한 유교의 반격이 시작되었으며, 새로운 유학의 탄생을 예고하였다. 예를 들어 당 말기에 한유(韓愈; 768－824)와 이고(李翺; 841－846) 등이 주도한 유교 부흥의 사상운동은 주로 불교와 도교에 반대하고 인간의 본성(本性) 문제에 관심을 기울였으며, 이후 송대 신유학의 성립에 큰 영향을 미쳤다. 다음 장에서는 송대에 성립한 새로운 유학, 즉 신유학의 인간 개념을 다루고자 한다.

樓宇烈 校釋, 北京, 中華書局, 1980, 211－534쪽, 621－638쪽.

제3장

중국 중세의 충동의 억제와
인격 중심체

　당대(唐代) 후반기부터 새로운 유학의 흐름이 나타나고 북송(北宋)의 유학적 지식인들을 중심으로 성리학(性理學)이라는 사유체계가 다양하게 모색되었다. 그리고 남송(南宋)에 이르러 주희(朱熹; 1130－1200)는 이전의 성리학적 사유체계를 집대성하여 마침내 중국 중세의 지배이념인 성리학을 체계화시킨다. 나아가 주희의 성리학은 원대(元代)에 국가철학의 지위를 차지하고, 이후 명청대(明淸代)에까지 그 국가철학적 지위를 유지하였다. 국가철학인 성리학의 압도적 지위를 배경으로 명대(明代)에 한 시대를 풍미했던 왕수인(王守仁; 1472－1528)의 심학(心學), 즉 양명학(陽明學)은 인간의 주체적 측면을 강조했다는 점에서 주목할 만한 사유체계다.

　여기서는 송대 성리학과 명대 양명학을 중심으로 그 인간 개념의 특징을 규명할 것이다. 왜냐하면 이 새로운 유학의 사유체계와 방법이 중국의 중세 사회에서 가장 대표적인 '인간관'을 대변하고 있기 때문이다. 이 신유학의 사유체계와 논리방법의 독특한 특징을 분석하면 다음과 같이 크게 세 가지로 나눌 수 있다.

첫째, '감각충동'(感覺衝動)의 논리다. 이 '감각충동'의 논리는 인식의 주체인 인간과 인식의 대상인 자연이 미분화된 상태를 특징으로 하고 있다. 인식론적으로 볼 때 '감각충동'은 감각이 충동으로부터 분화되어 있지 않기 때문에 대상화의 능력을 결여하고 있는 '수동성'(受動性)의 심적(心的) 존재다. 특히 수양(修養)의 방법이란 측면에서 볼 때 감각충동적 인간관은 자연과 인간의 동일성에 기초한 성인(聖人)의 주정(主靜)을 강조하는데, 그 수양의 최고 경지인 인간과 자연의 합일(合一)된 상태는 인간과 다른 존재들 사이의 근본적 차이를 없애버린다.

둘째, '본성적'(本性的) 존재의 '공존'(共存) 의식이다. 이러한 논리에는 '도덕적 본성'으로 인간의 본질을 규정하면서 '공존'을 사유체계의 중심으로 설정하는 특징이 있다. 인식론적 측면에서 '본성적 인간관'을 살펴보면 '본성적 인간관'은 자연을 인식의 대상으로 삼고 있지만, 인간과 다른 생물과의 차이를 철저하게 규명하지는 못하고 있다. 특히 수양의 방법으로 중시하는 주경(主敬)의 공존의식은 마치 타자(他者)에 대한 배려나 관용처럼 보이지만 사실은 대등한 인격체로서가 아니라 불평등한 중세 신분질서를 그대로 유지하는 결과를 초래한다.

셋째, '선험적 정신'(先驗的 精神)의 인간이다. 여기서 선험적 정신은 인간의 주체적 측면을 최대한 강조하는 사유체계에서 비롯된 것이지만, 인식론적으로 불완전한 한계를 지닌 논리이기도 하다. 왜냐하면 그 '정신'은 육체의 제한성을 벗어나지 못하는 비자립적(非自立的) 존재이기 때문이다. 이 불완전한 선험적 정신의 인간관에는 다른 생물과의 차이점이 본질적으로 규명되지 못하고, 결국 만물일체(萬物一體)라는 인간과 자연의 동일성 논리를 강화할 수밖에 없는 원인도 바로 여기에 있는 것이다. 이 세 가지 인간 유형 가운데 우선 '감각충동'의 인간관부터 살펴보겠다.

제1절 감각충동의 수동적 논리

북송대(北宋代) 유학자인 주돈이(周敦頤; 1017-1073)는 '송대 신유학'[122]의 철학적 토대를 형성한 중요한 철학자다. 특히 그의 '태극'(太極), '음양'(陰陽), '주정'(主靜), '예'(禮), '이'(理) 개념 등은 다른 신유가의 사상에 커다란 영향을 미쳤다. 예를 들어 주돈이가 심혈을 기울인 「태극도」(太極圖)와 그 설명인 「태극도설」(太極圖說)은 신유가의 필독서였으며, 그의 '태극' 개념은 신유학의 집대성자인 주

---

122) 宋代 新儒學(Neo-Confucianism)이란 용어에 대한 外延과 그 特性에 대한 설명은 다음을 참조할 것. 김원열, 「宋代 新儒學의 自然 概念 研究」, 서울, 성균관대 석사학위논문, 1996, 9-10쪽.

희도 「태극도설해」(太極圖說解)를 지을 정도로 지대한 관심의 대상이었다. 그런데 주돈이의 인간 개념을 정확히 파악하기 위해서는 인간과 자연의 관계 및 인간과 인간의 관계에 대한 규명이 요구된다. 따라서 그의 주요 저작인 「태극도설」의 내용을 바탕으로 먼저 '인간과 자연'의 관계를 검토할 것이다.

주돈이는 수많은 자연물들을 존재하게 만드는 근원으로 '태극'(太極) 개념을 설정한다. 이 태극 개념은 다른 표현으로 '무극'(無極)이기도 한데,[123] 중요한 것은 "태극이 의미하는 것이 무엇인가?"이다. 송대 신유가의 경우 각자 자신의 철학적 입장에 따라 태극을 '도'(道)로 규정하거나,[124] '기'(氣)로 규정하기도 하고,[125] '이'(理)로 규정하기도 한다.[126] 그런데 전통적인 철학적 개념으로, 즉 도(道), 기(氣), 이(理) 등으로 태극을 규정하는 것은 현대 철학자들에게 큰 의미가 없다. 왜냐하면 이러한 방법으로 개념을 규정하는 것은 여전히 도(道), 기(氣), 이(理)가 현대적으로 이해 가능한가라는 문제를 남겨 놓기 때문이다. 그래서 태극을 비롯한 전통철학의 개념들에 대해 체계적으로 규정하여 현대적 의미로 재해석할 필요가 있다.

송대 신유학의 태극 개념을 체계적으로 파악하기 위해서는 태극의

123) 周敦頤 撰, 『周元公集』, 景印文淵閣四庫全書, 臺北, 臺灣商務印書館, 1983, 卷1 「太極圖說」, 416쪽, 無極而太極.
124) 邵雍 撰, 『皇極經世書』, 景印文淵閣四庫全書, 臺北, 臺灣商務印書館, 1983, 卷14 「觀物外篇下」, 1075쪽, 太極, 道之極也.
125) 張載 撰, 朱熹 注, 『張子全書』, 臺北, 臺灣商務印書館, 1968, 卷11 「易說」, 255－256쪽, 一物兩體, 氣也……一物而兩體, 其太極之謂歟.
126) 黎靖德 編, 『朱子語類』, 北京, 中華書局, 1994, 卷94 「周子之書」, 2366쪽, 太極無形象, 只是理.

몇 가지 특징을 먼저 살펴보아야 한다. 송대 신유가의 논리에 따라 태극의 특징을 검토하면 다음과 같다. 첫째, 태극은 형체가 있는 구체적 사물이 아니다. 따라서 태극은 어떤 질량, 색깔, 향기, 소리 등이 없으며, 인간의 감각적 지각의 대상이 될 수 없다. 둘째, 태극은 만물 생성의 근원자다. 왜냐하면 태극이 있어야 만물 생성을 설명할 수 있기 때문이다. 셋째, 태극은 움직이거나 멈추는 운동의 근거가 된다. 만약 태극이 운동이나 정지의 근거가 되지 않는다면 어떤 사물도 발생할 수 없을 것이다. 이러한 태극의 특징들을 종합하여 현대적 의미로 개념을 규정하면 태극은 '만물발생의 내재적 원동력'이 된다.

태극의 운동 과정에 대해 주돈이는 "만물발생의 내재적 원동력(太極)이 움직여 양(陽)을 낳는다. 움직임이 극에 이르면 고요함에 이르며, 고요함에서 음(陰)이 생긴다."[127]라고 한다. 여기서 태극의 운동이 시작되는 것은 다른 외재적 원인에 의해서가 아니라 태극 자체의 내재적 원인으로 파악하는 것이 논리적으로 타당하다. 또한 태극의 운동을 양(陽)과 연관 짓고 정지를 음(陰)과 연관시킨 것은 양(陽)이 밝고 적극적인 것의 상징(symbol)이고, 음(陰)이 어둡고 소극적인 것의 상징임을 확인시켜준다.

그런데 보다 중요한 것은 '운동이 극단에 도달하면 정지하고 정지가 극단에 도달하면 운동하는' 식의 운동과 정지의 순환론적 설명이다. 이러한 설명에는 절대운동이나 절대정지가 존재할 수 있는 여지

---

127) 周敦頤 撰, 『周元公集』, 景印文淵閣四庫全書, 臺北, 臺灣商務印書館, 1983, 卷1 「太極圖說」, 417쪽, 太極動而生陽. 動極而靜, 靜而生陰.

가 없으며, 상대적인 운동과 상대적인 정지만이 인정되는 것이다. 그래서 주돈이는 "고요함이 극에 이르러 다시 움직이니 한 번 움직이고 한 번 정지함이 서로 그 근거가 되고, 음과 양으로 나뉘어 양의(兩儀, 陰陽)가 성립한다."[128]라고 한 것이다. 이러한 순환반복적 사유방식은 중국 철학에서 자주 사용되는 방법이다. 예를 들어 주돈이가 "고요함이 극에 이르러 다시 움직이니"라고 한 것은 『노자도덕경』의 "반대편으로 바뀌는 것은 도(道)의 운동이다."[129]와 유사하며, 그가 "한 번 움직이고 한 번 정지한다."고 한 것과 『주역』의 "한 번 음하고 한 번 양한 것을 도(道)라 한다."[130]라는 것은 서로 공통된 사유체계를 공유하고 있는데, 이러한 사유의 특징은 자연의 다양한 현상을 단지 순환적으로 반복하는 것으로만 파악한다는 점에 있다.

이어서 주돈이의 순환반복적인 설명은 다음과 같이 계속된다. "양과 음이 변하고 합하여 수, 화, 목, 금, 토를 낳는다. 다섯 기(氣)가 고르게 퍼져 사계절이 운행한다. 오행(五行)은 음양이고, 음양은 태극이며, 태극은 본래 무극이다."[131] 여기서 이용되는 설명 방법은 다시 처음인 태극과 무극으로 거슬러 올라가는 순환반복적 형식을 취

---

128) 周敦頤 撰, 『周元公集』, 景印文淵閣四庫全書, 臺北, 臺灣商務印書館, 1983, 卷1 「太極圖說」, 417쪽, 靜極復動, 一動一靜, 互爲其根, 分陰分陽, 兩儀立焉.
129) 朱謙之 撰, 『老子校釋』, 北京, 中華書局, 1984, 40章, p.165, 反者道之動.
130) 胡廣 等 撰, 『易經』, 서울, 成均館大 大東文化硏究院, 1984, 卷22 「繫辭上」, 579쪽, 一陰一陽之謂道.
131) 周敦頤 撰, 『周元公集』, 景印文淵閣四庫全書, 臺北, 臺灣商務印書館, 1983, 卷1 「太極圖說」, 417쪽, 陽變陰合, 而生水火木金土. 五氣順布, 四時行焉. 五行一陰陽也, 陰陽一太極也, 太極本無極也.

98

하고 있다. 그리고 내용면에서 음양과 오행으로 자연의 변화를 설명하고, 그 근원에 '만물생성의 내재적 원동력'이 있음을 다시 확인하고 있다. 주돈이는 더 나아가 "하늘의 도(道)는 남성이 되고 땅의 도(道)는 여성이 되며, 두 가지 기(氣)가 교감하여 만물을 낳는다. 만물이 생기고 생겨 변화가 끝이 없다."[132]고 하여 만물의 생성과정을 간략하게 서술한다. '하늘은 남성이고 땅은 여성'이라는 비유는 자연을 의인화하여 표현한 것이고, 여기서 만물이란 주로 살아 있는 생명체인 생물을 가리킨다.

그런데 가장 문제가 되는 것은 기(氣) 개념이다. 왜냐하면 일반적으로 氣 개념은 수많은 철학자들이 자신의 이해방식에 따라 다양하게 해석하고 있기에 그 의미가 중층적이기 때문이다. 예를 들어 기 개념은 아지랑이,[133] '호연지기'(浩然之氣),[134] 생기력(生氣力, Vital Force),[135] 프네우마(Pneuma),[136] 질료(質料, Hylē: Matter)[137] 등 다양한 규정들이 존재한다.[138] 어느 시대 어느 철학자가 어디에서 사

---

132) 周敦頤 撰, 『周元公集』, 景印文淵閣四庫全書, 臺北, 臺灣商務印書館, 1983, 卷1 「太極圖說」, 418쪽, 乾道成男, 坤道成女, 二氣交感, 化生萬物, 萬物生生, 而變化無窮焉.
133) 王先謙 編, 『莊子』, 成都, 四川省新華書店, 1988, 卷1 「逍遙遊」, 1쪽, 野馬也, 塵埃也, 生物之以息相吹也.
134) 朱熹 集註, 『孟子』, 서울, 成均館大 大東文化研究院, 1990, 「公孫丑上」, 498－506쪽.
135) Siu－chi Huang, *Chang Tsai's Concept of Ch'i*, Philosophy East and West, vol.18, Honolulu, University of Hawaii, 1968, 247쪽.
136) Steven J. Bennett, Chinese Science: *Theory and Practice*, Philosophy East and West, vol.28, Honolulu, University of Hawaii, 1978, 445쪽.
137) 馮友蘭, 『中國哲學史』 下, 北京, 中華書局, 1961, 903쪽.
138) 張立文은 중국 철학사의 氣 범주를 雲氣, 精氣, 元氣, 無有, 識現, 神氣,

용한 기 개념이냐에 따라 그 외연과 내포가 달라지기 때문에 '기'를 단일하고 명료하게 규정할 수 없는 것은 너무나 당연하다. 따라서 북송대 주돈이가 「태극도설」에서 사용한 기 개념에 제한하여 현대적으로 새롭게 해석을 해야 한다.

「태극도설」에서 언급된 주돈이의 기(氣) 개념은 문맥상 남성과 여성, 수컷과 암컷을 뜻하며, "두 기가 교감한다."는 것은 남성과 여성의 생물학적 성(性, sex)의 차이(差異)를 상징적으로 표현한 것이다. 이러한 면에서 그가 언급한 교감(交感)은 성적 교류(性的 交流, sexual intercourse)를 간접적으로 표현한 것으로 성교나 교접을 통해 자식이나 새끼를 낳는 것을 의미한다. 그런데 과학이 충분히 발달하지 못한 중세 사회에서는 생명현상을 제대로 이해할 수 없었기 때문에 기 개념에 신비주의적 색채를 띠고 있을 수밖에 없었다. 이러한 근거들에 입각할 때 주돈이의 기 개념은 현대적 의미로 '물질적 재료의 관념적 표현'이며, 인식론적으로 볼 때 '감각충동'의 특징을 지니고 있다. 지금까지 살펴본 주돈이의 사유체계는 최초 태극에서 출발하여 만물, 실질적으로는 생물의 발생, 즉 자연물 가운데 생명체의 발생을 함축적으로 표현한 것으로 이해된다.

그렇다면 인간은 생명을 지닌 유기체들 가운데 하나인데 주돈이는 인간을 어떻게 파악하고 있는가? 그는 인간만이 기(氣)의 빼어남(秀)과 신령스러움(靈)을 갖추어 형체가 생기고 정신이 (대상을) 인식하게 된다고 보았다.[139] 이러한 설명은 모든 생명이 공유하고 있는 기

太虛, 以太 등의 의미로 분류하여 설명한다. 다음을 참조할 것. 張立文 主篇, 『기의 철학』上, 김교빈 외 공역, 서울, 예문지, 1992, 32-39쪽.

를 어떤 기준하에 '빼어남'과 '빼어나지 못함' 그리고 '신령스러움'과 '신령스럽지 못함'으로 나눌 수 있는지 구체적으로 밝히지 못한 채 모호한 상태로 남겨놓고 있다. 또한 주돈이의 설명을 바로 앞 단락에서 규정한 기 개념과 연관시킨다면, 인간과 다른 살아 있는 생물체의 차이는 단지 '물질적 재료'의 '빼어남'과 '신령스러움'이 되는데, 이와 같은 모호한 설명으로는 인간만의 독특한 성질을 규명하기에 여전히 부족하다. 그의 애매한 인간 규정은 다른 생물과의 차이를 논리적으로 설득력 있게 체계적으로 제시하지 못하고 있는 것이다. 오히려 기의 차원에서 보면 인간과 자연은 차이점보다 동일성이 더욱 강화될 뿐이다.

물론 주돈이는 인간의 본성 문제와 선악 문제를 연결하여 다음과 같이 설명하는 것을 잊지 않았다. "인(仁), 의(義), 예(禮), 지(智), 신(信) 다섯 가지 본성이 느끼고 움직여 선악이 나누어지고 모든 일이 나타난다. 성인(聖人)이 그것을 중(中), 정(正), 인(仁), 의(義)로 정하고 고요함을 주로 하여(主靜) 인간의 지극함을 세운 것이다."[140] 여기서 주돈이는 본성과 선악을 연결 지어 설명함으로써 인간만의 독특한 도덕적 성질을 언급하고 있다. 그리고 그는 이상적 전형인 성인의 수양 방법이기도 한 '주정'(主靜)을 인간의 지극한 상태로 규정한다. 주돈이가 강조하는 '주정'의 논리는 그의 인간 규정에서 핵심

---

139) 『周元公集』, 景印文淵閣四庫全書, 臺北, 臺灣商務印書館, 1983, 卷1 「太極圖說」, 417쪽, 惟人也, 得其秀而最靈, 形旣生矣, 神發知矣.

140) 周敦頤 撰, 『周元公集』, 景印文淵閣四庫全書, 臺北, 臺灣商務印書館, 1983, 卷1 「太極圖說」, 418쪽, 五性感動而善惡分, 萬事出矣, 聖人定之以中正仁義, 而主靜立人極焉.

적 의미를 지니고 있는 매우 중요한 것이다.

주돈이의 '주정'은 인간의 지극한 상태가 운동이 아닌 정지의 상태라는 것을 뜻하며, 이 '주정'은 신유가의 공통된 수양방법이었다. 수양의 방법으로 정지된 상태는 모든 합리적 생각과 판단을 그치고 오직 본연의 상태로 돌아가 감각충동에 자신을 맡기는 것을 의미한다. 여기서 알 수 있듯이 주돈이의 인간 개념은 능동적으로 사유하는 존재가 아니라 수동적으로 감각과 충동이 혼합되어 있는 존재다. 감각충동적 인간은 마치 식물처럼 대상화의 능력을 결여하고 있으며 일종의 무의식의 심적인 존재다. 그리고 감각충동적 인간은 주어진 자연 속에서 자연의 일부로만 존재할 뿐이다. 주돈이가 성인의 '주정'을 강조하는 것은 바로 이러한 감각충동적 상태를 이상적인 인간의 전형적인 수양 방법으로 내세우고 무비판적으로 그 수양 방법을 추종하려는 의도가 담겨 있다.

구체적으로 인간의 세 가지 유형을 중심으로 이 감각충동의 사유 체계를 살펴보면 주돈이의 의도를 정확히 파악하게 될 것이다. 그의 감각충동적 인간 개념은 인간과 자연의 동일성을 기반으로 한 것으로, 그는 인간을 성인(聖人), 군자(君子) 그리고 소인(小人) 이렇게 세 가지 유형으로 분류하여 다음과 같이 설명한다. "그러므로 성인(聖人)은 천지와 그 덕을 합하고, 일월과 그 밝음을 합하고, 네 계절과 그 순서를 합하고, 귀신과 길흉을 합하니, 군자(君子)는 수양하여 길하고 소인(小人)은 거슬려 흉하게 된다."141) 이 설명에 따르면 그

---

141) 周敦頤 撰, 『周元公集』, 景印文淵閣四庫全書, 臺北, 臺灣商務印書館, 1983, 卷1 「太極圖說」, 419쪽, 故聖人與天地合其德, 日月合其明, 四

가 이상으로 삼는 성인은 자연과 긴밀히 일치되는 인간이고, 군자는 수양을 통해 자연과의 합일이 이루어지는 인간이며, 小人은 자연과의 합일이 이루어지지 못하는 인간이다.

또한 주돈이는 "그러므로 말하기를 하늘의 도(道)를 세워 음과 양이라 하고, 땅의 도(道)를 세워 유(柔)와 강(剛)이라 하며, 인간의 도(道)를 세워 인(仁)과 의(義)라 한다."[142]고 하여 자연과 인간을 도(道)의 차원에서 공통된 특성을 병렬시키고 있다. 이러한 사유체계는 인간과 자연의 차별성보다는 동일성에 기반을 둔 것이며, 인간과 자연의 합일을 가장 이상적인 상태로 상정한다는 것을 입증한다. 따라서 주돈이의 감각충동적 인간관은 내재적으로 자연과 인간이 합일된 구조, 천인합일의 사유체계를 갖추고 있는 것이다.

주돈이는 인간을 성인, 군자 그리고 소인으로 분류하면서, 신분질서를 유지시켜주는 예(禮)와 악(樂)을 매우 중시한다. 왜냐하면 엄격한 중세적 신분질서는 예이고, 그 신분질서의 심각한 갈등을 조화롭게 만드는 것이 악이기 때문이다. 그런데 그의 논리에 따르면 신분적 분별을 강조하는 예가 화합을 강조하는 악보다 우선한다.[143] 이런 점을 고려하면 그의 인간관은 주어진 사회 신분의 중세적 질서를

時合其序, 鬼神合吉凶, 君子修之吉, 小人悖之凶.
142) 周敦頤 撰, 『周元公集』, 景印文淵閣四庫全書, 臺北, 臺灣商務印書館, 1983, 卷1 「太極圖說」, 419쪽, 故曰 立天之道 曰陰與陽, 立地之道, 曰柔與剛, 立人之道, 曰仁與義.
143) 周敦頤 撰, 『周元公集』, 景印文淵閣四庫全書, 臺北: 臺灣商務印書館, 1983, 卷1 「通書·禮樂」, 426-427쪽, 禮, 理也. 樂, 和也. 陰陽理而後和, 君君, 臣臣, 父父, 子子, 兄兄, 弟弟, 夫夫, 婦婦, 萬物各得其理, 然後和, 故禮先而樂後.

무비판적으로 수용하는 특징을 지니고 있다. 다시 말해 주돈이의 예 중시의 사상은 성왕을 정점으로 한 사대부(士大夫)의 위계적 사유체계를 갖추고 있는 것이다.[144] 요약하면 그의 감각충동적 인간관은 한편으로 인간과 자연 사이에 질적 차이가 거의 없는 동일성의 논리를 강화하면서, 다른 한편으로 인간들 상호 간의 관계에서는 성왕 중심의 위계적 신분질서라는 차별성의 논리를 강조한다.

제2절 본성적 존재의 공존의식

북송대(北宋代) 주돈이의 인간관은 동시대의 신유가인 소옹(邵雍; 1011-1077), 장재(張載; 1020-1077), 정호(程顥; 1032-1085), 정이(程頤; 1033-1107) 등을 거치면서 인간의 사회적 측면보다 본성적 측면에 훨씬 많은 관심이 모아졌다. 그리고 남송(南宋)의 주희(1130-1200)는 북송의 신유가들의 논리를 바탕으로 '본성적'(本性的) 인간 개념을 형성하게 된다. 이 '본성적' 인간은 '감각충동적' 인간과 비교하여 좀 더 체계적인 특징을 지니고 있다. 예를 들어 감각충동적 인간은 자연을 대상화할 수 있는 능력을 결여하고 있으며 인간 본성의

---

144) 송대 신유학 성립의 역사적 구조와 사회적 기반에 대해서는 다음을 참조할 것. 守本順一郎, 『동양정치사상사 연구』, 김수길 역, 서울, 동녘, 1985, 81-86쪽.

문제를 근본적으로 다루고 있지 못한 경우인 데 반해, 본성적 인간에서는 인간이 불완전하나마 자연의 이치를 인식의 대상으로 삼고 있으며, 인간 본성의 유래와 독특한 성질 그리고 본성의 도덕적 규범화 등이 체계적으로 상호 긴밀한 연관을 갖추고 있는 것이다. 남송의 주희는 이와 같은 본성적 인간 개념을 본격적으로 전개한 철학자다.

송대 신유가들이 매우 중시했던『중용』에는 '인간과 자연의 관계'에 관한 핵심적인 내용이 담겨 있다. "하늘(天)이 명령한 것을 본성(性)이라 하고, 본성을 따르는 것을 도리(道)라 하며, 도리를 닦는 것을 가르침(敎)이라 한다."145)『중용』의 이 내용은 인간의 본성에 관해 중요한 문제를 담고 있으면서도, 내용은 매우 간결하게 서술되어 있다. 이와 같이 너무 간략한 내용으로 이루어졌기 때문에 송대의 수많은 신유가들이 자신들의 유교적 세계관을 투영시켜 새로운 해석들을 시도했던 것이다.『중용』의 글들을 주목해 보면 가장 중요한 개념은 '천명'(天命)과 '성'(性)이다. 그런데 신유학을 집대성한 주희는 이것을 각각 '하늘의 명령'(天令)과 '이치'(理)로 해석한다.146) 그리고 이러한 주희의 새로운 해석은 중국뿐만 아니라 중세 동아시아의 사상에 큰 영향을 미쳐 송대 신유학이 성리학(性理學)으로서 정통이념이 되는 데 결정적 역할을 했다.

우선 천명(天命)에 대한 주희의 해석인 '하늘의 명령'을 살펴보자.

---

145) 朱熹 集註,『中庸』, 서울, 成均館大 大東文化硏究院, 1990, 1章, 769쪽, 天命之謂性, 率性之謂道, 修道之謂敎.
146) 朱熹 集註,『中庸』, 서울, 成均館大 大東文化硏究院, 1990, 1章, 769쪽, 命猶令也. 性卽理也.

‘천’(天) 개념은 중국 고대사회에서 다양하게 해석되어 왔다. 예를 들어 천은 조상신(祖上神)이나 신(神)으로서 ‘제’(帝) 또는 ‘상제’(上帝),[147] 자연물로서 땅과 대비되는 ‘하늘’,[148] 천인합일(天人合一)이라고 할 때 인간과 대비되는 ‘자연’ 등으로 해석된다. 이 가운데 주희의 천 개념은 천인합일적 의미의 ‘자연’이다. 그렇다면 ‘명’(命)은 무엇을 의미하는가? 주희를 비롯한 송대 신유가들은 너무나 자연스럽게 ‘명’을 ‘명령’으로 이해하고 있는데, 이러한 현상은 당시의 지식인들이 ‘명’을 ‘상위에 있는 자가 하위에 있는 자에게 무엇인가를 시키는 행위’의 의미로 이해했다는 것을 알 수 있게 해 준다. 보다 구체적으로 주희는 이 명령을 ‘조정에서 황제가 신하를 사신으로 보내거나 임관하는 것’이나 ‘다른 사람에게 명령하는 것’[149]으로 설명하고 있다. 이러한 비유적 설명이 실제 의미하는 것은 본성(性)이란 절대 어길 수 없다는 ‘천명’의 지상명령적 특성이다. 그리고 주희는 동중서(董仲舒; 기원전 179－104)의 형이상학적 사유체계인 ‘하늘은 변하지 않는다.’[150](天不變)는 논리를 토대로 자신의 ‘천명’적 세계관

---

147) 胡廣 等 撰, 『書經』, 서울, 成均館大 大東文化硏究院, 1984, 卷7 「周書・大誥」, 261쪽, 已予惟小子, 不敢替上帝命, 天休于寧王, 興我小邦周, 寧王惟卜用, 克綏受玆命, 今天其相民, 矧亦惟卜用. 嗚呼. 天命畏弼我丕丕基.

148) 王弼 注, 『老子道德經』, 景印文淵閣四庫全書, 臺北, 臺灣商務印書館, 1983, 5章, 140－141쪽, 天地不仁, 以萬物爲芻狗. 聖人不仁, 以百姓爲芻狗.

149) 朱熹 集註, 『中庸』, 서울, 成均館大 大東文化硏究院, 1990, 1章, 769쪽, 朱子曰, 命, 如朝廷差除. 又曰, 命猶令他一般.

150) 班固 撰, 顔師古 注, 『前漢書』, 北京, 中華書局, 1988, 卷56, 833－834쪽, 道之大原出于天, 天不變, 道亦不變.

을 구축하는 것이다.

이제 문제가 되는 것은 바로 본성(性) 개념이다. 주희의 해석을 살펴보면, 그는 "본성은 이치다."(性卽理)라고 하여 인간의 '본성'에 대해 명확히 '이치'(理)라고 규정하고 있다. 여기서 본성(性)이란 무엇보다도 '인간의 본성'을 겨냥한 것이지, 존재하는 모든 것의 본성을 의미하는 것이 아니다. 왜냐하면 주희의 경우 본성(性)은 인간의 선(善)을 이룰 수 있는 보증 수표의 역할을 하기 때문이다. 이에 반해 이치(理)는 주희의 경우 인간을 포함한 모든 자연적 존재에 관통하는 '내재적 원리'를 의미한다. 이것은 논리적으로 심각한 문제를 안고 있는데, 이러한 방법은 인간의 본성과 근본적으로 다른 자연적 존재물의 원리를 동일하게 파악하는 결과를 초래한다. 이것은 바로 인간과 자연의 '동일성'의 논리지 그 차이에 주목한 논리가 아니다. 이후에 "인간과 사물의 본성(性)이 같은 것인가? 아니면 다른 것인가?"라는 사변철학적 논의가 진행된 것은 이런 논리적 모호함에서 비롯된 것이다.

그런데 『중용』의 "솔성지위도"(率性之謂道)에 대해 주희는 "본성은 이치다."(性卽理)라는 모호한 논리를 전제로, 자연적 본성에 따르는 것을 마땅히 걸어가야 할 길(道)로 설명하고 있다.[151] 여기서 주희의 '본성적' 인간 개념은 인위적인 문화나 문명이 아닌 '자연적인 도덕적 본성'에 따라 살아가는 것을 특징으로 하고 있다. 그의 인간

---

151) 朱熹 集註, 『中庸』, 서울, 成均館大 大東文化硏究院, 1990, 1章, 770쪽, 率, 循也, 道, 猶路也. 人物, 各循其性之自然, 其日用之事物之間, 莫不各有當行之路, 是則所謂道也.

개념에서 인간은 본래, 즉 태어나서 경험하기 이전에 이미 알고 있다는 선험적인 인식의 원리를 지닌 선천적(先天的, a priori) 존재다. 따라서 오직 자연적인 도덕적 본성에 따르는 인간이 이상적인 유가적 도덕의 전형이 될 수 있는 것이다. 주희에게 그 '도덕적 전형'(道德的 典型)은 바로 요(堯)나 순(舜)과 같은 성인(聖人)이다. 이 '성인'이 주희에게 가장 이상적인 본성적 인간상이 되며 모범적 사례에 단골로 등장한다.

또한 이 '성인'은 가르침(敎)에서 중요한 역할을 수행한다. 주희는 『중용』의 글 가운데 "수도지위교"(修道之謂敎)를 풀이하면서 가르침(敎)의 주체로 '성인'을 설정하는데, 그 聖人의 가르침을 구체적으로 표현하면 예의(禮), 음악(樂), 형벌(刑), 정치(政)다.152) 여기서 가르침을 받는, 즉 교육을 받는 대상이 중요하다. 남송이라는 시대적 조건에서는 민중이 『중용』을 접하기 어려웠다. 왜냐하면 고대(古代) 한어(漢語)로 기록된 『중용』은 유가적 지식인(士大夫)의 독점적 권력의 도구였기 때문이다. 따라서 현실적으로 『중용』을 포함한 사서(四書)를 학습하고 국가관료 임용시험인 과거(科擧)에 응시할 수 있는 사람들은 유가적 지식인이었기 때문에 그 대상도 사대부 가문이나 부호(富豪) 집안의 자제들이었다. 그렇다면 당시 가르침의 주체는 누구인가? 현실적으로 볼 때 성인은 이미 죽었기 때문에, 성인이 직접

---

152) 朱熹 集註, 『中庸』, 서울, 成均館大 大東文化硏究院, 1990, 1章, 771쪽, 修, 品節之也. 性道, 雖同而氣稟或異, 故不能無過不及之差, 聖人, 因人物之所當行者, 而品節之, 以爲法於天下, 則謂之敎, 若禮樂刑政之屬, 是也.

예악형정(禮樂刑政)을 교육생에게 가르칠 수는 없는 노릇이다. 다시 말해 이전 성인의 가르침을 교육생에게 전해 주는 사람이 필요하고, 그 역할을 담당하는 사람은 현실적으로 퇴직 관료나 현직 관료, 과거 시험 합격자 또는 불합격자인 지식인이었다. 다시 말해『중용』에서 언급한 가르침(敎)의 주체와 대상은 모두 유교적 지식인 통치 집단이 중심이 된 것이며, 이 가르침(敎)은 유교적 지식인 통치 집단의 재생산 구조에 결정적인 역할을 한 것이다.

그런데 교육의 실질적 내용에서, 송대는 이미 과거(科擧)가 중요한 관리임용의 길이었기에 과거의 시험과목들에서 가장 중요했던 유교의 경전들을 암기하는 것이 일반적 현상이었다. 주희의 경우 이런 세상의 흐름에 대해 통탄했지만, 과거 시험이 존재하는 한 지식인들의 그러한 추세를 막을 수는 없었다. 따라서 청(淸)이 멸망하기 전 1905년에 과거 제도가 폐지된 연후에야 암기식 공부방법에 대한 끊임없는 열기가 식을 수 있었던 것이다. 중국 중세사회에서 과거 제도가 차지했던 중요성에 대해서는 아무리 강조해도 지나치지 않는다. 왜냐하면 성왕은 과거 제도를 통해 자신의 권력을 유지할 수 있었으며, 지식인들은 과거 제도를 통해 성왕의 권력을 보좌하며 자신들의 입신양명과 가문의 부와 명예를 유지할 수 있었기 때문이다. 따라서 당시 지식인들은 성왕의 권력을 중심으로 자신의 지식체계와 방법을 구축했던 것이다.

『중용』과 더불어 『대학』은 송대 신유가들이 수양론의 관점에서 새롭게 중시했던 경전이다. 이렇게 말할 수 있는 것은『중용』과『대학』이 송대 신유가들의 주목을 받아『예기』의 일부였던 것이 독립적으로 사서(四書)로 재편되었기 때문이다. 특히 주희는『대학』의 편찬과 수정에 심혈을 기울였는데, 죽음을 앞두고도『대학』에 대한 해석에 몰두할 정도였다. 또한 주희는 사서의 다른 경전보다『대학』을 가장 먼저 연구할 경전으로 여겼다.[153] 이러한 것은 주희가 얼마나『대학』을 중시했는가를 잘 보여주는 사례다. 그런데 주희가『대학』을 중시한 원인은『대학』이 인식론적으로 중요한 내용을 담고 있기 때문이기도 하다. 예를 들어 인식 주체인 인간이 대상을 인식하는 과정을 담은 격물치지(格物致知)의 논리가 바로 그것이다.

우선 격물치지(格物致知)라는 용어를 살펴보면『대학』에서 가장 중요하게 생각하는 '세 가지 강령'(三綱領)[154]을 선언적으로 언급한 후, 그것을 구체적으로 다룬 '여덟 가지 항목들'(八條目)[155]을 나열하면서 '격물치지'가 등장한다. 주희는 이 '격물치지'에 대해 그 특유의 글자풀이라는 방법을 동원하여 '격'(格)을 '이르다(至)'로 '물'(物)을 '객관적 실재'(事)로 해석하고 있으며,[156] '치'(致)를 '끝까지

---

153) 黎靖德 編,『朱子語類』, 北京, 中華書局, 1994, 卷14「大學1」, 249쪽, 學問須以大學爲先, 次論語, 次孟子, 次中庸.
154) 朱熹 集註,『大學』, 서울, 成均館大 大東文化硏究院, 1990, 1章, 11쪽, 大學之道, 在明明德, 在親民, 在至於止善.
155) 朱熹 集註,『大學』, 서울, 成均館大 大東文化硏究院, 1990, 2章, 14-15쪽, 古之欲明命德於天下者, 先治其國, 欲治其國者, 先其齊家, 欲齊其家者, 先修其身, 欲修其身者, 先正其心, 欲正其心者, 先誠其意, 欲誠其意者, 先致其知, 致知, 在格物. 物格而后, 知至, 知至而后, 意誠, 意誠而后, 心正, 心正而后, 身修, 身修而后, 家齊, 家齊而后, 國治, 國治而后, 天下平.
156) 朱熹 集註,『大學』, 서울, 成均館大 大東文化硏究院, 1990, 首章「釋明明德」, 14쪽, 格, 至也. 物, 猶事也.

도달한다.'(推極)로 '지'(知)를 '인식'(識)으로 풀이한다.[157] 이러한 글자풀이를 현대적인 철학 용어로 표현하면, "객관적 실재를 연구의 대상으로 삼고 끝까지 도달하면 객관적 실재의 본질을 인식하게 된다."라고 재해석된다. 여기서 객관적 실재의 본질을 내 스스로 인식하게 되는 것은 다름 아닌 마음(心)이 지니고 있는 비어 있고 밝으며 광대한 특성이다.[158] 그래서 주희는 "격물은 원리(理)로 말한 것이고, 치지는 마음(心)으로 말한 것이다."[159]라고 하였다. 주희의 '격물치지' 논리가 인식론적으로 독특한 것은 객관적 실재라는 인식대상을 설정하고, 그것의 탐구를 통해 도(道)를 인식한다는 점이다. 이것이 바로 주돈이의 감각충동적 인간관보다 주희의 본성적 인간관이 인식과정을 좀 더 체계적으로 다루고 있다는 것을 입증한다.

그런데 주희가 원래 『대학』에는 없던 '격물치지'에 대한 '보론'을 시도하면서까지 격물치지를 연구한 목적이 무엇인가? 주희는 다음과 같이 말한다. "격물은 일과 사물의 이치(理)를 연구하는 것이고, 치지는 일과 사물의 이치(理)를 인식하는 것이다."[160] 여기서 알 수 있듯이 격물치지의 목적은 일과 사물의 이치(理)를 연구해서 '그 무엇'을 알기 위한 것이다. 주희에게 '그 무엇'은 바로 인간의 본성이다.

---

157) 朱熹 集註, 『大學』, 서울, 成均館大 大東文化研究院, 1990, 首章「釋明明德」, 14쪽, 致, 推極也. 知, 猶識也.
158) 黎靖德 編, 『朱子語類』, 北京, 中華書局, 1994, 卷15「大學2」, 293쪽, 知者, 吾自有此知. 此心虛明廣大, 無所不知, 要當極其至耳.
159) 黎靖德 編, 『朱子語類』, 北京, 中華書局, 1994, 卷15「大學2」, 292쪽, 格物, 以理言也. 致知, 以心言也.
160) 黎靖德 編, 『朱子語類』, 北京, 中華書局, 1994, 卷18「大學5」, 305쪽, 格物者, 窮事事物物之理, 致知者, 知事事物物之理.

다시 말해 그는 인간의 본성 문제를 제대로 알기 위해서는 객관적 실재인 일과 사물을 탐구해야 한다는 논리를 전개한 것이다. 그러나 이 우회적 논리는 근본적인 문제를 안고 있는데, 그것은 주희의 논리에 따를 경우 자연의 구성물들과는 다른 인간만의 독특한 특성이 사라진다는 점이다. 예를 들어 주희가 한편으로 인간의 본성을 설명하기 위해 성즉리(性則理)라 하고, 다른 한 편으로 이치(理)가 인간을 포함한 모든 존재에 있다고 본 것은 바로 인간과 다른 생물들의 차이점을 제대로 규명하지 못한 것이다. 다시 말해 주희의 모호한 논리는 '인간과 자연'의 차이점이 아니라 '공통점'에만 치우친 '공존'(共存)의 논리로, 이것은 인간과 자연의 동일성이라는 인식론적 한계를 뛰어넘지 못하는 결과를 초래하게 된다.[161)]

또한 보다 세부적으로 인식론적 측면에서 주희의 격물치지를 살펴볼 때, 그 인식과정은 최초 인식대상으로 나아가(卽物), 그 대상의 이치를 궁구히 하는 것(窮理)을 계속 반복하다가, 어느 날 갑자기 완전한 인식의 단계(豁然貫通)에 도달하는 것이다. 여기에 크게 두 가지 문제가 있다. 첫째는 이 인식과정의 실제 내용상의 문제고, 둘째는 완전한 인식 단계의 존재 여부의 문제다.

먼저 첫째 문제를 살펴보면, 주희가 설정한 궁리(窮理)의 방법은 주로 경전을 읽어 어떤 신화나 구체적인 역사적 사례를 탐구하거나

---

161) 주희의 共存 논리가 농촌 사회에 적용된 것은 바로 '鄕約'이다. 이 '향약'은 이념적으로 농촌 공동체를 지향하지만, 실제로는 철저히 地主인 儒敎的 지식인의 이익을 농촌 사회 일반에 관철시키기 위한 유가적 도덕률이다.

경건한 몸가짐을 갖추어 깊이 생각해 보는 것이다. 송대 신유가들이 거의 종교적 심정으로 대했던 유교 경전은 지나간 시대의 유물로, 그것이 만들어지거나 편집될 당시에는 그 시대에 적합했을지도 모르지만 주희 당시에는 이미 시의성(時宜性)을 상실한 지 오래된 내용들로 가득 차 있다. 게다가 경전 속의 성인(聖人)은 신화적 인물로 그 신화를 마치 이상적인 역사적 사실처럼 다루고 있는 것은 죽은 자가 산 자의 발목을 붙잡고 있는 식이다. 이와 같이 인식대상 자체가 유교의 경전에 제한되어 있기 때문에 인식론적으로 객관적 자연을 대상화하여 실험하고 그 실험결과를 인간을 위해 적극적으로 활용할 수 있는 과학적 방법을 갖추지 못했던 것이다.

또한 둘째 문제는 주희가 활연관통(豁然貫通)을 완전한 인식단계로 보는 것인데, 완전한 인식단계에 이르는 과정과 결과가 모두 문제가 된다. 우선 그 인식 과정을 살펴보면 개별적 사물의 이치를 하나하나 연구하다 보면,[162] 하루아침에 환하게 두루 통하게 된다는 것[163]인데, 세상의 그 수많은 사물의 이치를 일일이 연구한다는 것도 문제지만 사물의 이치를 연구한다고 해서 인간의 본성을 완전히 알 수 있다는 보장이 전혀 없다는 문제가 있다. 그리고 주희는 그 인식의 결과인 활연관통을 다음과 같이 이해한다. "모든 사물의 겉과 속, 정밀함과 투박함에 이르고, 내 마음의 온전한 모습과 큰 능

---

162) 黎靖德 編, 『朱子語類』, 北京, 中華書局, 1994, 卷18 「大學5」, 393쪽, 今日旣格得一物, 明日又格得一物, 工夫更不住之做. 如左脚進得一步, 右脚又進一步, 右脚進得一步, 左脚又進, 接續不已, 自然貫通.

163) 朱熹 集註, 『大學』, 서울, 成均館大 大東文化研究院, 1990, 5章 「釋格物致知而」, 24쪽, 一旦, 豁然貫通.

력이 밝아진다. 이것을 격물(格物)이라 하고, 이것을 인식하게 된다고 한다."164) 그러나 어떤 부분적인 이치를 알았다고 해도 모든 사물의 이치를 완전히 알 수는 없는 것이다. 또한 보다 근본적인 문제는 완전한 인식의 단계로 활연관통을 설정한 것 자체가 비역사적인 형이상학적 방법이라는 점이다. 인간은 사회적 실천 속에서 끊임없이 인식을 고양시킬 수는 있어도 완전한 인식이란 불가능하다. 왜냐하면 사회의 발전에 따른 사회적 실천은 끊임없이 새로운 인식을 요구하기 때문이다. 따라서 인식론적으로 주희의 활연관통은 중세의 형이상학적 한계를 벗어나지 못한 논리다.

마지막으로 주희가 중시했던 '경건함'(敬)의 문제를 살펴볼 필요가 있다. 왜냐하면 그는 자주 '경건함'(敬)을 강조했을 뿐만 아니라, 그 '경건함'(敬)에는 성리학(性理學)의 핵심적인 정신인 도덕 수양의 방법이 담겨 있기 때문이다. 주희는 『논어』에 나오는 '거경'(居敬)165)을 해석하면서, "스스로 경건함(敬)에 있으면, 가운데 주체가 있게 된다."166)고 하였다. 여기서 주희는 경건함(敬)을 수양의 주체 문제와 연관시키고 있는데, 이 '경건한 상태로 있는 것'(居敬)은 생물학적인 생명의 활력이나 사회적 실천의 역동성과는 전혀 다른 '엄숙

---

164) 朱熹 集註, 『大學』, 서울, 成均館大 大東文化硏究院, 1990, 5章 「釋格物致知而」, 24쪽, 衆物之表裏精粗無不到, 而吾心之全體大用, 無不明矣 此謂格物, 此謂知之至也.

165) 朱熹 集註, 『論語』, 서울, 成均館大 大東文化硏究院, 1990, 「雍也」, 155쪽, 仲弓曰, 居敬而行簡, 以臨其民, 不亦可乎.

166) 朱熹 集註, 『論語』, 서울, 成均館大 大東文化硏究院, 1990, 「雍也」, 155쪽, 自處以敬, 則中有主.

함'을 배경으로 모든 말과 행동을 '조심하고 삼가는' 태도와 연결이
된다. 이러한 '경건함'은 가부장을 중심으로 혈연적 유대를 강화하는
각종 제사에 필수적인 자세며, 현실적으로 성왕 앞에서 경건함을 유
지해야 살아남을 수 있는 소극적인 정치행위이기도 하다.

그런데 주희는 이 '경건한 상태'인 '주경'(主敬)의 논리를 통치자
와 피통치자 모두에게 요구하는데, 그 실질적 내용은 중세 봉건사회
의 도덕적 규범인 인의예지(仁義禮智)다.[167] '인간과 인간'의 관계에
서 피통치자는 통치자를 대할 때 경건하고 조심스럽게 대해야 한다
는 논리가 송대 신유학의 기본적인 논리적 구조인 것이다. 확실히
거경(居敬)을 중심으로 한 주희의 '본성적' 인간 개념은 주어진 자연
이나 사회를 적극적으로 개조하지 못하는 소극적 결과를 초래한다.
또한 주희의 본성적 인간 개념에서 역사적 주체는 주로 성왕과 같은
최고 통치자와 성왕을 정점으로 한 일부 통치자들, 즉 유교 경전을
권력의 도구로 삼는 일부 지식인 통치 집단들에 국한된다. 결국 주
희의 거경 논리와 본성적 인간 개념은 성왕 중심의 권력 구조를 공
고하게 만들기 위해 반드시 필요한 유교적 지식인의 중요한 행동강
령이었다. 그리고 주희가 집대성한 '자연 질서'(自然秩序, natural order)
위주의 '도덕'(Moral)을 지닌 '본성적' 인간관은 충동을 억제한다는
점에서 동아시아 중세 사회의 대표적인 지배이념이 되었고, 표면적
으로 '공존'을 강조하였지만 실질적으로 성왕 중심의 권력구조를 더
욱 공고하게 만드는 역할을 하였다.

---

167) 黎靖德 編, 『朱子語類』, 北京, 中華書局, 1994, 卷5 「性理2」, 83쪽, 性
是實理, 仁義禮智皆具.

제3절 불완전한 선험적 정신의 한계

송대(宋代)에서 청대(淸代)까지 주희의 '본성적' 인간 개념은 과거 (科擧) 제도와 함께 사상계에 주류를 형성했다. 그런데 명대(明代)에 한 시대를 풍미한 사상적 흐름이 있었으니, 그것이 바로 왕수인(王 守仁; 1472－1528)의 심학(心學), 즉 양명학(陽明學)이다.[168] 그는 초 기에 주희의 격물치지(格物致知)를 그대로 실행에 옮길 정도로 송대 신유학의 인간관, 특히 주희의 본성적 인간 개념의 영향을 크게 받 았다. 그러나 자신의 독자적인 사변적 탐구를 통해 주희의 '본성적' 인간관을 비판하고, 새로운 인간 이해인 '선험적 정신'의 인간관을 정립하게 된다. 여기서 '선험적 정신'의 인간이란 일상적인 생활세계 를 경험하기 이전의 선천적인 '순수한 정신'을 지닌 인간을 의미한 다. 여기서는 우선 '인간과 자연'의 관계를 중심으로 왕수인의 인간 개념을 살펴볼 것이고, 그다음으로 그의 인간론의 이론적 전제가 되 는 '선험적 인식(良知)'의 논리를 규명한 후, 마지막으로 왕수인이 주장하는 선험적 정신을 지닌 인간 규정론에 대해 방법론 차원의 문 제점을 규명할 것이다.

왕수인은 '인간과 자연'의 관계를 다음과 같이 규정하고 있다. "무 릇 인간은 자연(天地)의 정신(心)이고, 자연의 만물은 본래 나와 한

---

168) 왕수인의 心 개념은 인식, 마음, 의지 등을 포괄하는 의미를 지닌다. 본 연구에서는 왕수인의 心 개념을 인식의 주체로 기능하는 선험적 '정신'으로 해석한다.

몸인 것이다."[169] 여기서 알 수 있듯이 왕수인은 인간과 자연의 차이보다는 '동일성'에 주목하여 자연과 인간의 일치를 주장한다. 그의 논리에 따르면 인간은 전체 자연의 일부이며, 인간은 바로 자연에 다름 아니다. 그런데 왕수인이 말하듯 인간이 '자연의 정신'이라면, 인간의 정신(人心)은 무엇인가?

왕수인의 '정신의 학문'(心學)에서 중요한 개념인 '선험적 도덕 지식'(良知)은 인간이 태어나면서 이미 알고 있는 인식이지 억지로 생각해서 알게 되는 그런 인식이 아니며, 인간의 그런 능력은 '선험적 인식 능력'(良能)으로 표현된다. 그런데 '선험적 도덕 지식'(良知)이란 개념은 왕수인이 처음 사용한 것이 아니다. 왜냐하면 『맹자』에 이미 '양지'가 중요한 개념으로 등장하기 때문이다. 예를 들어 맹자(기원전 372?-289)는 다음과 같이 말하였다. "사람이 배우지 않고도 잘하는 것은 그 양능(良能) 덕분이다. 생각하지 않고도 인식하는 것은 그 양지(良知) 덕분이다."[170] 이것에 대해 주희는 양(良)을 '본래의 선'(本然之善)으로 이해했으며, 정 씨(程氏)의 말을 빌려 양지와 양능이 인간(人)이 아닌 자연(天)에서 유래한 것으로 해석하였다.[171] 양지와 양능에 대한 주희의 해석은 당시 다른 유가들에게도 공통된

---

169) 陳榮捷, 『王陽明傳習錄詳註集評』, 臺北, 臺灣學生書局, 1999, 中卷 「答聶文蔚」, 257쪽, 夫人者, 天地之心, 天地萬物, 本吾一體者也.
170) 朱熹 集註, 『孟子』, 서울, 成均館大 大東文化硏究院, 1990, 「盡心章句上」, 714쪽, 人之所不學而能者, 其良能也. 所不慮而知者, 其良知也.
171) 朱熹 集註, 『孟子』, 서울, 成均館大 大東文化硏究院, 1990, 「盡心章句上」, 714쪽, 良者, 本然之善也. 程子曰. 良知, 良能, 皆無所由, 乃出於天, 不繫於人.

현상이었다.172) 이와 같이 왕수인의 양지와 양능 개념은 중국 고대 유가와 송대 신유가들이 중시하던 도덕적 관심에서 출발한 것이다.

왕수인은 이 '양지'를 다음과 같이 규정한다. "양지는 곧 하늘의 이치(天理)며, 생각(思)은 양지의 작용이다."173) 이러한 규정은 그가 선험적 인식(良知)을 자연의 이치로 파악하고 있으며, 이 '선험적 도덕 지식'(良知)이 작용하는 것을 생각(思)으로 연결시키고 있음을 보여준다. 여기서 알 수 있듯이 그의 선험적 도덕 지식(良知)은 거부할 수 없는 하늘의 이치(天理)며, 생각(思)과는 불가분의 관계에 있다는 논리다. 그러나 그는 일찍이 '정신(心)이 곧 이치(理)'라고 규정하였으며, 정신(心) 이외의 어떤 이치(理)를 인정하지 않았다.174) 논리적으로 볼 때, 선험적 인식(良知)과 정신(心)은 분명히 서로 공통되는 점이 있다. 그런데 실제로 왕수인이 선험적 인식(良知)과 정신(心)의 관계를 어떻게 설정했는지를 살펴볼 필요가 있다.

왕수인의 선험적 도덕 지식(良知)과 정신(心)의 관계를 고찰해 보면, 그는 정신의 외연을 선험적 도덕 지식인 양지보다 훨씬 넓게 사용하고, 양지를 정신 가운데 매우 근본적인 것으로 전제한다. 왜냐하면 정신은 선험적 도덕 지식인 양지뿐만 아니라 다른 요소들도 포함하고 있기 때문이다. 여기서 중요한 것은 양지를 포함한 정신(心)이

---

172) 朱熹 集註, 『孟子』, 서울, 成均館大 大東文化硏究院, 1990, 「盡心章句 上」, 714쪽, 西山眞氏曰. 善出於性. 故有本然之性, 不知不待學而知也.
173) 陳榮捷, 『王陽明傳習錄詳註集評』, 臺北, 臺灣學生書局, 1999, 241쪽, 中卷 「答歐陽崇一」, 良知, 卽是天理, 思, 是良知之發用.
174) 陳榮捷, 『王陽明傳習錄詳註集評』, 臺北, 臺灣學生書局, 1999, 30쪽, 上卷 「徐愛書」, 心卽理也. 天下又有心外之事, 心外之理乎?

인식의 주체며, 그 정신(心)의 가장 중요한 인식 대상은 바로 인위적인 것이 배제된 지극히 자연적인 선험적 도덕 지식(良知)이란 점이다. 예를 들면 송대 신유가들 특히 程 氏가 "인심(人心)은 사사로운 욕구이니 위태롭다. 도심(道心)은 하늘의 이치니 정미하다."[175]고 하여 마음(心)을 인간의 마음(人心)과 도덕의 마음(道心)으로 분류한 것을 왕수인이 비판하고, '정신은 하나'라고 강조한다. 왕수인은 다음과 같이 말한다. "정신은 하나다. 정신에 아직 인위적인 것이 섞이지 않은 것을 '도덕의 정신'(道心)이라 하고, 인간에게 인위적인 것이 섞인 것을 '인간의 정신'이라고 한다. 인간의 정신이 그 바름을 얻은 것을 도덕의 정신이라 하고, 도덕의 정신이 그 바름을 잃은 것을 곧 인간의 정신이라 하니, 처음에 두 정신이 있는 것이 아니다."[176] 여기서 분명하게 드러나는 논리는 왕수인이 인식주체인 정신(心)에 옳고 그름의 가치기준을 적용하는데, 인위적 요소를 철저히 배제하고 있다는 점이다. 따라서 왕수인의 '정신'(心) 개념은 인간의 바른 정신이라는 것의 논리적 근거를 자연적인 선험적 인식(良知)의 존재로 내세우며 그 양지를 절대적으로 인정하고 그것을 극대화시킨 사유체계에서 매우 중요한 핵심적 개념이다.

이제 왕수인의 정신 개념에서 선험적 도덕 지식인 양지(良知)가 구체적으로 무엇을 의미하는 것인지를 비판적으로 고찰할 때가 되었

---

175) 程顥·程頤 撰, 朱熹 編, 『二程遺書』, 景印文淵閣四庫全書, 臺北, 臺灣商務印書館, 1983, 卷24, 250쪽, 人心私欲, 故危殆. 道心天理, 故精微.
176) 陳榮捷, 『王陽明傳習錄詳註集評』, 臺北, 臺灣學生書局, 1999, 42쪽, 上卷「徐愛書」, 心, 一也. 未雜於人謂之道心, 雜以人僞謂之人心. 人心之得其正者, 卽道心, 道心之失其正者, 卽人心, 初非有二心也.

다. 왕수인에 따르면 선험적 인식(良知)을 포함하는 정신(心)은 개인적 욕심(私欲)과 구분되며, 정신이 개인적 욕심으로 가려지지 않는다면 그것이 곧 하늘의 이치(天理)라는 논리를 전개한다.[177] 여기서 가장 중심이 되는 개념인 하늘의 이치(天理), 즉 선험적 인식(良知)의 실제 내용이 중세 신분질서의 유지에 반드시 필요했던 효도(孝), 충성(忠) 등이라는 데 근본적인 문제가 있다. 예를 들어 왕수인은 다음과 같이 말한다. "하늘의 이치라는 정신으로 아버지를 섬기면 이것이 곧 효도고, 군주를 섬기면 이것이 곧 충성이다."[178] 생각해 보면 중세 중국의 가부장적인 사회에서 한 집안의 우두머리에게 무조건적인 복종을 강요하는 효도(孝)와 봉건적인 정치적 위계구조의 정점에 있는 군주에게 절대적인 복종을 강요하는 충성(忠)이 하늘의 이치(天理)이자, 선험적 도덕 지식(良知)으로 그에 의해 강변되는 것은 그의 사유가 아버지와 군주를 동일시하던 가부장적 성왕 중심의 논리체계를 바탕으로 하고 있다는 것을 의미한다. 여기서 중세 봉건적인 통치자의 가치기준을 가지고 백성들의 현실적 요구를 개인적 욕심(私欲)이라고 폄하하는 진정한 의도는 결국 통치자의 기존 이익을 철저히 유지하기 위한 논리적 장치인 것이다.

왕수인의 선험적 인간 개념을 인식론적 측면에서 보면, 가장 큰 문제가 자연의 질서와 사회의 질서를 동일시하는 논리적 오류를 발

---

177) 陳榮捷, 『王陽明傳習錄詳註集評』, 臺北, 臺灣學生書局, 1999, 30쪽, 上卷「徐愛書」, 都只在此心, 心卽理也. 此心, 無私欲之蔽, 卽是天理.
178) 陳榮捷, 『王陽明傳習錄詳註集評』, 臺北, 臺灣學生書局, 1999, 30쪽, 上卷「徐愛書」, 以此純乎天理之心, 發之事父, 便是孝, 發之事君, 便是忠.

생시켰다는 점이다. 또한 그가 강조하는 정신(心)은 극단적으로 자연을 정신의 산물로 봄으로써 그의 논리에 내재한 주관적이고 관념적인 특성을 벗어나지 못하고 말았다. 그의 '정신'은 '불완전한 정신'의 한계를 벗어나지 못한다. 왕수인의 '정신'(心) 개념이 불완전한 것은 그 정신이 자연과 구별되어 독립적으로 존재하는 인간의 정신이 아니라, 사실은 자연 속에서 자연의 이치를 핵심으로 하는 '자연의 정신'이란 점에서 '완전한 정신'이 아닌 것이다. 따라서 왕수인이 정신(心)을 강조했을 때, 그것은 일시적으로 당시 지식인들에게 크게 환영을 받았고 그 결과 양명학(陽明學)의 좌파(左派)가 기존의 형식적인 인습을 타파하는 데 기여를 하기도 했지만 '불완전한 정신'의 한계를 극복하지는 못했다. 양명학 좌파들 가운데 이지(李贄; 1527-1602)가 주희의 성리학적 세계관을 비판하였지만, 그도 노년에는 중국의 상호보완적 구조에 흡수되어 선종(禪宗)을 신봉하였으며 그것에서 헤어나지 못했다는 점이 대표적인 사례다. 그 대상의 이치를 궁구히 하는 것(窮理)을 계속 반복하다가,[179] 왕수인 이후의 양명학이 중국 사회에 미친 영향을 전반적으로 살펴볼 때 '불완전한 정신'의 한계로 사회 변혁의 주체를 형성하지도 못했고, 자연을 과학적인 실험의 대상으로 삼지 못한 결과를 초래했으며, 오히려 중국의 중세적 신분질서를 강화하는 역할을 담당했을 뿐이다.

이상과 같이 세 가지 유형의 인간 개념, 즉 감각충동적 인간, 본

---

179) 金觀濤·劉靑峯 공편, 『중국문화의 시스템론적 해석』, 김수중 외 공역, 서울, 천지, 1994, 187쪽.

성적 인간, 선험적 정신의 인간을 통해 알 수 있듯이 중국 중세철학은 고대의 '순수 본질'의 자연적 인간에서 출발하여 충동적 단계에서 점차 해방되는 경향을 지니고 있었지만, 인간의 특수성인 자립적이고 완전한 정신 개념은 자생적으로 발달하지 않았다. 다시 말해 다른 생물들과 근본적으로 구별되는 인간의 정신 개념은 서양철학의 영향 관계 속에서 이성적 존재인 새로운 인간 개념을 접하면서 등장하게 된다. 따라서 다음 장에서 서양철학이 중국사상에 미친 중요한 영향 관계와 근대 이행기 중국의 지식인에 의해 전개된 사회진화론과 국민혁명의 논리를 체계적으로 규명할 것이다.

제4장　근대적 이성과 충동에서의 해방

　중국사회에 외래 사상이 큰 영향을 미친 경우는 두 번의 계기가
있었다. 첫 번째는 서기 67년 한대(漢代)에 인도의 불교가 중국에
전래되고, 이후 위진남북조(魏晉南北朝)에 이르러 도가 사상으로 불
교를 해석하던 격의(格義)의 과정을 거쳐 중국식 불교가 넓게 유포
된 경우다. 이 폭넓은 불교의 수용은 중국이 스스로를 천하(天下),
즉 세계의 유일한 제국이라고 여겼을 당시 세계 곳곳의 다양한 문화
들이 유입되면서 인도의 불교가 중국에 전파되고 광범위한 영향력을
행사했던 대표적 경우다. 그런데 중국의 국력이 약해지면서 외래의
것에 대해 배타적으로 거부하고, 과거 중국의 영광을 재현하려는 한
족(漢族) 중심의 종족주의적 경향이 두드러지게 되었다. 이러한 현상
을 잘 보여주는 것이 서기 845년 외국인들에 대한 전면적인 추방령

의 실시와 불교에 대한 대대적인 탄압이다.[180] 그 이후 근대에 이르기까지 불교 사상은 중국의 사상사적 흐름에 주도적인 역할을 수행한 적이 없었으며, 다른 외래 사상들의 경우도 마찬가지였다.

그러나 근대에 이르러 서양의 제국주의 세력이 중국을 침략하면서 동시에 중국에 강요된 서양의 사상은 바로 두 번째 외래사상의 경우에 해당한다. 서양 제국주의는 자본주의적 경제력을 바탕으로 군사적 침략을 통해 중국의 일부를 강제로 분할하여 식민지로 만들었고, 그것이 중국 사회에 미친 영향은 전면적인 것이었다. 이러한 '서양의 충격'(western impact)[181]은 전통적인 중국의 중세사회를 붕괴시킬 정도로 심각한 상황이었다. 이러한 중국의 식민지화 과정에서 중국 지식인들은 전혀 새로운 서양 사상과 서양식 사고방식에 눈을 돌리고 주로 '충격에 대한 대응'의 차원에서 서양 철학에 대해 관심을 기울일 수밖에 없었다.[182]

위의 두 경우와 비교하면 중국사회에 큰 영향을 미치지 못했지만, 명대(明代)와 청대(淸代) 예수회 선교사들의 신학적 인간 개념은 당시 중국 지식인에겐 낯선 것이었고, 중국과 서양의 사상적 교류의 측면에서 중요한 역할을 했던 것이 사실이다. 뿐만 아니라 예수회 선교사들

---

180) Jacques Gernet, *A History of Chinese Civilization*, tr. J. R. Foster, Cambridge, Cambridge University Press, 1982, 294쪽.

181) Paul H. Clyde and Burton F. Beers, *The Far East: A History of the Western Impact and the Eastern Response*, N. J., Prentice Hall, 1966, 6쪽.

182) 서양의 충격에 대한 '조선'의 사상적 대응은 '척사위정 사상', '개화 사상', '민중 사상' 등으로 나타난다. 참조. 권인호 외, 「근대공간에서의 한국 철학-구국과 계몽의 이중주」, 『시대와 철학』 제10호, 서울, 동녘, 1995 봄, 9-97쪽.

은 중국철학을 유럽에 소개함으로써 유럽의 근대철학 형성에도 영향을 미친다. 예를 들어 라이프니츠(Gottfried Wilhelm Leibniz; 1646-1716)는 예수회 선교사들의 중국철학 소개에 관심을 기울였으며, 유기체론의 맥락에서 중국철학의 영향을 받은 단자론(單子論, Monadology)을 전개한다.[183] 따라서 중국에 전파된 예수회 선교사들의 인간 개념을 살펴보는 것은 동서의 사상교류 차원에서 의미 있는 연구의 주제다.

근대 이행기에 중국 지식인들은 서양 철학자의 진화론적 인간 개념을 적극적으로 중국에 소개하여 중국 사회에 큰 영향을 미쳤는데, 그 지식인들 가운데 엄복의 경우가 대표적이다. 여기서는 엄복의 사회진화론적(社會進化論的) 인간관을 살펴볼 것이다. 또한 손문은 사회진화론적 논리를 바탕으로 하면서도 국민국가적 차원의 통일을 지향하는 국민혁명(國民革命)을 전개하여, 모택동에게 큰 영향을 미친다. 따라서 모택동 사상을 정확히 이해하기 위해서는 손문의 국민혁명에서 중심을 차지하는 자유주의적 국가 이성(國家理性)을 지닌 인간을 구체적으로 검토할 필요가 있다.

---

183) Joseph Needham, *Science and Civilisation in China* Vol. II, Cambridge, Cambridge University Press, 1956, 496-505쪽. 라이프니츠 철학에 관한 비교철학적 논문은 다음을 참조할 것. 박상환, 「라이프니쯔와 그의 '중국철학에 관한 논고'」, 『현실인식과 인간해방』, 서울, 들불, 1993. 박상환, 「유기체사유에 대한 비교철학적 고찰」, 『대동문화연구』 29, 서울, 성균관대 대동문화연구원, 1994. 박상환, 「주역과 라이프니쯔」, 『대동문화연구』 28, 서울, 성균관대 대동문화연구원, 1993. Bak Sang-hwan, "Chinesische philosophie bei Leibniz ein Vergleich der Naturkonzepte", Gießen, Doktors der Philosophie, 1992. 참고로 유럽의 절대왕정 시기 계몽주의 사상가들은 '계몽군주론'을 전개하면서 강희제나 옹정제 등과 같은 중국의 황제를 전형으로 삼기도 하였다.

제1절 대상화 능력을 지닌 인간의 특수성

1603년 예수회 선교사인 마테오리치(Matteo Ricci; 1552-1610, 중국식 이름은 利馬竇)는 성리학(性理學)이 여전히 지배적이던 중국 사회에서 『천주실의(天主實義)』라는 책을 발행한다.[184] '최초의 본격적인 기독교와 유교와의 대화'[185]인 그의 저술들 가운데 『천주실의』는 중국인들에게 기독교의 세계관을 전파하기 위한 목적으로 간행되었는데, 이 속에는 중국 지식인들에게는 낯선 신학적 인간 개념이 체계적으로 설명되어 있었다.

마테오리치는 『천주실의』에서 '서양의 지식인'(西士)이라는 이름으로 중국 지식인(中士)과 대화하는 형식을 취한다. 그런데 그 대화 가운데 마테오리치는 무엇보다 인간과 동물의 엄격한 차이를 강조하는 기독교적 인간 개념을 언급한다. 예를 들어 그는 인간의 특성을 다음과 같이 서술한다. "무릇 사람이 짐승[禽獸]들과 구별되는 까닭 중에 '이성능력'[靈才, intellect]보다 더 큰 것은 없습니다. '이성 능력'은 옳고 그름과 진짜와 가짜를 분별할 수 있어서, [합당한] 이치가 없으면 이성을 속이기가 어려운 것입니다. 어리석은 금수도 감각

---

184) 마테오리치는 이 밖에도 1595년 『交友論』, 1599년 『二十五言』, 1608년 『畸人十篇』 등을 중국에서 출판했다. 참조. 마테오리치, 『交友論・二十五言・畸人十篇』, 송영배 역, 서울, 서울대출판부, 2000, xi-xii쪽.
185) 송영배, 「기독교와 유교의 상충과 대화의 모색: 마테오 리치의 『천주실의』의 분석을 중심으로」, 『21세기의 도전, 동양윤리의 응답』, 서울, 아산재단, 1997, Ⅲ-47.

[知覺]이 있고 몸을 움직일 수 있어서, 인간과 거의 같지만, 선후와 내외라는 [추론적] 이치에는 분명하게 통달할 수가 없습니다. 그런 연유로 금수의 마음은 다만 마시고 먹고, 제때에 짝을 찾아 자기 부류를 번식시키려 할 뿐입니다. 인간은 온갖 존재들보다 뛰어나니, 안으로는 정신적 영혼[神靈]을 받고 태어났으며 밖으로는 사물의 이치를 볼 수 있습니다."186)

여기서 가장 중요한 것은 다른 동물과 인간의 근본적인 차이를 인간의 '이성 능력(靈才)'으로 설정하고 있으며, 그 '이성 능력'이란 '진짜와 가짜(眞僞)를 분별하는 능력'으로 규정하는 논리다. 이러한 설명은 어떤 현상의 참과 거짓을 분별하는 이성의 합리적 특성과 '대상화 능력'이 인간만이 지닌 독특한 성질이라고 보는 인간관에 기초하고 있다. 이와 같이 마테오리치는 동물과 근본적으로 다른 인간만의 특성을 언급한 후, 다른 곳에서 그리스의 아리스토텔레스 철학적 전통이 기독교 신학에 적용된 교리를 중심으로 보다 구체적으로 식물과 동물을 인간과 비교하고 있다. 즉 그는 혼(魂)의 문제를 다루면서 '생명의 혼'(生魂)을 식물에, '지각의 혼'(覺魂)을 동물에, 그리고 '신령스러운 혼'(靈魂)을 인간에게 귀속시키고, 인간만이 '신령스런 혼'(靈魂)을 지닌 것으로 설명한다.187) 확실히 마테오리치를 중심으로 한 선교사들의 신학적 인간관은 다른 존재들과 인간의 '첨

---

186) 마테오리치, 『天主實義』, 송영배 외 역, 서울, 서울대출판부, 1999, 41-42쪽.
187) 마테오리치, 『天主實義』, 송영배 외 역, 서울, 서울대출판부, 1999, 124-125쪽.

예한 구별'에서 출발한다. 이러한 현상은 예수회 선교사들이 존재에 대해 철저히 구별했던 토마스 아퀴나스(Thomas Aquinas; 1225-1274)의 신학을 기반으로 하고 있기 때문이다.

좀 더 구체적으로 이 '첨예한 구별'을 살펴보면, 마테오리치는 무기물이나 식물 그리고 동물과는 다른 인간의 독특한 특징인 이성의 '추론 능력'을 제시함으로써 자연과 인간을 엄격하고 철저하게 구별한다. 예를 들어 마테오리치의 '만물의 분류 도표'(物宗類圖)의 설명을 보면 모든 존재를 실체(自立者)와 속성(依賴者)으로 구분하고, 각각의 존재를 체계적으로 분류하여 설명한다.[188] 이 가운데 마테오리치는 인간의 특성을 다음과 같이 설명한다. "'추론할 수 있는 것'은 오직 인간의 본성이기 때문에 세상의 모든 [다른] 부류들은 추론함에 참여할 수 없습니다."[189] 인류의 문명사를 돌아보면, 인간의 이성적인 '추론 능력'이 인간의 문명에 얼마나 중요한 기여를 했는가를 쉽게 알 수 있다. 왜냐하면 인간의 '추론 능력'은 각종 학문의 성립을 가능하게 만들었고, 이 능력이 직접적으로 자연의 개척과 도시 문명의 건설에 적용되었기 때문이다. 이런 점에서 마테오리치가 인간의 특성을 '추론 능력'으로 본 것은 설득력 있는 논리적 설명이다. 물론 그는 기독교의 신학적 입장을 고수하여 인간 영혼의 불멸성을 주장[190]하는 종교적 태도를 지녔지만, 이론적 방법으로 인간만의 독

---

188) 마테오리치, 『天主實義』, 송영배 외 역, 서울, 서울대출판부, 1999, 177-183쪽.
189) 마테오리치, 『天主實義』, 송영배 외 역, 서울, 서울대출판부, 1999, 183쪽.
190) 마테오리치, 『天主實義』, 송영배 외 역, 서울, 서울대출판부, 1999, 125쪽.

특한 본질을 규명하려는 태도는 전통적인 중국적 사유 방법의 특징인 '인간과 자연의 동일성'을 강조한 것과는 분명한 차이를 보여준다.

마테오리치는 중국의 전통적 사유와 기독교 신학을 자주 비교하여 자신의 논리를 전개하곤 하였다. 그 비교들 가운데 대표적인 것으로 이치(理)와 본성(性)에 대해 다음과 같은 내용이 있다. "인의예지(仁義禮智)는 [사람들이] 도리를 추론하고 난 다음에 있게 된 것입니다. '이'(理)는 바로 [사물에 속한] 속성이므로 '사람의 본성'[人性]이 될 수 없습니다."[191] 이것은 중국의 전통적 사유체계의 중요한 기반이 되는 성선설(性善說)과 성즉리(性卽理)의 논리를 근본적으로 비판하는 설명이다. 주희의 '인의예지'는 인간이 본래 지니고 있는 '본성적인 선(善)' 개념인데, 마테오리치는 인간이 본성적으로 선한 것이 아니라 인간이 도리나 이치를 추론한 이후에야 '선'(善)을 인식하게 된다고 파악한 것이다. 그리고 보다 중요한 것은 마테오리치가 "본성은 이치다."(性卽理)라는 주희 철학의 핵심 명제를 날카롭게 비판한다는 점이다. 구체적으로 마테오리치는 '성'(性)을 '인간의 본성'으로, '이'(理)를 '사물의 속성'으로 나누어 분석한 후, '이'가 '인간의 본성'이 될 수 없다는 논리를 전개한다. 이러한 그의 논리는 아리스토텔레스 철학의 실체와 속성 범주를 응용한 것으로, 인간과 사물이 각각 다른 실체와 다른 속성을 가지고 있다는 전제 속에서 인간과 자연의 차이점을 명확하게 규명한 것이다.

또한 마테오리치의 기독교 신학 논리들 가운데 중국의 전통적인

---

191) 마테오리치, 『天主實義』, 송영배 외 역, 서울, 서울대출판부, 1999, 340쪽.

'인간과 자연의 동일성' 논리와 가장 분명하게 대조적인 것은 바로 만물일체(萬物一體)에 대한 비판적 논의다. 마테오리치는 다음과 같이 말한다. "과거의 [중국] 선비들은 '만물은 한 몸'이라는 이론을 빌려서 어리석은 백성들이 인(仁)을 기쁘게 따르기를 바랐습니다. 이른바 '한 몸'이란 [만물은] 다만 하나의 근원[에서 나왔음]을 말할 뿐입니다. 만약 그것들이 참으로 '한 몸'이라고 믿는다면, 장차 인의(仁義)의 도리를 도리어 없애 버리게 될 것입니다."[192] 여기서도 마테오리치는 기본적으로 중국의 자연과 인간의 '동일성' 논리를 부정한 것이며, 당시 중국의 사유체계를 지배하고 있던 '유기체적 전일성'에 대해 비판한 것이다. 그가 이와 같은 부정의 논리들을 끝까지 견지한다면, 중국의 전통적 사유체계 전체와 팽팽한 긴장을 형성하게 될 것이고 결국 현실적 충돌로 이어질 것이다.

그런데 마테오리치는 이 비판적 논리를 끝까지 끌고 가지는 않는다. 예를 들어 마테오리치는 중국 사상에 대해 체계적으로 비판하다가도 유교적 지식인의 논리를 다음과 같이 자신의 논리 속으로 끌어들이곤 한다. "중국 선비가 말한다: ……(중략)……만약 우리[인간]들의 '본성'이 이미 선하다고 한다면, 이 악은 [도대체] 어디로부터 온 것입니까? 서양 선비가 대답한다: 저는 [사람의] '본성'이란 선도 악도 [다] 행할 수 있다고 봅니다. [그러나 이것은] 진실로 [사람의] '본성' 자체에 본래 악이 있다는 말은 아닙니다. 악은 실재로 존재하는 것이 아니요 [다만] '선의 부재'[無善]를 말하는 것입니다."[193] 이

---

192) 마테오리치, 『天主實義』, 송영배 외 역, 서울, 서울대출판부, 1999, 214쪽.
193) 마테오리치, 『天主實義』, 송영배 외 역, 서울, 서울대출판부, 1999, 343쪽.

대화는 중국의 전통적인 성선설(性善說)에 대해 마테오리치가 답변한 것인데, 그 대답에서 처음에는 자신의 기본 입장을 밝히다가 끝에 가서는 중국의 논리를 끌어들이고 있다. 마테오리치의 이러한 설명방식은 유교의 논리를 최대한 수용하는 듯한 태도를 취하면서 자신의 종교인 기독교를 전파하려는 목적이 반영된 것이다.

'인간과 자연'의 관계에서 볼 때, 마테오리치는 신학적 인간 개념을 통해 인간과 자연의 차이를 분명하게 구별하고 있는데, 이러한 인간 개념은 자연을 대상화하는 인간의 이성적 추론 능력을 입증해 주는 역할을 한다. 다시 말해 그의 인간 개념에 따르면 자연이 인간을 위해 객관적 대상으로 존재할 수 있는 가능성을 확보한 것이다. 이후에도 예수회 선교사들의 신학적 인간 개념이 중국에 소개됨으로써 인간의 능동적인 사유능력과 자연개척능력이 새롭게 조명 받을 가능성이 있었다. 또한 마테오리치가 중국의 지식인들에게 서양의 과학 가운데 일부를 소개한 것은 동서 문화의 교류라는 맥락에서 긍정적인 작용을 하였다. 그러나 그것은 여전히 수단이었고, 마테오리치의 목적이 기독교적 유일신의 입증이라는 점을 고려하면, 중국 지식인에게 그다지 과학적인 영향을 미치지 못했던 것이다. 게다가 마테오리치 이후의 선교사들은 로마 교황청의 지시에 따라 중국의 조상숭배의식인 제사를 우상숭배로 규정짓고 신자들에게 제사를 금지시켰다.[194] 이러한 선교사들의 입장은 기독교가 대다수 중국인들에게 환

---

194) 전례논쟁(Rites Controversy)에 관한 사회적 배경과 핵심 쟁점에 대해서는 다음을 참조할 것. 박상환, 「라이프니쯔와 그의 '중국철학에 관한 논고'」, 『현실인식과 인간해방』, 서울, 들불, 1993, 320 – 321쪽.

영받지 못한 원인들 가운데 하나가 되었다. 결과적으로 선교사들의 '신학적' 인간 개념은 중국에 지속적으로 소개되었긴 하지만, 중국 사상의 주된 흐름인 '인간과 자연의 동일성' 논리를 바꾸지는 못했다.

'인간과 인간'의 관계라는 측면에서 볼 때, 마테오리치의 '신학적' 인간 개념은 중세의 현실적인 왕조의 지배구조와 관념적인 신국(神國)의 지배구조를 적극적으로 인정하는 가운데 신학적 논리를 전개한다. 구체적으로 그는 "무릇 사람은 세상 안에서 세 아버지를 가지고 있습니다. 첫째는 천주를 말하며, 둘째는 나라의 임금을 말하며, 셋째는 가장을 말합니다. 세 아버지의 뜻을 거스르는 자는 불효한 자식이 됩니다."195) 이러한 논리 전개는 중국의 지식인에게 가톨릭을 선교하려는 목적에서 당시 중국의 실정인 성왕 중심의 지배질서와 가부장적 지배질서를 적극적으로 인정하는 과정에서 이루어진 것이다. 그래서 그는 중국의 전통적인 사유체계에서 끊임없이 강조된 성왕에 대한 '충성'(忠)과 가부장에 대한 '효도'(孝)를 '천주'의 '뜻'에 귀속시키게 된다. 다시 말해 인간이 '천주'의 '뜻'에 따르기만 한다면, 결과적으로 '천주'보다 아래 단계인 '임금'이나 '가부장'의 뜻을 따르는 것이 된다. 이러한 그의 논리는 현상적으로 '천주' 앞에서 만인이 평등할 가능성을 내포한 것이지만, 본질적으로 현실 사회의 불평등한 인간관계를 그대로 인정하는 결과를 초래한다. 왜냐하면 그는 '세 아버지'의 권위를 차등을 통해 거부하는 것이 아니라 각각의 현실적 권위를 그대로 인정하고 있기 때문이다. 따라서 논리적으

---

195) 마테오리치, 『天主實義』, 송영배 외 역, 서울, 서울대출판부, 1999, 411쪽.

로 볼 때 마테오리치의 '신학적' 인간 개념은 중국의 전통철학에서 끊임없이 주장된 '성왕 중심의 논리'와 타협한 결과의 산물이다.

마테오리치의 '신학적' 인간 개념이 중국 사회의 위계구조를 인정하게 된 것은 현실적으로 그가 주로 접하던 사람들이 중국 황실에서 고위 관직을 지닌 유교적 지식인들, 즉 정치적 통치자인 관료이자 유교적 교양을 갖춘 지식인들이었다는 사실에서도 그 원인들 가운데 하나를 찾을 수 있다. 그가 기독교의 신학적 세계관을 중국에 전파하기 위해 그 자신이 유교적 지식인의 복장과 신분을 갖추었으며,[196] 이 과정에서 중국의 유교적 지식인들이 지니고 있던 '성왕 중심의 논리'를 수용하게 된 것이다. 그런데 보다 근본적인 원인은 마테오리치가 서양의 중세적 신분질서를 그대로 인정하고 있었기 때문이다. 이러한 이유로 마테오리치의 '신학적 인간'은 중국의 전통적인 사유체계인 '자연적 인간'을 비판하면서도, '성왕 중심의 논리'에 입각한 중세적 신분질서는 그대로 인정하게 된 것이다.

동서의 사상적 교류의 측면에서 볼 때, 마테오리치는 적극적인 선교 활동을 위한 수단으로 서양의 과학기술을 선보이고 중국의 유학을 이해하여 자신의 신학적 체계에 흡수하려고 노력하였다. 이러한 점에서 그의 노력을 동서의 사상적 융합의 '독창성'으로 평가할 수 있다.[197] 이것과는 대조적으로 중국의 지식인들의 대부분은 마테오

---

196) 송영배, 「마테오 리치의 중국전교와 유교관」, 『현실인식과 인간해방』, 서울, 들불, 1993, 308─309쪽.

197) 송영배, 「기독교와 유교의 상충과 대화의 모색: 마테오 리치의 『천주실의』의 분석을 중심으로」, 『21세기의 도전, 동양윤리의 응답』, 서울, 아산재단, 1997, Ⅲ─68.

리치의 신학적 인간 개념을 체계적으로 파악하려는 노력이 부족했고 다만 천문학과 같은 봉건적 지배에 필요한 실용적 측면만 부분적으로 활용했을 뿐이다. 이와 같이 다른 문화나 사상에 대한 태도의 차이는 서로 다른 역사적 결과를 초래했다. 예를 들어 예수회 선교사들의 중국 정보를 바탕으로 유럽인들은 계몽주의 철학을 형성하여 중세적 독단주의를 극복하는 매개역할로 중국의 철학을 적극적으로 활용하여 근대적 세계관을 형성하게 되었지만, 중국인들은 자신들을 세계의 중심으로 여기고 깊은 자족감에 빠져 유럽의 종교와 학문을 철저한 연구의 대상으로 삼지 못했으며, 그러한 폐쇄적 태도로 인해 스스로 봉건적 세계관을 극복하지 못하고 결국에는 타율적으로 근대적 세계관을 강요당하게 되었다.

근본적으로 중국은 19세기 중반에 이르기까지 전통적인 자연적 인간 개념을 포기할 만큼 사회적 대변혁의 충격을 겪지 않았다. 중국의 지식인들이 전통적인 자연적 인간 개념을 비로소 비판적으로 보게 된 결정적 계기는 밀물처럼 들이닥친 서양 제국주의의 침략을 통해 어쩔 수 없이 겪게 된 치욕적인 경험이었다. 다시 말해 중국의 지식인들은 적극적인 자세로 서양의 학문을 객관적 연구의 대상으로 삼은 것이 아니라 국가 존망의 위기 상황에서 어쩔 수 없이 중국의 전통적인 철학을 회의적으로 바라보게 되었으며, 서양의 국력과 긴밀히 연관된 근대 자본주의적 사유체계에 관심을 집중시키게 되었다. 서양의 철학들 가운데 특히 사회진화론의 논리는 짧은 시간에 수많은 중국 지식인들을 사로잡았다.

제2절 이성적 존재의 자유의지

19세기 말에 이르러 중국철학자들은 서양의 근대철학자가 제시한 새로운 인간 개념에 주목할 수밖에 없었다. 그 원인은 봉건 체제 내부의 모순이 격화되었고, 외적으로 서양 제국주의 세력들의 식민지 정책에 따라 청의 붕괴가 가속되었기 때문이다. 그 대표적인 사례가 수많은 농민봉기들과 아편전쟁 이후의 불평등조약들, 태평천국운동, 그리고 제국주의 국가들의 중국 분할 강점 등이었다. 이런 상황에서 중국인들은 심각한 위기의식에 휩싸였고, 서양의 선진적인 근대 군사력에 관심을 갖고 방어적인 군사력을 갖추기 위해 고군분투하였다. 이와 같이 강한 군사력을 갖추기 위한 노력은 태평천국운동을 무력으로 해체시킨 상군(湘軍)의 증국번(曾國藩; 1811－1872)과 회군(淮軍)의 이홍장(李鴻章; 1823－1901) 중심의 '자강운동' 또는 '양무운동'으로 나타났다. 그리고 그 '자강운동'의 이념을 대표하는 것은 바로 장지동(張之洞; 1837－1909)의 '중체서용'(中體西用)의 논리, 즉 "중국의 옛 학문을 중심으로 하고 서양의 새로운 학문을 [자강에; 인용자 주] 이용한다."198)는 절충적 논리였다.199)

---

198) 張之洞, 「勸學篇」, 『中國文化精華全集』哲學 卷3, 北京, 中國國際廣播出版社, 1992, 1007쪽.

199) 이러한 절충적 논리는 단지 중국에 국한된 것은 아니다. 근대 이행기에 일본의 和魂洋才나 조선의 東道西器도 유사한 절충적 사유체계를 갖추고 있는 것이다. 그러나 그 역사적 결과는 전혀 다르게 나타나는데, 예를 들어 일본은 제국주의, 중국은 반(半)식민지, 그리고 조선은

그러나 과거 봉건사회에서 중국의 조공국이었던 일본이 1895년 중국을 무력으로 굴복시키고 불평등조약을 중국에게 강요하게 되자, 중국 지식인들은 그동안 추진했던 군사력 증강 정책인 '자강운동'의 완전한 파산과 중국의 풍전등화적 상황에 절망하게 되었다. 이 절망적 분위기 속에서 중국 사회를 근본적으로 바꾸지 않고서는 중국의 멸망을 구할 수 없다고 판단한 변법적 지식인들이 역사의 무대에 등장한 것이다. 예를 들어 강유위(康有爲; 1858 - 1927), 양계초(梁啓超; 1873 - 1929), 담사동(譚嗣同; 1865 - 1898) 등이 변법운동에 주도적인 역할을 했다. 그들 가운데 서양의 근대 철학인 사회진화론적 인간 개념을 중국에 소개한 대표적인 계몽사상가가 바로 엄복(嚴復; 1853 - 1921)이었다. 그는 1895년 청일전쟁에서 중국이 패하자, 곧바로 「세상의 급격한 변화를 논함」(論世變之極), 「부강의 근원에 대한 글」(原强), 「멸망을 구제하기 위한 논의」(求亡決論), 「한유에 대한 비판」(辟韓)과 같이 시급한 현실 문제의 해결을 위해 중국의 갈 길을 모색하는 글들을 쏟아냈다.

당시 엄복은 중국이 쇠망하게 된 사상적 근원을 운명론적 태도나 복고적 경향에 두었다. 예를 들어 엄복은 「세상의 급격한 변화를 논함」(論世變之極)에서 다음과 같이 주장한다. "중국인은 운명을 자연에 맡기지만 서양인은 인간의 힘을 믿는다. 중국인은 과거의 것을 받들고 오늘을 소홀히 하지만, 서양인은 오늘의 힘으로 과거의 것을

식민지가 된 것이다. 특히 사상적 측면에서 동아시아 삼국의 철학체계를 연대기순으로 연구한 결과물은 다음을 참조할 것. 松島隆裕 외, 『동아시아사상사』, 조성을 옮김, 서울, 한울출판사, 1991.

이긴다."[200] 여기서 그가 중국인의 수동적이고 퇴보적인 자연적 세계관을 비판하고, 서양인과 같이 적극적이고 진취적인 인위적 세계관을 찬양한 것은 중국인이 서양인을 본받아 멸망하는 중국을 구할 수 있기를 간절히 바라는 희망의 표현이다.

또한 엄복은 1898년 '변법운동'이 절정에 이른 시기 중국 지식인들에게 큰 영향을 미치게 될 『천연론(天演論)』이란 책을 중국 사회에 내놓는다. 이 번역서는 원래는 토마스 헉슬리(Thomas H. Huxley; 1825-1895)의 『진화와 윤리』(Evolution and Ethics)라는 저술을 중국 지식인들에게 서양의 사회 진화론으로 소개한 대표적 서적이다.[201] 엄복의 『천연론』은 다윈의 진화론을 전제한 헉슬리의 사상을 의역한 것이지만, 그곳에는 헉슬리의 관점과 대조되는 허버트 스펜서(Herbert Spencer; 1820-1903)의 사회진화론도 소개되어 있다.[202] 이 책은 당시 중국의 지식인들에게 사회진화론적 관점을 넓게 유포시키는 역할을 하게 된다. 예를 들어 『천연론』에서 언급되고 있는 '천연'(天演), '물경'(物競), '천택'(天擇), '도태'(淘汰), '우승열패'(優勝劣敗) 등의 진화론적 용어들이 당시 중국 지식인들 사이에서 널리 사용된 것을 고려하면, 『천연론』이 지식인들에게 미친 영향이 얼마나 컸는지를

---

200) Benjamine I. Schwartz, *In Search of Wealth and Power —Yen Fu and the West*, Cambridge, Harvard University Press, 1964, 44쪽.
201) 엄복의 번역들 가운데 주로 『천연론』을 대상으로 연구한 국내 논문은 다음을 참조할 것. 조경란, 「진화론의 중국적 수용과 역사인식의 전환」, 서울, 성균관대 박사학위논문, 1994, 40-66쪽.
202) Benjamine I. Schwartz, *In Search of Wealth and Power —Yen Fu and the West*, Cambridge, Harvard University Press, 1964, 103쪽.

알게 된다.203) 그렇다면 왜 그토록 『천연론』이 지식인들에게 넓게 읽히고 사회진화론적 세계관이 그들에게 공유되었는가?

첫째, 현상적으로 볼 때 당시 자본주의 체제였던 제국주의 국가가 전쟁을 통해 중국을 강점하는 상황은 마치 동물의 세계에서 벌어지는 약육강식과 유사하기 때문이다. 다시 말해 중국의 지식인들은 『천연론』에서 전개되는 사회진화론적 논리가 당시의 중국 현실을 적절하게 설명하는 것으로 판단한 것이다. 둘째, 서양의 부국강병에 대한 중국 지식인들의 관심, 즉 국가적 위기 상황에서 서양 문화 전반에 관한 관심이 확대되었기 때문이다. 서양의 사회진화론을 다룬 엄복의 『천연론』은 이런 관심을 충족시켜주는 유일한 돌파구였던 것이다. 셋째, 엄복이 사회진화론적 관점에서 중국의 근본적 개혁을 촉구한 것과 당시 거대한 흐름이었던 변법적 사회개혁의 실시가 긴밀히 연결되었기 때문이다. 엄복의 『천연론』이 출판된 1898년은 바로 일본의 명치유신(明治維新)을 거울삼아 추진했던 무술변법(戊戌變法)이 한창 진행되던 시기였던 것이다.

그런데 엄복의 사회진화론은 다른 변법론자들이 옛것에 의존해 개혁을 주장했던 논리와 달리 과거의 중국을 철저히 비판한다. 예를 들어 대표적인 변법론자인 강유위가 과거의 유학적 권위에 의존해 현실의 잘못된 제도를 개혁하려는 입장인 데 반해,204) 엄복은 사회

---

203) 양계초에게 미친 엄복의 사상적 영향과 상호 교류에 대해서는 다음을 참조할 것. Benjamine I. Schwartz, *In Search of Wealth and Power —Yen Fu and the West*, Cambridge, Harvard University Press, 1964, 47−49쪽.

204) 참조. 康有爲, 「孔子改制考敍」, 『中國文化精華全集』哲學 卷3, 北京, 中國國際廣播出版社, 1992, 854−856쪽.

진화론을 내세워 과거의 사상을 철저히 비판하는 입장이었던 것이다. 이와 같이 강유위와 엄복은 중국을 부국강병 한 국가로 만들려는 목적은 공유했지만, 그 목적을 실현시키는 구체적인 개혁 방법은 각각 차이가 있었던 것이다. 이제 '인간과 자연의 관계'와 '인간과 인간의 관계'에 대한 엄복의 사회진화론적 논리를 살펴볼 것이다.

먼저 '인간과 자연의 관계'에 대해 살펴보면, 엄복은 사회진화론의 관점에서 인간과 자연의 공통성에 주목한다. 그는 다윈의 진화론에서 핵심적인 논리를 '물경'(物競, 생존경쟁)과 '천택'(天擇, 적자생존)으로 파악하고, 이것이 식물과 동물의 자연계와 마찬가지로 인간의 사회도 마찬가지라고 이해한다. 예를 들어 그는 식물, 동물, 인간의 생존경쟁의 상황을 다음과 같이 설명한다. "세상에서 인간과 생물은 어지럽게 뒤엉켜 살아가면서 함께 천지자연의 이익을 취한다. 그런 가운데 서로 접하면서 인간이나 생물은 각각 투쟁하여 스스로를 보존한다."[205] 엄복이 파악한 진화론의 논리에 따르면 인간과 자연은 치열한 투쟁의 과정을 거쳐 지금의 존재로 정체성을 확보하게 되었다는 것이다. 그는 좀 더 진화론적 논리를 전개하면서 무한경쟁의 결과, "약한 것은 항상 강한 것의 먹이가 되고, 어리석은 것은 항상 영리한 것을 위해 일하게 된다."[206]고 파악한다. 이러한 진화론을 당시의 국제사회에 적용하면 마치 제국주의의 침략에 속수무책인 중국

---

205) 嚴復, 「原强」, 『中國文化精華全集』哲學 卷3, 北京, 中國國際廣播出版社, 1992, 971쪽.
206) 嚴復, 「原强」, 『中國文化精華全集』哲學 卷3, 北京, 中國國際廣播出版社, 1992, 971쪽.

의 열악한 상황을 현상적으로 잘 설명해 주는 것처럼 보인다. 적어도 당시 중국 지식인들에게는 엄복이 소개한 서양의 사회진화론은 중국 사회의 처참한 현실을 정확히 설명해 주는 이론으로 수용되었던 것이다.

그런데 엄복이 다윈의 진화론을 사회에 그대로 적용하는 과정에서 발생하는 문제는 사회진화론의 논리를 따를 경우 인간 사회는 자연 세계와 마찬가지로 서로 먹고 먹히는 '밀림의 법칙'을 당연한 것으로 여기게 된다는 점이다. 비록 인간이 생물학적으로 진화의 과정을 거친 것은 사실이지만, 인간은 자연과의 투쟁 속에서 자신만의 독특한 특성을 형성했으며, 그 인간의 특성은 다른 자연의 구성물들과는 근본적으로 구별되는 존재일 수밖에 없는 것이다. 이러한 점을 간과한 사회진화론적 인간은 본질적으로 논리적 한계를 지닐 수밖에 없는 것이다.

특히 사회진화론은 강자의 논리로 당시 제국주의의 침략을 자연스런 현상으로 정당화할 위험을 안고 있었으며, 전 세계적으로 확대되는 자본주의적 질서에 대해 비판을 할 수 없는 이론적 결함을 지니고 있었다. 그런데 당시 약자였던 중국의 입장에서는 자본주의의 논리인 사회진화론을 철저하게 비판할 수 없었다. 왜냐하면 중국 사회의 봉건적 병폐를 치유하는 데 자본주의의 논리가 일정한 효능이 있었기 때문이다. 따라서 오히려 자본주의의 논리의 하나인 사회진화론을 모범으로 삼고, 생존경쟁에서 살아남는 것이 당시 중국 지식인들에게는 매우 절실한 문제였던 것이다.

이런 점에서는 엄복도 예외가 아니었다. 엄복이 진화론적 방법을 적용하여 다른 동물과 차이가 나는 인간의 본질적 특성을 '이성'(理性)에 두고 인간의 문명을 설명하지만, 그의 관심을 집중시켰던 것은 바로 국가로서 중국의 부강이었다. 다시 말해 그는 국제적인 무한경쟁 속에서 한 개인이 문제가 아니라 한 국가로서 중국이 살아남기 위해서는 부국강병을 이루어야 한다는 지극히 현실적이고 절박한 문제의식을 지녔던 것이다. 그래서 그는 '자연'의 진화보다 '사회'의 진화에 좀 더 관심을 기울이며, 인간과 인간, 민족과 민족, 국가와 국가의 경쟁에서 살아남을 수 있는 방안을 모색하게 된다. 사회진화론을 중국사회에 소개하던 엄복의 노력은 바로 제국주의의 침략에서 벗어날 수 있는 '민족주의적 관심'에서 이루어진 것이다.

엄복은 당시 중국의 가장 큰 문제들을 '가난, 약함, 어리석음'으로 파악하고, 그 가운데 국민의 '어리석음'을 가장 큰 문제로 직시하고 있다. "가장 시급한 것은 어리석음을 극복하는 것이다. 왜 그런가? 왜냐하면 우리를 가난하고 약하게 만들었으면서도 스스로 그 사실을 모르니, 어리석기 때문이다."[207] 그는 국민의 '어리석음'을 지적한 뒤, 이 어리석음을 극복하여 가난과 약함을 벗어나기 위한 방안으로 중국과 서양의 지식, 과거의 지식과 새로운 지식을 가리지 않는다.[208] 다시 말해 현재의 중국 문제들을 해결하는 데 필요한 지식이라면 그 지식의 연원은 무시해도 된다는 실용주의적 세계관의 표현

---

207) 嚴復, 「與外交報主人論敎育書」, 『中國文化精華全集』哲學 卷3, 北京, 中國國際廣播出版社, 1992, 999-1000쪽.
208) 嚴復, 「與外交報主人論敎育書」, 『中國文化精華全集』哲學 卷3, 北京, 中國國際廣播出版社, 1992, 1000쪽.

이다. 이러한 그의 실용주의적 세계관은 중국의 전통적 가치들, 특히 성왕 중심의 사유체계를 비판하는 논리적 근거가 된다.

'인간과 인간의 관계'에 대해 엄복은 사회진화론적 논리체계를 갖추고 과거 중국에서 당연하게 생각하던 성왕 중심의 논리를 비판한다. 당대(唐代) 유가였던 한유(韓愈; 768－824)는 성왕 중심의 논리를 다음과 같이 표현하였다. "왕은 명령하는 사람이고, 신하는 왕의 명령을 행하여 백성에게 도달하도록 하는 사람이며, 백성이란 곡식과 옷감을 만들고 그릇을 만들며 재화를 융통하여 그 윗사람을 섬기는 사람이다."209) 이와 같이 한유는 왕과 신하 그리고 백성의 봉건적 상하관계를 분명하게 구분 짓고, 철저히 성왕 중심의 지배 논리를 전개한다. 이러한 한유의 논리에 대해 엄복은 왕을 '큰 도적'이라고 비판하며 오직 국민만이 천하의 진정한 주인이라고 주장한다. 엄복은 과거의 성왕을 다음과 같이 신랄하게 비판한다. "무릇 진(秦) 이래로 중국의 왕이란 자들은 대개 더욱 몽둥이를 휘두른 자들이며 매우 기만적이고 약탈적인 자들이다."210) 그리고 그 대안으로 엄복은 국민 중심의 새로운 논리를 전개하는 것이다. 그의 국민 중심의 논리는 서양의 국민국가의 논리를 반영한 것으로, 전통적인 성왕 중심의 논리에 대한 근본적인 비판인 것이다. 실제로 당시 보수주의자인 장지동은 한유에 대한 엄복의 혁신적인 비판을 반박하기 위해 도

---

209) 韓愈 撰, 馬其昶 校注, 『韓昌黎文集』, 「原道」, 上海, 上海古籍出版社, 1987, 16쪽.
210) 嚴復, 「辟韓」, 『中國文化精華全集』哲學 卷3, 北京, 中國國際廣播出版社, 1992, 991쪽.

인수(屠仁守)로 하여금 「변벽한서(辨辟韓書)」를 쓰도록 하였다.[211] 이러한 사실은 당시 보수주의자들과 엄복이 사상투쟁을 전개했으며, 이것을 통해 엄복이 진보주의적 세계관을 지녔다는 것을 입증해 준다.

그러나 엄복의 삶 전체를 살펴보면, 그는 성왕 중심의 논리를 실천적으로 철저하게 극복하지 못했다. 예를 들어 그는 변법운동의 좌절을 겪고 난 뒤, 강유위나 양계초와 같은 변법파들과 마찬가지로 황제의 지배체제를 옹호하는 입장을 취한다. 그런데 엄복과 양계초를 비교하면, 양계초는 변법운동 후 일본으로 망명해서 '보황파'(保皇派)로 활약하며 입헌군주제를 주장했지만 신해혁명 이후 공화제를 부정하지는 않았던 반면, 엄복은 성왕 중심의 논리에서 크게 벗어나지 못했다.[212] 예를 들어 그는 '국민혁명'이 한창 전개되던 시기에 복고적으로 청 황제의 편에 섰으며, 황제 지배체제가 붕괴된 신해혁명 이후에도 원세개(袁世凱; 1859-1916)의 황제 복벽에 소극적이나마 참여하게 된다.[213] 이러한 현상은 중국의 근대적 계몽사상가로서 엄복이 열렬히 주창했던 부국강병의 논리 속에서 자본주의적 '자유의지'의 인간관이 존재했지만, 전통적인 봉건의식도 여전히 남아 있

211) 참조. Benjamine I. Schwartz, *In Search of Wealth and Power - Yen Fu and the West*, Cambridge, Harvard University Press, 1964, 82쪽.
212) 이 밖에도 당시 젊은이들에게 미친 영향으로 볼 때, 엄복보다는 양계초의 영향이 더 컸다는 것을 확인할 수 있다. 이 영향력의 차이를 문체의 차이로 규명한 것은 다음을 참조할 것. Joseph R. Levenson, *Liang Ch'i-ch'ao and the Mind of Modern China*, Berkeley, University of California Press, 1970, 82쪽.
213) 참조. Benjamine I. Schwartz, *In Search of Wealth and Power - Yen Fu and the West*, Cambridge, Harvard University Press, 1964, 225쪽.

었다는 것을 보여준다. 이러한 엄복의 실천적 한계는 이후 중국의 혁명적 지식인들에 의해 철저히 극복된다. 그 대표적인 지식인들이 바로 중국혁명의 주역이었던 국민당의 손문과 공산당의 모택동이다.

제3절 자유주의적 국가 이성의 인간

　20세기 초반 다양한 서양의 철학들이 중국에 소개되면서 중국 지식인들 사이에서 자본주의 철학들이 본격적으로 논의되기 시작했다. 예를 들어 앞에서 다룬 사회진화론과 함께 유럽의 합리론과 경험론, 실증주의, 미국의 실용주의, 그리고 다양한 사회주의 사상 등이 중국에서 활발히 논의되기 시작한 것이다.[214] 이와 같이 서양의 철학들이 중국에 적극적으로 소개되었으며 중국의 지식인들의 사상 형성에 매우 큰 영향을 미쳤던 것이다. 이러한 지적 영향과 함께 보다 근본적으로는 중국의 사회적 모순이 심화됨에 따라 중국에서는 처음으로 혁명을 통해 왕조 체제를 붕괴시키고 자본주의적 이념에 기초한 공화제를 실현하려는 무장혁명적 분위기가 고조되었다. 이러한 분위기가 구체적인 혁명으로 실현된 것이 바로 1911년 신해혁명(辛亥革命)

---

214) 특히 20세기 초반 중국의 新文化運動에 대해서는 다음을 참조할 것. John King Fairbank, *China; a new history*, Cambridge, Harvard University Press, 1992, 266-267쪽.

이다. 이 혁명을 통해 성왕 중심의 지배질서를 유지했던 청(淸) 왕조는 끝내 사라졌고, 중국은 국민 중심의 공화정을 이룰 수 있을 것처럼 보였다. 그러나 손문(孫文; 1866-1925)의 공화정은 국민적 기반이 취약했기 때문에 국민혁명의 과정에서 현실적 무력을 지니고 있던 군벌(軍閥)들에게 공화 권력을 넘겨줄 수밖에 없었다. 여기서는 손문을 중심으로 중국의 혁명과정에서 나타났던 자유주의적 국가 이성에 대해 체계적으로 살펴볼 것이다.

신해혁명 이전부터 손문의 최대 관심사는 성왕이 중심이 되는 봉건적 지배질서를 대체할 수 있는 공화정이었다. 그래서 그는 성왕 중심의 정치체제에 대해 철저한 비판적 태도를 지닐 수 있었다. 특히 청은 만주족(滿洲族)이 세운 왕조였기에 한족(漢族) 중심의 새로운 국가 건설이 손문의 가장 큰 혁명적 과제였다. 예를 들어 손문은 1905년 '중국동맹회'(中國同盟會)를 결성하면서 강령들로 '구제달로'(驅除韃虜), '회복중화(恢復中華), '창립민국'(創立民國), '평균지권'(平均地權)을 내세웠는데,[215] 이 가운데 '구제달로'와 '회복중화'라는 강령은 만주족을 몰아내고 한족의 지배를 회복하자는 것이다. 그리고 중국동맹회의 강령들 가운데 '창립민국'은 바로 성왕 지배체제를 부정하고 공화제적 국민국가를 수립하려는 염원을 담고 있는 것이다. 이러한 손문의 혁명이론은 당시 군주입헌제를 통해 왕정을 유지하려고 애쓰던 보황파(保皇派)의 보수적 노선과 투쟁하는 가운데 형성된 것이다. 손문은 1904년에 보황파의 논리를 철저히 비판하는 글을 쓰

---

215) 廣東省社會科學院歷史硏究室 合編, 『孫中山全集』 卷1, 北京, 中華書局, 1981, 284쪽.

기도 했다.[216] 그는 이 시기에 중국의 '혁명'(革命)과 '보황'(保皇)을 다음과 같이 파악하고 있다. "무릇 혁명과 보황은 이치상 서로 용납할 수 없으며, 세력이 양립할 수 없는 것이다."[217] 다시 말해 그는 '혁명'과 '보황'이 생사를 건 투쟁이 아니고서는 적대적 대립관계를 해소할 수 없다는 현실 인식을 지니고 있었던 것이다.

1911년 신해혁명으로 중국동맹회의 강령들 가운데 '만주족 축출'이 더 이상 의미가 없게 되었으며, 혁명파(革命派)와 보황파(保皇派)의 노선 투쟁에서 혁명파의 승리가 분명해 보였다. 왜냐하면 신해혁명을 통해 만주족 왕조인 청의 지배체제가 종식되었고, 더 이상 성왕이 존재할 수 없게 되었기 때문이다. 그러나 중국의 공화정은 취약한 계급기반으로 봉건적인 군벌들에게 유린될 수밖에 없었다. 더군다나 뿌리 깊게 남아 있는 성왕적 의식은 제국주의 문제와 함께 신해혁명이 이루어진 지 13년이 지난 후에도 여전히 중국 혁명에 장애가 되었다. 1924년 손문이 황포군관학교 학생들을 대상으로 삼민주의(三民主義)를 강연한 내용 가운데 이러한 문제점이 잘 드러난다. 그는 "현재도 수많은 학자가 군권(君權)을 옹호하고, 민권(民權)을 배척하고 있다."[218]라고 현실을 냉철하게 분석하고 있다.

손문은 인간의 정치적 진화과정을 신권(神權) – 군권(君權) – 민권(民

---

216) 廣東省社會科學院歷史硏究室 合編, 『孫中山全集』 卷1, 北京, 中華書局, 1981, 233–238쪽.
217) 廣東省社會科學院歷史硏究室 合編, 『孫中山全集』 卷1, 北京, 中華書局, 1981, 231쪽.
218) 廣東省社會科學院歷史硏究室 合編, 『孫中山全集』 卷9, 北京, 中華書局, 1986, 284쪽.

權)으로 파악하고 있기 때문에, 황제사상에 젖어 있는 사람들의 복고적 태도를 용납할 수 없었다. 그래서 그는 성왕 중심의 논리를 추종하는 사람들에 대해 다음과 같이 경고한다. "감히 황제 체제를 추구하거나 스스로 황제가 되려는 자는 천하의 사람들이 함께 그를 공격하리라!"219) 이와 같이 성왕 중심의 봉건적 논리에 대한 손문의 비판은 사회 진보에 대한 확신을 토대로 한 것으로, 그가 봉건적인 의식과 제도에 대해 철저히 반대하는 근대 사상의 가치관을 지니고 있다는 것을 보여준다.220)

확실히 손문은 인간 사회의 발전을 진화론적으로 이해한다. "생물의 종은 미미한 것에서 분명한 것으로 간단한 것에서 복잡한 것으로 되었으니, 본래 만물은 경쟁하여 적자생존 하는 원칙이 있으므로 뛰어난 것이 열등한 것을 이기고 자연도태로 생존하며 신진대사를 통해 오래 전에 인류가 생긴 것이다. 인간이 처음 생길 당시에는 동물과 다르지 않았지만 다시 일만여 년의 진화를 한 다음에 비로소 인간성이 성장하여 인간이 진화하게 되었다."221) 이러한 서술에서 분명히 나타나는 것은 바로 진화론의 논리며, 인간 사회에 대한 발전론적 인식이다. 이 사회진화론적 인식의 바탕에는 근대 자본주의 사회가

---

219) 廣東省社會科學院歷史研究室 合編, 『孫中山全集』 卷1, 北京, 中華書局, 1981, 297쪽.
220) 손문의 半封建을 近代化思想의 차원에서 다룬 논문은 다음을 참조할 것. 饒懷民, 「孫中山的近代化思想與反封建」, 『孫中山與現代文明』, 蘇州, 蘇州大學出版社, 1997, 186-201쪽.
221) 北京大學哲學系中國哲學史敎研室 選注, 『中國哲學史敎學資料選集』 下, 北京, 中華書局, 1982, 571-572쪽.

이룩한 근대 문명에 대한 손문의 이해가 전제되어 있다. 그러므로 인간의 과학적 힘이 자연을 철저한 실험의 대상으로 삼고, 그 자연을 인간을 위해 활용하는 것은 그에게 매우 시급한 일이었다. 왜냐하면 중국의 부국강병은 제국주의 세력을 몰아낼 수 있는 유일한 방법이었고, 그 부국강병은 근대 산업의 발전으로 가능하기 때문이다.

또한 손문은 인간의 인식 과정과 연관하여 역사적 발전의 관점을 제시한다. 예를 들어 그는 다음과 같이 말한다. "무릇 현대인의 안목으로 세계 인류의 진화를 고찰해 보면 세 시기로 나눌 수 있다. 첫째는 무지한 야만의 시대에서 문명으로 진입한 것이니, 인식하지 못하고 행동하였던 시기다. 둘째는 문명에서 다시 문명으로 나아가면서 먼저 행동하고 나중에 인식하던 시기다. 셋째는 자연과학이 발명된 이후로 인식한 다음에 행동하는 시기다."[222] 여기서 알 수 있듯이 손문은 인간 사회의 발전과 인식의 발전을 서로 밀접한 유기적 관계로 연결시킨 것이다. 특히 이러한 손문의 논리가 인식론적으로 중요한 것은 인식과 실천의 관계에서 발생론적으로 볼 때 행동, 즉 넓은 의미의 실천을 더욱 중시한 점이다.

실천적 측면에서 볼 때, 손문은 중국의 전통철학이 내세우던 지행합일(知行合一)의 논리에 대해 그것이 한 사람의 인식과 실천이란 측면에서 현대사회는 인식과 실천이 분업화되어 있으므로 실천과학으로 적합하지 않다고 파악한다.[223] 그리고 실천보다 도덕적 지식을

---

222) 北京大學哲學系中國哲學史敎硏室 選注, 『中國哲學史敎學資料選集』 下, 北京, 中華書局, 1982, 575쪽.
223) 北京大學哲學系中國哲學史敎硏室 選注, 『中國哲學史敎學資料選集』 下,

추구했던 것이 결국은 중국 문화가 퇴보하게 된 주요한 원인으로 지적한다.[224] 그래서 그는 무엇보다 혁명적 실천을 중시하고 "인식하기는 어렵고 실천하기는 쉽다."(知難行易)라는 논리를 바탕으로 인식과 상관없이 실천은 가능하다는 주장을 전개한다.[225] 이러한 실천 중시의 논리는 인간의 능동적인 혁명적 실천을 통해 중국 사회의 문제를 해결하려는 손문의 입장이 강하게 반영된 것이다.

그런데 손문의 실천적인 인간 개념에서 가장 문제가 되는 것은 '인식'과 '실천'의 관계를 이분법적으로 파악하고 있다는 점이다. 그는 인간이 사회적 실천을 통해 인식이 발달하고, 인식의 발달은 기존의 인식이 실천을 통해 그 진리 여부가 검증되는 과정, 즉 '실천과 인식' 또는 '이론과 실천'의 사회역사적 변증법의 통일 과정에 대해 정확히 파악하지 못하고 있는 것이다. 또한 그가 실천을 강조하면서도 그 실천을 일반 국민의 몫으로만 돌리는 것은 엘리트주의적 발상인 것이다. 이와 같은 손문의 실천 강조는 지시하는 사람과 지시받는 사람으로 나누어지며, 지시받은 명령을 맹목적으로 따르고 자신의 행동에 대해 철저히 성찰하지 못하는 대중들을 양산하게 만든다.

손문은 보편적인 인간이나 일반적인 국민을 내세우면서도 실제로는 자본주의적 국가 이성을 지닌 인간, 즉 자본가 위주의 사유체계와 방법을 지니고 있다. 이러한 측면은 인식론적으로 그가 매우 중

北京, 中華書局, 1982, 574쪽.
224) 北京大學哲學系中國哲學史敎硏室 選注, 『中國哲學史敎學資料選集』 下, 北京, 中華書局, 1982, 575쪽.
225) 北京大學哲學系中國哲學史敎硏室 選注, 『中國哲學史敎學資料選集』 下, 北京, 中華書局, 1982, 582쪽.

요하게 여기는 인간이 '먼저 인식하고 먼저 깨닫는 인간'226)(先知先覺者)이란 점에서 분명히 나타난다. 손문에게 국민들 대다수는 무지몽매한 통치의 대상일 뿐이고, 실질적 통치 주체는 바로 천재적인 선지선각자, 즉 국가 이성의 구현자인 것이다. 이러한 천재 우위의 논리가 엘리트주의의 산물이라는 점은 분명하다. 그리고 손문의 이런 엘리트주의의 논리 바탕에는 자본주의적 이념이 전제되어 있는 것이다. 예를 들어 손문이 명확한 어조로 중국 혁명에서 "그 일관된 정신은 곧 자유, 평등, 박애를 위한 것이다."227)라고 선언했을 때, 그 자유는 자본가의 자유고, 그 평등은 자본가의 평등이며, 그 박애는 바로 자본가의 박애인 것이다. 특히 손문은 인간 개인의 자유보다는 민족국가의 자유를 중시하고 있으며, 그 국가 이성인 자본가(資本家)의 자유를 강조하고 있다. 따라서 손문의 공화정은 중국의 국민이 주인이라는 그 표면적 구호와 달리 실제로는 자본주의적 정치체제를 전제한 가운데 국가 이성을 지닌 자본가의 정권을 의미하는 것이다.

이러한 손문의 자유주의적 국가 이성은 제국주의 국가의 식민정책과 국내 봉건 군벌들의 봉건적 무력으로 현실적인 좌절을 겪게 된다. 손문이 주장했던 민족주의(民族主義), 민권주의(民權主義), 민생주의(民生主義)라는 삼민주의(三民主義)의 이념도 기본적으로 당시 중국의 전형적인 근대화사상(近代化思想)이었다.228) 그런데 그는 중

---

226) 廣東省社會科學院歷史硏究室 合編, 『孫中山全集』 卷9, 北京, 中華書局, 1986, 323쪽.
227) 廣東省社會科學院歷史硏究室 合編, 『孫中山全集』 卷1, 北京, 中華書局, 1981, 296쪽.
228) 劉學照, 「論孫中山的近代化思想」, 『孫中山與現代文明』, 蘇州, 蘇州大

국의 열악한 경제적 현실 속에서 근대화사상인 삼민주의가 제대로 실현되지 못하는 것을 몸소 체험하게 된다. 그러나 그는 1917년 러시아혁명을 접하면서 자신의 삼민주의의 정치사상을 재검토하고 새로운 형태의 정치체제를 모색한다. 이러한 변화의 현상은 단지 손문만이 아니었고, 중국의 진보적 지식인들에게 보편적인 현상으로 확대되었다. 다시 말해 1917년 러시아 혁명을 접하면서 중국의 진보적 지식인들은 자본주의 이념뿐만 아니라 사회주의 이념에 대해서도 구체적인 논의를 전개하였다.

물론 처음부터 사회주의 이념이 중국 지식인들을 사로잡았던 것은 아니다. 사회진화론과 대조적으로 사회주의 이념들은 단지 수많은 서양의 사상들 가운데 하나로 소개되었을 뿐이다. 오히려 사회진화론을 비롯한 자본주의적 이념들이 수많은 중국 지식인들의 최대 관심사였던 것이다. 그러나 시간이 지날수록 1차 세계대전에서 드러난 세계 자본주의 체제의 문제점들이 엄연히 존재하였고, 중국 자본가 계급의 취약성으로 중국에서 자본주의적 공화정이 뿌리를 내릴 수 없는 상황이 중국의 엄연한 실정이었다. 이런 상황에서 1917년 러시아혁명은 중국의 지식인들에게 새로운 희망이었는데, 왜냐하면 러시아혁명은 제국주의적 침략에 맞선 새로운 자본주의 반대의 논리체계가 절실히 필요한 중국의 열망에 적합하였기 때문이다. 이것이 바로 각종 다양한 사회주의적 조류들이 중국에 소개되고 지식인들 사이에서 열광적으로 사회주의가 퍼져나가던 사회적 원인이다. 이러한 상

學出版社, 1997, 171－185쪽.

황에서 자본주의적 이념을 대신하여 새로운 사회주의적 이념이 중국의 지식인들에게 정치적 실천의 중요한 좌표가 된 것이다.

이러한 시대적 흐름은 손문의 삼민주의에도 영향을 미쳐 자신의 민생주의(民生主義)가 사회주의나 공산주의, 심지어는 대동주의(大同主義)와 다름이 없다고 역설한다.[229] 손문의 이러한 주장은 1923년 소련의 체계적인 지원하에 국민당을 개조하여 북벌(北伐)을 준비하는 과정에서 형성된 정치적 타협안이지, 본격적으로 자본주의를 반대하는 논리라고 볼 수 없다. 왜냐하면 민생(民生)의 구체적 방안인 '평균지권'(平均地權), '절제자본'(節制資本)[230]은 사적 소유권의 폐지 없이 자본주의의 생산적 효율성을 인정한 상태에서 자본주의의 병폐를 일부 막아보려는 시도이기 때문이다. 손문의 삼민주의 가운데 민생주의와 함께 먼저 주장되고 강조되었던 민족주의와 민권주의는 특히 자본주의의 민족국가적 체계를 갖추고 있는 것이다. 따라서 손문의 삼민주의는 중국의 민족주의를 중심으로 한 자본가 계급의 자유주의를 강조하는 인간관인 것이다.

그런데 서양의 자본주의적 인간관이 철저히 개인에서 출발하여 개인의 자유를 강조하는 논리인 데 반해, 손문의 삼민주의는 개인의 자유보다 제국주의에 대한 민족국가 또는 국민국가의 자유를 내세운다는 점이 특징적이다. 그래서 손문은 삼민주의가 지향하는 것을

---

229) 廣東省社會科學院歷史硏究室 合編, 『孫中山全集』 卷1, 北京, 中華書局, 1981, 355쪽.
230) 廣東省社會科學院歷史硏究室 合編, 『孫中山全集』 卷1, 北京, 中華書局, 1981, 377쪽.

'구국주의'(救國主義)[231]라고 전제하는 것이다. 이러한 논리는 근대 이행기 중국의 진보적 지식인들이 공유했던 문제로, 당시의 중요한 사회적 과제가 제국주의의 침략과 억압으로부터 벗어날 수 있는 독립적인 민족국가의 형성이라는 점을 다시 한번 확인시켜준다. 당시 중국 사회에서 문제가 됐던 또 다른 것은 1924년에도 여전히 군벌들을 중심으로 끊임없이 성왕 중심의 봉건의식이 존재했다는 사실이다. 그래서 손문은 이러한 현상을 '민권'(民權)과 '군권'(君權)으로 나누어 다음과 같이 대립구도를 설정하고 있다. "현재 수많은 학자들이 군권을 옹호하고 민권을 반대하고 있다……(중략)……중국의 수많은 학자들도 이와 같다. 그러므로 일반적인 늙은 관료들이 지금까지 복벽을 주장하고 황제체제를 회복하려는 것이다……(중략)……우리들은 민권 정치를 주장하는 것이다."[232]

손문은 자신의 삼민주의 논리에서 기본적으로 자유주의적 국가 이성의 인간을 내세우고 있는데, 당시 중국 사회에서 전개되고 있는 사회주의 혁명 운동의 존재도 인정하고 있다.[233] 왜냐하면 이미 1921년에 결성된 중국공산당을 조직적 기반으로 하여 1920년대 중반 중국 사회의 젊은 지식인들 사이에서는 중국 사회에서는 전혀 새로운 인간 개념인 계급적 인간 개념이 폭넓은 공감대를 형성하고 있

---

231) 廣東省社會科學院歷史硏究室 合編, 『孫中山全集』 卷1, 北京, 中華書局, 1981, 184쪽.
232) 廣東省社會科學院歷史硏究室 合編, 『孫中山全集』 卷9, 北京, 中華書局, 1986, 261쪽.
233) 廣東省社會科學院歷史硏究室 合編, 『孫中山全集』 卷9, 北京, 中華書局, 1986, 384쪽.

었기 때문이다. 그래서 손문은 구소련의 지원을 받아 국민당과 공산당의 합작에 나서게 된 것이다. 그러나 1925년 손문이 죽은 이후 국민당의 권력이 매판 자본가 계급을 기반으로 군사독재가인 장개석(蔣介石; 1888 - 1975)에게 장악되면서, 사회주의적 운동은 철저히 백색테러의 희생양이 되었다. 따라서 사회주의적 인간에 대한 논의는 한동안 공산당원들이 지하로 잠적함으로써 별로 활성화될 겨를이 없었다. 그러나 중국 공산당원들 가운데 일부는 농촌에 새로운 근거지를 만들고 소비에트를 건설하면서 새로운 사회주의적 인간 개념을 형성하게 된다. 그리고 이후의 사회주의적 인간 개념은 구체적인 계급적 인간을 중심으로 모택동 사상의 사유체계와 인식방법에서 핵심적인 논리가 형성된다. 이제 중국의 전통철학에서 내세우는 '자연적' 인간 및 '본성적' 인간과는 물론이고, 근대 이행기 중국 지식인들의 자유주의적 이성의 윤리(Ethik)와도 구별되는 모택동의 '계급적' 인간을 살펴볼 것이다.

제5장

모택동 사상의 대상성의 변화
사회적 실천

　여기서는 모택동(毛澤東; 1893 – 1976)의 주요 저작들을 대상으로 '인간과 자연'의 관계 및 '인간과 인간'의 관계를 규정짓는 방법론적 기초와 그의 계급적 인간 개념, 그리고 그의 계속혁명의 논리를 살펴볼 것이다. 모택동의 철학에서 그 방법론적 기초는 매우 중요하다. 왜냐하면 모택동 사상(毛澤東思想)의 방법은 중국의 전통적인 철학적 방법과 근본적으로 다른 것이기 때문이다. 이러한 점을 고려하여 먼저 '인간과 자연'의 관계를 '존재와 사유의 관계'라는 인식론적 측면에서 살펴볼 것이다. 인식론적 측면에서 모택동 사상의 인간 개념을 자연 개념과 비교하여 규명하는 것은 모택동 사상의 기본적인 사유체계와 그 방법을 이해하는 데 핵심적인 역할을 한다. 특히 모택동 사상은 '존재'와 '사유'의 '사회역사적 변증법의 관계'를 중시하는 사유체계이므로, 무엇보다 그 사회역사적 변증법의 논리를 집중적으로 살펴볼 필요가 있다.

모택동은 인간과 자연의 근본적인 차이를 인간의 '자각적 능동성'(自覺的 能動性)으로 파악하고 있다. 이 '자각적 능동성'은 자연과 사회에 대해 인간이 자신의 주체성을 최대한 발휘할 수 있는 근거를 제공해 주는 논리이기도 하다. 객관적 대상에 대한 인간 주체성의 강조는 모택동 사상의 정체성을 규명할 수 있는 독특한 특징이다. 특히 모택동 사상의 '자각적 능동성'은 특정 시기 일본 제국주의에 맞서는 대응논리이자, 중화인민공화국 수립 이후 사회주의 건설기와 문화대혁명의 전개과정에서 생산력 증대와 새로운 생산관계를 창출하는 보편논리로 기능하게 된다.

그런데 모택동은 인간의 본질적 특징으로 '자각적 능동성'을 강조할 뿐만 아니라 인간을 구체적인 '계급적'(階級的) 존재로 분석하기도 한다. 그의 계급적 인간 개념은 특수한 지배 계급의 이익이 아니라 '대다수 인민(人民)의 이익(利益)'을 중심으로 그 이익을 최대한 옹호하고 실질적으로 그 이익을 쟁취하는 사회적 실천의 논리다. 이와 같이 이익의 문제를 전면에 내세우고, 추상적인 인간 일반보다는 구체적인 계급분석을 통해 사회의 재생산에 중요한 역할을 하는 인민, 즉 노동자 · 농민의 이익을 철저히 관철시키려는 사회적 실천은 모택동 사상의 핵심적인 사유방법이다.

의식의 발달 단계에서 볼 때, 모택동의 계급적 인간 개념은 '숙고적 인간'(熟考的 人間, deliberate human)을 전제하고 있다. 이 숙고적 인간은 사회모순에 대해 즉자적 단계인 즉각적인 감정의 표출에 머무는 것이 아니라 대자적 단계인 이성적 추론의 과정을 거쳐 새로운 이론을 창출하고 그 새로운 이론을 사회적 차원에서 끊임없이 실천하며 이론의 적합성 여부를 검증하게 된다. 따라서 모택동 사상에서 '숙고적 인간'의 사회적 실천은 사회적 모순(矛盾)을 극복하기 위해 무한한 계속혁명(繼續革命)의 논리로 귀결될 수밖에 없다.

제1절 실천의 객관적 대상인 자연과 사회

모택동의 인간 개념을 체계적으로 파악하기 위해서는 무엇보다 그의 '인간' 개념이 배경으로 하고 있는 '존재와 사유의 관계'를 먼저 규명해야 한다. '존재와 사유의 관계' 문제에서 모택동은 '존재'가 '사유'보다 원초적 또는 근원적이라는 유물론적 세계관에서 출발하고 있다. 예를 들어 그는 1963년 5월에 발표한 「인간의 정확한 사상은 어디서 유래하는가?」에서 다음과 같이 서술하고 있다. "인간의 사회적 존재가 인간의 사상을 결정한다."234) 여기서 그는 '사상'을 '이성인식'으로 규정하고 있으며,235) 다른 곳에서 '이성인식'을 개념,

---

234) 中共中央文獻研究室 編, 『毛澤東文集』 8卷, 北京, 人民出版社, 1999, 320쪽.
235) 中共中央文獻研究室 編, 『毛澤東文集』 8卷, 北京, 人民出版社, 1999, 320쪽.

판단, 추리와 같은 '사유'의 작용으로 규정하고 있다.[236) 이런 규정들을 고려하면, 모택동의 기본적인 사유체계는 '사회적 존재'가 '사유'를 결정하는 유물론을 바탕으로 한 것이다. 다시 말해 모택동 사상은 '사회적 존재'가 '사유'보다 근본적인 것으로 파악하는 유물론의 철학체계를 갖추고 있는 것이다.

그런데 이러한 사유체계에서 모택동이 인간의 존재 형태를 '개인적 존재'로 상정하지 않고 '사회적 존재'라고 설정한 점에 주목할 필요가 있다. 이러한 논리는 그가 인간을 추상적이고 독립적인 개인적존재가 아니라 구체적이고 사회적인 존재로 파악한다는 것을 의미한다. 그에게 문제가 되는 것은 개별적인 인간 존재가 아니라 사회적인 인간 존재다. 확실히 인간은 수많은 사회적 관계의 그물망 속에서 자신의 삶을 영위할 수 있으며, 만약 사회를 떠난다면 그는 이미인간이라 할 수 없는 것이다. 그리고 '존재' 개념을 모택동 사상의논리에 따라 보다 구체적으로 규정한다면, '계급투쟁과 민족투쟁의객관적 현실'이 된다. 모택동은 이러한 개념규정을 다음과 같이 전개한다. "존재가 의식을 결정하며, 계급투쟁과 민족투쟁의 객관적 현실이 우리들의 사상과 감정을 결정한다."[237) 따라서 모택동 사상에서 인간은 '개별적 인간'이 아니라 '사회적 존재'로서의 인간이며, '존재'는 바로 그 인간이 처한 '객관적 현실'인 것이다.

---

236) 中共中央文獻編輯委員會 編, 『毛澤東選集』 1卷, 北京, 人民出版社, 1991, 285쪽.
237) 中共中央文獻編輯委員會 編, 『毛澤東選集』 3卷, 北京, 人民出版社, 1991, 852쪽.

모택동의 성장 과정을 살펴보면,[238] 청소년기를 거치고 청년기로 접어들면서 개인적인 사소한 일보다는 거창한 근본적이고 사회적이며 민족적인 일에 많은 관심을 기울이는 것을 확인할 수 있다. 예를 들어 에드가 스노우와의 인터뷰에서 모택동은 다음과 같이 자신의 과거를 회상한다. "친구들과 나는 거창한 문제들만 화제에 올리기를 좋아했어요. 가령 인간의 본성이나 사회와 중국의 본질 문제 또는 세계나 우주 문제였지요."[239] 이와 같은 경향은 당시 중국 사회 문제의 심각성이 모택동과 같은 젊은이들에게 반영된 것이다. 그리고 중국 사회 문제가 장기적으로 지속되자, 문제를 실천적으로 극복하려던 많은 사람들은 중국의 혁명 과정 속에서 자신의 개인적 자아를 잊거나 보다 사회적 의미가 큰 홍군적, 공산당적, 민족적 자아에 자신의 개인적 자아를 일치시키는 현상이 두드러지게 나타난다.[240]

모택동은 일찍이 1937년 「실천론」에서 인간의 사유가 사회적 존

---

238) 모택동은 계급적으로 지주계급의 집안에서 성장했다. 그런데 모택동 자신의 분석에 의하면 그의 아버지 모순생(毛順生)은 가난한 농민에서 출발하여 중농(中農)을 거치고 드디어는 부유한 농민에 속하게 되었다고 한다. 참조. Edgar Snow, *Red Star over China*, New York, Grove Press, 1968, 130－131쪽. 국내 번역서는 다음을 참고할 것. 에드가 스노우, 『중국의 붉은 별』, 신홍범 옮김, 서울, 두레출판사, 1994, 126쪽. 이하 에드가 스노우의 책을 인용할 경우, 번역상의 큰 문제가 없고 쉽게 구할 수 있는 번역본을 기준으로 쪽수를 표시할 것이다. 중국에서 발행된 평전은 다음을 참조할 것. 潘平 編, 『毛澤東之路』 1卷, 北京, 中國靑年出版社, 1993, 4－5쪽.

239) 에드가 스노우, 『중국의 붉은 별』, 신홍범 옮김, 서울, 두레출판사, 1994, 145쪽.

240) 에드가 스노우, 『중국의 붉은 별』, 신홍범 옮김, 서울, 두레출판사, 1994, 124쪽.

재와 독립적으로 존재하는 것이 아니라 사회적 존재의 실천에 의존적이라는 것을 다음과 같이 설명했다. "인간의 인식은 주로 물질적 생산 활동에 의존하여, 점차 자연의 현상, 자연의 성질, 자연의 법칙성, 인간과 자연의 관계를 이해하게 된다. 그리고 생산 활동을 통해 다양하게 인간과 인간의 일정한 상호관계를 인식하게 된다. 모든 지식은 생산 활동을 떠나서는 얻을 수 없는 것이다."241) 여기서 생산 활동은 사회적 존재인 인간의 가장 중요한 활동이며, 이 활동의 과정에서 인간은 자연과의 관계 및 다른 인간과의 관계를 인식할 수 있게 되며, 그 활동의 결과 인간은 자신을 위해 유익한 지식을 획득하게 된다. 그리고 모택동이 언급하는 인식은 명확히 사유의 한 형태인 것이다. 따라서 이 서술 또한 존재에 대한 사유의 의존성과 사유에 대한 존재의 규정성을 설명한 것이다.

이와 같이 모택동이 존재를 일차적으로 파악하는 것은 인간의 신체단련을 중시하던 청년 시기의 논리에서도 일관되게 나타난다. 예를 들어 그는 1917년 4월 출판된 『新靑年』242) 속의 「체육의 연구」라는 글에서 "덕성과 지식은 모두 신체에 의존하며, 신체가 없으면 덕성과 지식도 없다."243)라고 하였다.244) 이러한 신체 중시의 논리가

241) 中共中央文獻編輯委員會 編, 『毛澤東選集』 1卷, 北京, 人民出版社, 1991, 282-283쪽.
242) 『新靑年』은 진독수가 편집한 新文化運動의 대표적인 진보적 잡지로, 모택동은 1915년부터 이 진보적인 잡지를 정기구독하게 된다. 참조. Jerome Ch'ên, Mao and the *Chinese Revolution*, Oxford, Oxford University Press, 1965, 45쪽.
243) 中共中央文獻研究室 編, 『毛澤東早期文稿』, 長沙, 湖南出版社, 1995, 66-67쪽.

형성된 배경에는 당시 제국주의 국가들의 정치, 경제, 군사적 침탈에 무력한 중국 민족의 취약성에 대한 문제의식이 깔려 있다.245) 이런 현실적인 문제의식을 바탕으로 모택동은 실제적인 문제해결에 관심을 기울이게 된다. 또한 이 육체 중시의 논리는 모택동의 신체단련을 위한 실제적 노력과도 밀접한 연관이 있는 것이다. 그는 신체단련에 몰두했던 젊은 시절을 다음과 같이 회상한다. "우리는 또 열심히 신체를 단련했어요……(중략)……우리는 이미 서리가 내리고 있을 때도 바깥에서 잠을 잤고 11월에도 싸늘한 강물에서 수영을 했어요. 이 모든 일을 '신체단련'이란 명목으로 강행했어요."246)

확실히 인간은 신체단련으로 자신의 건강을 증진시키는 가운데 자기조절능력을 강화하고, 자신의 의지를 더욱 굳건하게 만들 수 있다. 이러한 신체단련이 이후 만리대장정 과정에서 부딪힌 숱한 어려움을 이겨내는 의지와 관련이 있겠지만, 그것보다 훨씬 더 중요한 것은 '신체단련'을 목표로 하는 '체육'이 인간 '정신'의 단련과 긴밀히 연결되어 있으며, 이러한 것이 전통적인 '천명'적 세계관에 대한 비판적 논리를 갖추고 있다는 점이다. 모택동은 이것을 다음과 같이 표현하였다. "체육에 힘쓰면 근육과 뼈가 강해지고, 근육과 뼈가 강해지

---

244) 스펜스에 따르면 모택동이 『新靑年』에 이 글을 게재할 수 있게 된 것은 호남제일사범학교 교사였던 양창제의 도움과 격려 덕분이다. Jonathan Spence, *Mao Zedong*, New York, Viking Penguin, 1999, 26쪽.

245) 中共中央文獻硏究室 編, 『毛澤東早期文稿』, 長沙, 湖南出版社, 1995, 65쪽.

246) 에드가 스노우, 『중국의 붉은 별』, 신홍범 옮김, 서울, 두레출판사, 1994, 145-146쪽.

면 체질이 변할 수 있고 신체와 정신이 완전할 수 있다. 이것은 천명(天命)에 달려 있는 것이 아니라 인력(人力)에 달려 있다."[247] 특히 여기서 중요한 논리는 중국의 전통철학, 특히 송대(宋代) 주희(朱熹; 1130-1200)의 성리학(性理學)에서 중시하던 천명(天命: 자연의 명령)에 대한 감성적 부정이자, 인력(人力: 인간의 힘)에 대한 무한한 긍정이다. 중국의 전통적인 사유체계에서 '인간의 힘'에 대해 얼마나 무감각했는가를 생각한다면, 모택동의 '인력'에 대한 강조는 전통적 세계관을 비판하고 새로운 세계관을 개척하려는 그의 의지를 표현한 것이다. 이와 같이 중국의 전통철학에 대한 모택동의 비판은 이미 동중서의 형이상학적 논리에 대한 날카로운 비판에서도 나타난다.[248]

그런데 위와 같은 '신체 단련의 중시'가 곧바로 모택동의 유물론적 세계관을 체계적으로 설명해 주는 것은 아니다. 왜냐하면 '신체 단련'이 지닌 철학적 의미는 과거 전통철학에 대한 반작용의 한계 내에서 적극적인 평가가 가능한 것이지만, 실제 학생 시절의 모택동은 '신체'뿐만 아니라 '정신'과 '의지'를 강조했으며, 그의 사유체계 속에는 그 당시 유행하던 잡다한 사상적 조류들이 깃들어 있었기 때문이다. 예를 들어 그는 청년 시기의 사상적 혼란을 다음과 같이 고백한다. "이 당시 내 마음 속에는 자유주의와 민주적인 개혁주의, 공상적인 사회주의 사상들이 기묘하게 혼합되어 있었습니다. 나는 '19

---

247) 中共中央文獻研究室 編,『毛澤東早期文稿』, 長沙, 湖南出版社, 1995, 70쪽.
248) 中共中央文獻編輯委員會 編,『毛澤東選集』1卷, 北京, 人民出版社, 1991, 301쪽.

세기식 민주주의'와 공상적 사회개혁주의, 그리고 시대에 뒤떨어진 자유주의에 대해 막연한 열정을 품고 있었지만 반군국주의와 반제국주의적인 입장은 뚜렷했어요."249) 뿐만 아니라 그는 무정부주의가 내세우는 여러 제안에 찬성하는 입장에 있기도 했다.250) 그러나 중국 사회 변혁에 주체적으로 참여하면서 사회주의 이론에 대한 학습의 과정을 거쳐 결국 스스로를 '마르크스주의자'로 생각하기에 이르렀다.251) 이와 같은 모택동의 사상적 변화 과정은 어떤 철학자나 사상가도 피할 수 없는 사유에 대한 존재의 규정성이다.

'존재와 사유의 관계' 문제에서 모택동이 전제하는 것은 확실히 사유에 대한 존재의 규정성이다. 모택동 사상에서 이러한 것을 잘 보여주는 것이 다음과 같은 글이다. "총체적인 역사발전에서 우리가 인정하는 것은 물질적인 것이 정신적인 것을 결정하고, 사회적 존재가 사회적 의식을 결정한다는 것이다."252) 그러나 만약 존재가 사유를 일방적으로 규정만 한다면 인간은 '필연(必然)의 노예'에 불과할

---

249) 에드가 스노우, 『중국의 붉은 별』, 신홍범 옮김, 서울, 두레출판사, 1994, 147쪽.

250) 에드가 스노우, 『중국의 붉은 별』, 신홍범 옮김, 서울, 두레출판사, 1994, 150쪽. 모택동이 한때 무정부주의에 경도된 원인에 대해 슈람은 다음과 같이 서술한다. "그가[모택동; 인용자 주] 무정부주의에 끌렸던 것은 그의 세대의 다른 모든 사람들같이 전통 사회에 의해 개인에게 부과된 制裁를 벗어나기 위해 노력했기 때문이다." 스튜어트 R. 슈람, 『모택동』, 김동식 역, 서울, 두레, 1979, 56쪽.

251) 에드가 스노우, 『중국의 붉은 별』, 신홍범 옮김, 서울, 두레출판사, 1994, 154쪽.

252) 中共中央文獻編輯委員會 編, 『毛澤東選集』 1券, 北京, 人民出版社, 1991, 326쪽.

것이다. 그리고 이러한 일방적 규정을 현대 중국의 형성과정에 적용해 보면, 반식민지(半植民地) 반봉건(半封建) 사회[253])였던 중국은 영원히 발전할 수 없다는 논리로 이어진다. 뿐만 아니라 이러한 필연적 규정에만 따른다면 인간은 다른 동물과의 차이도 없이 그저 주어진 환경에 적응하는 일만 남게 될 것이다. 그런데 모택동 사상에서는 존재에 대한 사유의 적극적인 반작용을 다음과 같이 인정한다. "그러나 동시에 정신적인 것의 반작용, 사회적 존재에 대한 사회적 의식의 반작용, 경제적 토대에 대한 상부구조의 반작용도 인정해야 하며, 반드시 인정해야 한다."[254])

이와 같이 모택동 사상은 존재와 사유의 관계 문제에서 존재에 대한 사유의 반작용을 강조하는데, 이러한 사회역사적 변증법의 논리는 인간의 실천 및 인식의 능동적 작용을 기반으로 한 것이다. 예를 들어 모택동은 객관적 실재를 인식하는 사유의 능동적 작용을 다음과 같이 설명한다. "인식의 능동적인 작용은 단지 감성적 인식에서 이성적 인식으로 능동적 비약에서 나타날 뿐만 아니라, 더욱 중요한 것은 또한 이성적 인식에서 혁명적 실천으로 비약하는 곳에서 반드시 나타난다."[255]) 인식론적 측면에서 그의 논리에 중요한 의미

---

253) 중국의 경제적 사회구성체에 대한 다양한 주장과 논쟁들은 다음을 참조할 것. 김대환·백영서 편, 『중국사회성격논쟁』, 서울, 창작과비평사, 1988, 특히 123－196쪽. 藤瀨浩司 외, 『식민지 반봉건 사회론』, 장시원 편역, 서울, 미래사, 1985.

254) 中共中央文獻編輯委員會 編, 『毛澤東選集』 1卷, 北京, 人民出版社, 1991, 326쪽.

255) 中共中央文獻編輯委員會 編, 『毛澤東選集』 1卷, 北京, 人民出版社, 1991, 292쪽.

가 있는 것은 사유의 능동적 작용을 혁명적 실천과 연관시킨다는 점이다. 다시 말해 실천은 모택동 사상의 인식론에서 가장 중요한 지위를 차지한다. 모택동은 이것을 한마디로 "실천을 떠난 인식은 불가능하다."[256]고 단언한다. 그만큼 모택동 사상의 인식론에서 '실천', 구체적으로 '사회적 실천'은 매우 중요한 핵심적 범주다.

그렇다면 인식론적으로 볼 때, 모택동 사상에서 객관적 실재에 대한 인식은 가능한 것인가? 아니면 불가능한 것인가? 이 질문은 인식의 가능성에 관한 것인데, 모택동은 명확히 다음과 같이 서술한다. "물질세계는 인식할 수 있는 것이지, 인식할 수 없는 것이 아니다."[257] 여기서 물질세계는 객관적 실재이자 바로 존재를 의미한다. 그리고 이 '물질세계'는 인간의 '실천'을 통해 '알 수 없는 그 무엇'에서 '알 수 있는 대상'으로 바뀌게 되는 것이다. 따라서 인간은 실천을 통해 물질세계인 존재를 인식하게 된다는 것이 모택동 사상의 기본적인 체계이자 방법이다.

그래도 여전히 다른 문제가 남아 있다. 즉 인식이 가능하다면 그 인식은 완전한 인식인가? 아니면 불완전한 인식인가? 이 문제는 달리 표현하면 인식 주체인 인간이 실천을 통해 객관적 실재의 본질을 인식하되, 완전무결하게 인식할 수 있는지에 대한 질문이다. 이 문제에 대해 모택동은 다음과 같이 자신의 입장을 표명한다. "모든 객관

---

256) 中共中央文獻編輯委員會 編, 『毛澤東選集』 1卷, 北京, 人民出版社, 1991, 288쪽.
257) 中共中央文獻研究室 編, 『毛澤東哲學批注集』, 北京, 人民出版社, 1988, 298쪽.

과정의 발전은 모순과 투쟁으로 충만 된 발전이며, 인간의 인식 운동의 발전도 모순과 투쟁으로 충만 된 발전이다……(중략)……사회 실천 중에 발생, 발전과 소멸의 과정은 끝이 없으며, 인간 인식의 발생, 발전과 소멸의 과정도 끝이 없다. 일정한 사상, 이론, 계획, 방안에 근거하여 객관 현실을 변혁하는 실천이 하나하나 진전되면서, 객관 현실에 대한 인간의 인식도 하나하나 심화된다. 객관 현실 세계의 변화와 운동은 영원히 완결되지 않으며, 인간이 실천 중에 진리에 대한 인식도 영원히 완결되지 않는다."258) 여기서 알 수 있듯이 모택동은 인간이 객관적 실재를 인식할 수는 있지만, 그 인식은 완전한 절대적 진리가 아니라 '상대적 진리'라는 것을 역설한 것이다. 중요한 것은 모택동이 객관적 실재의 운동 자체를 '모순'과 '투쟁'으로 파악하고 있는 점이며, 이 무한한 모순 운동은 결국 끊임없는 실천을 절실히 요청한다는 사실이다.

그리고 모택동 사상에서는 인간이 객관적 실재를 인식하는 과정이 수동적 반영이 아니라 능동적 인식이라는 점이 강조된다. 모택동이 사유의 능동적 작용을 가장 적절하게 표현한 것은 바로 '자각적 능동성'(自覺的 能動性)259)이다. 일찍이 청년 시절 모택동은 인간을 '이성을 지닌 동물'260)로 규정한 적이 있는데, 이후 보다 구체적으로

---

258) 中共中央文獻編輯委員會 編, 『毛澤東選集』 1卷, 北京, 人民出版社, 1991, 295－296.
259) 中共中央文獻編輯委員會 編, 『毛澤東選集』 2卷, 北京, 人民出版社, 1991, 477쪽.
260) 中共中央文獻研究室 編, 『毛澤東早期文稿』, 長沙, 湖南出版社, 1995, 69쪽.

다른 동물들과 구별되는 인간의 특징으로 '자각적 능동성'을 강조하게 된다.261) 모택동의 '자각적 능동성'은 항일 전쟁에서 일본에 비해 중국이 압도적으로 불리한 객관적 상황을 적극적으로 유리한 상황으로 바꾸려는 전략적 목적과 긴밀히 연관된 이론 체계였다.

그런데 이것이 자연과 사회에 대한 인간의 의식적인 능동적 실천의 의미로 확대되었던 점이 중요하다. 예를 들어 모택동에 따르면 자본주의 사회에 대한 무산계급의 인식은 실천을 통해 발전하여 최초 '자재'(自在)적 계급에서 '자위'(自爲)적 계급으로 발전한다는 것이다.262) 여기서 '자재'(自在)란 '즉자'(卽自; an sich)적 상태로 인식의 단계로 보면 감성적 인식 단계에 속하며, '자위'(自爲)란 '대자'(對自; für sich)적 상태로 이성적 인식 단계에 해당한다. 이 이성적 단계는 필연적으로 '숙고'(熟考)의 과정을 거치게 된다는 점에서 인식론적으로 인간의 본질적 특성에 해당한다. 그리고 이 '숙고적 인식'의 과정에서 '자각적 능동성'은 매우 중요한 역할을 하게 되는데, 왜냐하면 인간에게 '자각적 능동성'이 있어야 실천의 결과를 숙고하고 반성하여 새로운 실천을 통해 객관적 실재를 적극적으로 인식하거나 개조할 수 있기 때문이다. 따라서 모택동의 '자각적 능동성'은 숙고적 인식의 주체인 인간이 인식 대상인 자연과 사회, 즉 객관적 실재의 법칙을 정확하게 인식하는 사유의 능력이자, 그 객관적 실재를 인간 자

---

261) 中共中央文獻編輯委員會 編, 『毛澤東選集』 2卷, 北京, 人民出版社, 1991, 477쪽.
262) 中共中央文獻編輯委員會 編, 『毛澤東選集』 1卷, 北京, 人民出版社, 1991, 288-289쪽.

신을 위해 적극적으로 개조하거나 변혁하는 실천적 능력이다.

모택동의 '자각적 능동성'이 '자연'과 '사회'와 같은 '객관적 대상'에 적극적으로 적용될 경우, 기존에는 없던 새로운 사물을 만들어 내고, 새로운 환경, 즉 인간 세계의 확대를 조성하며, 새로운 의식을 형성할 가능성이 높아진다. 따라서 그의 '자각적 능동성'에는 과거의 사회에서 형성된 인습적 방식과 과거의 제도 및 사상을 철저히 비판하고, 새로운 현실을 창조하는 데 매우 적합한 '창조적인 논리'가 내재해 있다. 이러한 의미의 '자각적 능동성'은 중국의 전통철학들 가운데 유사한 것을 발견하기 매우 어려운 논리 체계다. 예를 들어 중국의 전통적인 유가 철학자들은 대부분 그 자신들이 황제 지배체제 아래에서 지주(地主)이자 유학자(儒學者)이며 관료(官僚)로 각종 이익을 취하고 있었기 때문에,263) 과거의 전통인 성왕 중심의 논리에서 결코 자유로울 수 없었던 것이 사실이다. 이에 반해 모택동의 '자각적 능동성'은 과거의 유가적 전통을 과감하게 파괴하고 새로운 혁명적 전통을 수립할 수 있는 내적 원동력으로 작용할 수 있었던 것이다. 따라서 모택동의 '자각적 능동성'은 중국의 전통철학을 철저히 비판하고, 새로운 중국 사회를 건설하는 데 커다란 기여를 하게 된 것이다. 이제 모택동이 중국의 열악한 현실을 극복하려는 혁명적 실천과정에서 구체화한 '계급적' 인간 개념을 살펴보겠다.

---

263) 레벤슨은 이 중국 儒家의 중층적 특성을 다루면서 미술 분야에서 나타난 文人畵를 '士大夫 화가'의 '비전문가적 이상(理想)'으로, 그 이상의 부패를 근대화의 과정으로 규명한다. Joseph R. Levenson, *Confucian China and Its Modern Fate I*, Berkeley, University of California Press, 1966, 15-43쪽.

제2절 사회 변화의 주체이자 대상인 계급

  '인간과 인간'의 관계에서 모택동의 철학을 살펴볼 때 우선적으로
고려해야 할 것은 혁명전쟁이든 민족전쟁이든 전쟁의 상황에서 모택
동 사상이 형성된다는 점이다. 모택동 사상에서 인간은 전쟁의 많은
요소들 가운데 가장 중요한 부분이다. 예를 들어 1938년 생사를 건
항일전쟁 시기에 모택동은 전쟁 수행의 여러 조건 중 인간의 중요성
을 다음과 같이 강조하게 된다. "무기는 전쟁의 중요한 요소지만, 결
정적인 요소는 아니며, 결정적인 것은 인간이지 물적 조건이 아니
다."264) 이러한 논리는 막강한 경제력과 군사력을 앞세운 일본과 비
교해 열악한 상황에 놓여 있던 중국을 멸망에서 구하기 위한 최선의
방안을 모색하던 가운데 형성된 것이다. 이후 그는 보다 일반적인
논리로 인간의 중요성을 다음과 같이 언급한다. "세계 모든 사물 가
운데 인간이 가장 귀하다."265) 이와 같이 모택동은 모든 존재물들
가운데 인간을 가장 귀한 존재로 파악하는 세계관을 지니고 있다.
  그런데 만약 모택동이 단지 인간을 모든 존재물과 비교하는 가운
데 단지 '가장 귀한 존재'로 여기는 것에 그친다면, 그 수많은 전통
적인 유교 철학자들과의 차별성이 없을 것이다. 왜냐하면 북송대 신

---

264) 中共中央文獻編輯委員會 編, 『毛澤東選集』 2卷, 北京, 人民出版社,
    1991, 469쪽.
265) 中共中央文獻編輯委員會 編, 『毛澤東選集』 4卷, 北京, 人民出版社,
    1991, 1512쪽.

유가 주돈이(1017－1073)도 모든 자연물들 가운데 인간을 가장 귀한 존재로 파악하고 있기 때문이다. 예를 들어 주돈이는 모든 존재물들과 비교하여 인간을 가장 신령스런 존재로 파악하고 있는 것이다.[266] 이와 같은 인간 개념은 전통적인 유가 철학자들이 공유하고 있던 인식인 것이다. 그렇다면 중국의 전통 철학의 인간 개념과 모택동 사상의 인간 개념은 어떤 점에서 차이가 있는 것인가?

　중국의 전통적인 유가 철학적 인간 개념은 송대 성리학 이래로 주로 추상적이고 관념적인 '본성적' 인간을 상정하고 있다. 이에 반해 모택동의 인간 개념은 추상적인 본성적 인간이 아니라 구체적이고 특수한 '계급적' 인간을 그 내용으로 한다는 점에 특징이 있다. 모택동이 인간 개념을 사용할 때 추상적이고 형이상학적 인간보다는 노동자계급이나 자본가계급이라는 구체적이고 계급적인 인간을 언급한다. 예를 들어 모택동은 다음과 같이 말한다. "인간의 본성이란 것이 있는 것인가, 없는 것인가? 당연히 있다. 그러나 단지 구체적인 인간의 본성이 있을 뿐, 추상적인 인간의 본성이란 없다. 계급사회에서는 단지 계급성을 지닌 인간의 본성이 있을 뿐, 계급성을 초월하는 어떤 인간의 본성이란 없다. 우리는 노동자계급의 인간 본성, 인민대중의 인간 본성을 주장하지만, 지주계급 및 자본가 계급은 곧 지주계급이나 자본가 계급의 인간 본성을 주장한다."[267] 이렇게 모

---

266) 『周元公集』, 卷1 「太極圖說」, 417－418쪽, 乾道成男, 坤道成女, 二氣交感, 化生萬物, 萬物生生, 而變化無窮焉. 惟人也, 得其秀而最靈, 形旣生矣, 神發知矣.

267) 中共中央文獻編輯委員會 編, 『毛澤東選集』 3卷, 北京, 人民出版社, 1991, 870쪽.

택동은 추상적인 인간의 본성 개념을 비판하고, 구체적인 계급적 인간의 본성에 대해 명확하게 제시한다. 모택동 사상의 계급적 인간 개념을 전통적인 유교 철학자들의 인간론과 비교하면 다음과 같다. 주희의 성리학과 왕수인의 심학에서는 인간의 본성이 추상적이고 관념적인 논리를 기반으로 한 본성적 또는 선험적 정신을 지닌 것으로 강조되지만, 모택동의 사상에선 인간이 구체적인 계급적 존재의 형태로 제시되는 것이다.

중국의 전통적인 유교 철학자들과 모택동의 차이점은 이것에 그치지 않는다. 특히 '이익'(利)의 문제에 대해서 유교 철학자들과 모택동은 첨예하게 대립한다. 전통적인 유교 철학자들은 맹자(기원전 372?-289)의 이익 배제의 논리를 철저히 계승하고 그 논리를 금과옥조로 여기고 있었지만, 모택동은 '계급적 이익'이란 판단기준을 가지고 자본가나 봉건군벌이 아닌 노동자나 농민의 이익을 철저하게 관철시킨다. 예를 들어 그는 '인민의 이익'을 다음과 같이 강조한다. "단지 우리는 인민의 이익을 위해 도움이 되는 것을 견지해야 하고, 인민의 이익을 위해 잘못된 것을 고쳐야 한다."[268] 여기에 그치지 않고 모택동은 '인민의 이익'을 공산당원의 모든 행위의 표준으로 삼는다. "공산당원의 말과 행동은 반드시 가장 큰 인민 군중의 최대의 이익에 부합해야 하고, 가장 큰 인민 군중을 옹호하는 것을 최고의 표준으로 삼아야 한다."[269] 이러한 계급적 인간 개념은 모택동

---

268) 中共中央文獻編輯委員會 編, 『毛澤東選集』 3卷, 北京, 人民出版社, 1991, 1004쪽.
269) 中共中央文獻編輯委員會 編, 『毛澤東選集』 3卷, 北京, 人民出版社,

사상의 핵심적인 인간론을 구성하여, 중국의 전통철학의 인간 개념을 철저히 지양하는 논리적 기초가 된다. 이러한 인간 개념들의 차이는 다음과 같이 요약할 수 있다. 즉 중국의 전통철학인 성리학(性理學)과 심학(心學)의 인간론이 추상적인 인간을 내세우면서 실질적으로는 성왕을 중심으로 한 지배계급의 이익을 옹호한 것이었다면, 모택동 사상의 인간론은 구체적인 계급적 인간을 내세우고 실질적으로도 인민과 같은 피지배계급의 이익을 혁명적으로 대변한 것이다.

기본적으로 모택동 사상은 혁명전쟁의 한 가운데서 기능한 사유체계다. 이러한 특성은 모택동이 과감히 중국혁명의 길을 밟으면서 혁명의 대상과 주체를 계급적으로 명료하게 인식하는 과정에 잘 나타난다. 일찍이 모택동은 1920년대 사회계급분석과 농민계급분석을 시도한 적이 있듯이,[270] 1930년대에도 혁명의 대상과 주체를 분명히 설정하기 위해 중국인을 계급적으로 분류하며 혁명과의 관련 정도를 파악한다. 1939년 모택동은 계급분석에서 중국인들을 지주계급, 자본가계급, 소자본가계급, 농민계급, 노동자계급, 유민(流民) 등 여섯 가지 계급범주로 나누고, 다시 각 계급을 매우 구체적으로 세분하여 분석한 다음, 그 혁명적 역할을 계급적 특성과 연관 짓는다.[271] 이러한 계급분석은 단지 도식적으로 계급을 나눈 형이상학적이고 관념적

1991, 1096쪽.

270) 그 대표적인 글이 1925년 「중국 사회 각 계급의 분석」과 1927년 「호남농민운동 고찰보고」다. 참조. 中共中央文獻編輯委員會 編, 『毛澤東選集』1卷, 北京, 人民出版社, 1991, 3-44쪽.

271) 中共中央文獻編輯委員會 編, 『毛澤東選集』 3卷, 北京, 人民出版社, 1991, 638-646쪽.

인 방법이 결코 아니다. 계급을 당시 중국의 사회적 현실에 적합한 계급적 범주로 분류한 모택동의 방법은 매우 유물론적인 사회역사적 변증법의 방법이라는 특징이 있다.

그런데 모택동이 1920년대 수행한 계급분석과 1930년대의 계급분석은 차이가 있다는 점에 주목할 필요가 있다. 그는 일찍이 부농에 대해 '지주계급'에 속하며, 이 지주계급은 "중국의 낙후성과 가장 반동적인 생산관계를 대표하여 중국생산력의 발전을 저해한다."[272]고 파악하였고, 따라서 그들을 혁명의 대상으로 분석하였다. 그러나 1939년에는 지주계급 가운데 "수많은 중소지주 출신의 개명한 신사와 약간의 자본주의적 색채를 지닌 지주들이 항일에 적극적이라면 그들과 함께 단결하여 항일해야 한다."[273]고 주장하였다. 여기에 그치지 않고 그는 매판적인 대자본가계급에 대해 1925년에는 명확히 '적'[274]으로 규정했지만, 1939년에는 항일을 위해서라면 매판적인 대자본가계급 가운데 완고파인 구미성향의 대자본가계급과 연합하는 정도까지 계급연합을 언급하였다.[275]

이러한 계급분석의 차이는 구체적인 중국실정의 변화에서 비롯된 것이며, 중국혁명의 주체와 대상에 대한 모택동의 인식변화를 나타

---

272) 中共中央文獻編輯委員會 編, 『毛澤東選集』 1卷, 北京, 人民出版社, 1991, 3－4쪽.
273) 中共中央文獻編輯委員會 編, 『毛澤東選集』 3卷, 北京, 人民出版社, 1991, 638－639쪽.
274) 中共中央文獻編輯委員會 編, 『毛澤東選集』 1卷, 北京, 人民出版社, 1991, 9쪽.
275) 中共中央文獻編輯委員會 編, 『毛澤東選集』 3卷, 北京, 人民出版社, 1991, 638－639쪽.

내주는 것이기도 하다. 다시 말해 1930년대는 '제국주의와 중국의 모순이 주요한 모순이 된'[276] 상황에서 모택동은 중국사회의 혁명대상들 가운데 가장 중요한 것으로 '일본제국주의와 매국노'[277]를 설정하고, 그 외의 광범위한 중국 각 계급들의 항일대연합을 주장하게 된 것이다. 따라서 모택동의 계급분석의 변화는 강력한 일본제국주의에 적극적으로 반대하는 각 계급 계층들을 최대한 결집시키기 위해서, 계급모순의 문제를 기본적인 모순으로 전제하지만 당시에 가장 주요한 모순으로 민족모순을 파악하고 민족모순의 근본적 해결을 추구한 것이다. 이와 같이 그의 계급분석의 변화는 일차적으로 중국사회의 변화에서 비롯된 것이며 항일이라는 당면과제를 성공적으로 달성하기 위한 통일전선적 계급분석을 성공적으로 수행한 것과 긴밀히 연관되어 있는 것이다.

모택동을 중심으로 한 중국공산당은 중국의 국가 체제를 '각 혁명계급 연합독재', 정치체제를 '민주집중제'로 하는 것이 '신민주주의의 정치, 신민주주의의 공화국, 항일통일전선의 공화국'이며,[278] 이것을 명확한 정치적 목표로 삼게 된다. 그렇다고 해서 모택동이 혁명의 주체문제를 소홀하게 생각한 것은 아니다. 오히려 그는 계급대연합의 통일전선 속에서도 노동자계급의 영도와 농민계급과의 동맹관

---

276) 中共中央文獻編輯委員會 編, 『毛澤東選集』 1卷, 北京, 人民出版社, 1991, 321쪽.

277) 中共中央文獻編輯委員會 編, 『毛澤東選集』 2卷, 北京, 人民出版社, 1991, 562쪽.

278) 中共中央文獻編輯委員會 編, 『毛澤東選集』 2卷, 北京, 人民出版社, 1991, 677쪽.

계를 통한 혁명의 주체성을 강조하였으며, 국민당의 압도적인 영향 속에서도 중국공산당의 독자성을 견지하고자 노력하였다.[279] 이제 보다 구체적으로 모택동이 실제적인 조사를 바탕으로 당시의 계급을 체계적으로 분석한 것을 살펴보겠다.

1926년 모택동은 상해에서 국민당 농민부 부장을 맡고 있었으며, 농민운동 조사관으로 호남에 파견되었다.[280] 그리고 1927년 1월 4일 부터 2월 5일까지 상담(湘潭), 상향(湘鄉), 형산(衡山), 예능(醴陵), 장사(長沙) 등 호남 5개 현에서 실제적인 방법으로 농민운동의 실태를 조사한 결과, 그해 3월에 모택동은 「호남농민운동 고찰보고」(이하 「호남보고」라고 약칭함)라는 보고서를 국민당과 공산당의 중앙위원회에 제출하게 된 것이다.

매우 실질적인 동기에서 출발한 「호남보고」의 서술방법의 특징을 보면 다음과 같다. 첫째, 「호남보고」는 실제로 호남성의 각 지역들을 다니면서 입장 차이가 있는 각종 계급들의 증언을 취합하고 종합적인 판단을 내린 글이다. 농민운동을 정확하게 분석하기 위해 운동의

---

279) 계급전쟁과 민족전쟁의 과정에서 형성된 모택동 사상은 '전쟁의 철학' 이기도 하다. 모택동의 군사사상에서 중요하게 대두되는 '인민전쟁론' 의 주요 특징들에 대해서는 다음을 참조할 것. 廖國良 外 2人, 『毛澤東軍事思想發展史』, 北京, 解放軍出版社, 2001, 329－342쪽.

280) 모택동이 국민당의 간부로 활동할 수 있었던 것은 국민당과 공산당이 合作한 결과다. 제1차 國共合作은 1923년 코민테른의 적극적인 개입 과 중국 공산당 및 중국 국민당의 상호 이익과 필요성으로 성립되었 지만, 1927년 국민당의 극우파 세력의 백색 테러로 결렬되고 만다. Lucien Bianco, *Origins of the Chinese Revolution 1915 － 1949*, trans. Muriel Bell, Stanford, Stanford University Press, 1967, 54－61쪽.

주체나 혁명의 대상을 가리지 않고 적극적으로 만나서 증언을 듣고 그것을 체계적으로 정리한 다음, 자신의 주장을 적극적으로 개진한 것이다. 둘째, 「호남보고」는 계급적 관점에서 농민운동을 명확하게 지지하는 보고서다. 「호남보고」가 실증적인 자료에 입각했다고 해서 가치판단이 중립에 놓여 있는 무미건조한 보고서는 아니다. 철저히 무산계급인 빈농 대중의 입장에서 농민운동을 규명한 것이다. 그리고 마지막으로 「호남보고」는 살아 있는 문체로 문제의 핵심을 중심으로 당시 농민운동의 실태를 적나라하게 묘사하고 있다. 예를 들어 「호남보고」에는 구어체로 당시의 정황을 생동감 있게 표현하여 읽는 사람으로 하여금 마치 농민운동의 현장에 있는 느낌을 준다.

역사적으로 볼 때 중국에는 수많은 농민전쟁이 있었으며, 특히 전근대 사회였던 중국에서 농민전쟁은 '전제왕조체제와 밀접불리(密接不離)의 정치현상'[281]이었다. 그러나 농민전쟁의 대부분은 실패로 끝났으며, 성공했을 경우라도 단순한 왕조교체에 머무는 한계를 지니고 있었다. 다시 말해 농민전쟁이 성공하더라도 기존 성왕 중심의 정치체제를 바꾸지 못하고, 봉건적인 왕조교체에 머물렀던 것이다. 이러한 농민전쟁들은 '농민을 위한' 봉건적 정치행태들 가운데 하나였지, '농민 중심의' 새로운 체제를 만들지 못했다. 이러한 점에서 근대 이행기 중국에서 전개된 '태평천국운동'은 유교적인 봉건체제를 붕괴시키는 데 커다란 기여를 했다.[282] 그러나 이 '태평천국운동'

---

281) 다니가와 미치오·모리 마사오 편, 『중국민중반란사』, 송정수 역, 서울, 혜안, 1996, 5쪽.
282) 참조. Joseph R. Levenson, *Confucian China and Its Modern Fate II*,

176

도 새로운 체제를 형성하지 못하고 결국 봉건적인 성왕 중심의 지배체제에 무릎을 꿇게 된다.

그런데 모택동은 「호남보고」에서 농민운동의 중심에 성왕이 아닌 농민을 내세운다. 그리고 이러한 그의 태도는 "일체의 제국주의, 군벌, 탐관오리, 토호열신[土豪劣紳; 지역유지와 비열한 향신], 모두는 장차 그들[농민들]에게 죽임을 당할 것이다. 일체의 혁명당파와 혁명 동지는 모두 장차 그들[농민들] 앞에서 검증되어 취사가 결정될 것이다."[283]라는 표현 속에 드러나 있다. 농민운동에 대한 이러한 평가는 일찍이 없었던 일로, 모택동이 농민 운동의 중심에 지주나 지식인이 아닌 농민을 주체로 내세웠기 때문에 가능한 것이었다.

그리고 모택동은 농민운동에서 개별적인 농민들이 아니라 자발적인 농민들의 조직형태에 주목한다. 그것이 바로 '농회'[農會: 農民協會의 약칭]다. '호남보고'가 작성될 당시인 1927년, '농회'에는 약 200만 명의 회원이 활동하고 있었다. 이것은 3개월 만에 농민운동의 열기 속에서 5배 가까이 증대한 숫자로 당시 호남농민운동의 전개양상을 알 수 있는 중요한 자료다. 당시 농민 운동의 중심인 '농회'의 대표적인 구호는 '토호열신을 타도하고, 일체 권력을 농회로'[284]였다. 농민들은 '농회'를 중심으로 결집하여 각 지역별로 봉건 지배층들의 '전통적 권위'를 타파하였으며, '농민 중심'의 새로운 지배질서를 형

Berkeley, University of California Press, 1966, 100－102쪽.
283) 中共中央文獻編輯委員會 編, 『毛澤東選集』 1卷, 北京, 人民出版社, 1991, 13쪽.
284) 中共中央文獻編輯委員會 編, 『毛澤東選集』 1卷, 北京, 人民出版社, 1991, 14쪽.

성하였다. 여기서 '농회'와 연관하여 일반적 의미의 '농민'이라고 표현했지만, 자세히 살펴보면 모택동은 '농민들' 가운데 '빈농(貧農)'에 주목하여 농민운동의 주체를 '농민' 일반이 아니라 '농민' 중에서도 특히 '빈농'으로 설정한다. 이러한 적극적인 주체의 설정은 모택동이 사회 계급을 정확히 분석했기 때문에 가능한 것이다.

구체적으로 모택동은 '농민'을 '부농'(富農), '중농'(中農), '빈농'(貧農)으로 나누어 각 계급의 특성과 혁명에 대한 그들의 태도를 분석한다.285) 여기서 부농에 대한 모택동의 계급분석에 따르면, '지주계급'에 속하며, 이 지주계급은 "중국의 낙후성과 가장 반동적인 생산관계를 대표하여 중국생산력의 발전을 저해한다."286) 따라서 그들은 '극단적인 반혁명파'이며, '농회'에 가입하지 않거나 가입하더라도 "농회에 열심히 참가하지 않고, 그들의 태도는 시종 소극적이었다."287) 모택동이 분석한 중농은 농민운동에 대해 '유동적인 태도'를 지니고 있었다. 중농의 경우, 계급적인 기반이 '소자산계급'으로 자신이 지닌 약간의 토지와 생산도구를 통해 그럭저럭 삶을 꾸려나갈 수 있기에, 농민운동에 대해 '그다지 적극적이지 않은'288) 태도를 보였다.

그렇다면 농민운동의 핵심은 누구인가? 모택동은 농촌에서 전개되

---

285) 中共中央文獻編輯委員會 編, 『毛澤東選集』 1卷, 北京, 人民出版社, 1991, 18－22쪽.
286) 中共中央文獻編輯委員會 編, 『毛澤東選集』 1卷, 北京, 人民出版社, 1991, 3－4쪽.
287) 中共中央文獻編輯委員會 編, 『毛澤東選集』 1卷, 北京, 人民出版社, 1991, 20쪽.
288) 中共中央文獻編輯委員會 編, 『毛澤東選集』 1卷, 北京, 人民出版社, 1991, 20쪽.

는 농민운동의 주요역량을 '빈농'(貧農)으로 파악한다. 그리고 이 빈농은 장사(長沙) 지역의 조사에 따르면 농민들 가운데 7할을 차지한다고 분석하고, "빈농이 없다면, 혁명이 없다. 그들을 부인한다면 곧 혁명을 부인하는 것이다."[289]라고 주장한다. 이와 같이 '빈농'에 대한 모택동의 계급분석은 「중국사회 각 계급의 분석」'에서 다룬 '반무산계급'(半無産階級), 즉 '반자경농'(半自耕農) 및 '빈농'(貧農)과 긴밀한 연관이 있다. '빈농'의 문제가 바로 중국의 농촌문제에서 가장 중요한 문제라는 것이다. 여기서 중요한 것은 모택동이 바로 '빈농'의 주체적인 '농민운동'을 통해 새로운 체제를 구축할 수 있다고 파악한 점이다.

위에서 서술하였듯이 모택동은 농민에 대한 계급분석을 토대로 새로운 형태의 농민혁명을 모색한다. 그는 혁명을 '폭동'으로 규정하여, 혁명은 '한 계급이 다른 한 계급의 폭압을 뒤엎는 행동'으로 이해하였다.[290] 여기서 한 계급은 '빈농'이며 다른 한 계급은 바로 '지주계급'임에 분명하다. 그리고 모택동은 '빈농'을 농민혁명의 주체로 설정하고, 혁명대상인 '지주계급'에 대해 폭력적인 방식으로 기존 지배질서를 붕괴시키고, '빈농' 중심의 새로운 지배질서를 추구한 것이다. 이러한 모택동의 농민혁명관은 당시 중국 공산당 지도부에 의해 의도적으로 거부되었다. 진독수(陳獨秀; 1880-1942)를 대표로 하는

---

289) 中共中央文獻編輯委員會 編, 『毛澤東選集』 1卷, 北京, 人民出版社, 1991, 20쪽.
290) 中共中央文獻編輯委員會 編, 『毛澤東選集』 1卷, 北京, 人民出版社, 1991, 20쪽.

중국 공산당의 지도부는 오직 도시의 프롤레타리아트, 즉 노동자계급에 주목하여 끊임없는 노동운동을 전개하였지만, 그 결과 국민당 극우파를 대표하는 장개석(蔣介石; 1887-1975)에 의해 공산당 조직이 와해되기에 이르렀다. 이러한 상황에서 모택동은 1927년 10월 정강산에 새로운 근거지를 마련하여 열악한 상황 속에서도 농민주체의 농민혁명을 활발하게 전개하였다. 이때부터 모택동은 농촌 근거지에서 무장투쟁을 전개하며 토지개혁을 실시하는 등 농민 중심의 혁명 전략을 수립하게 되었다. 이러한 농민 중심의 혁명은 '중국적' 특색을 갖춘 모택동 사상의 혁명 이론으로 발전하였다. 예를 들어 1934년 국민당 군대의 포위 작전으로 어쩔 수 없이 만리장정을 감행하여 큰 희생을 치르고 1935년 연안 지역에 도착한 중국 공산당은 농민 중심의 인민 혁명 노선을 견지하면서 모택동 사상을 성립시킬 수 있었으며, 1949년에는 마침내 중화인민공화국을 수립할 수 있었다. 따라서 중국의 혁명에서 인민의 대다수를 차지하는 농민이 담당한 결정적 역할은 아무리 강조해도 지나치지 않는다.[291]

모택동 사상의 계급적 인간 개념인 '人民'이 중국혁명에 역사적으로 어떠한 논리를 구성하였는지는 중요한 논의의 대상이다. 모택동 사상에서 '역사는 인민이 창조하는 것'[292]이며, 여기서 인민은 구체

---

291) 무어는 중국의 농민이 한 역할을 '중국의 구질서를 폭파시킨 다이너마이트 역할'로 파악하고, 러시아 혁명의 농민 역할보다 '더 큰 것'으로 평가한다. 베링턴 무어, 『독재와 민주주의의 사회적 기원』, 진덕규 옮김, 서울, 까치, 1985, 241-242쪽.

292) 中共中央文獻研究室 編, 『毛澤東文集』 3卷, 北京, 人民出版社, 1996, 88쪽.

적으로 '노동자, 농민, 병사, 도시의 소자산계급'293)을 의미한다. 그
리고 무엇보다 인민은 중국 사회혁명의 중요한 주체이자 역사의 새
로운 주체로 규정된 것이다. 과거 중국의 전통철학에서 인민은 백성
이란 이름으로 불리면서 언제나 통치의 대상이었지, 통치의 주체인
적은 없었다. 이런 면에서 흔히 언급되는 중국의 전통적인 유교 철
학의 민본(民本) 사상이나 위민(爲民) 사상은 근본적인 한계를 안고
있는 것이다.294) 이러한 점을 고려하면 모택동 사상의 계급적 인간
개념은 지극히 혁명적인 특성을 지니고 있는 사유체계다.

또한 모택동 사상에서 인민의 자각적 능동성은 식민지적 또는 봉
건적 생산관계를 적극적으로 사회주의적 생산관계로 전환시킴으로써
생산력의 발전을 도모하는 역할을 한다. 특히 1949년 중화인민공화국
이 수립된 이후 인민의 자각적 능동성은 생산력발전의 결정적 요소
로 다시 등장하며 끊임없이 강조된다. 모택동이 주장하는 새로운 사
회주의적 인간형은 당시 중국의 열악한 생산력의 수준을 고양시키기
위해 인민의 매우 헌신적인 노동을 바탕으로 한 것이다. 예를 들어
1958년에서 1960년까지 대약진 운동 시기에 중국의 생산력을 증대하
기 위해 헌신한 인민의 엄청난 노력과 처절한 희생은 놀라울 정도
다.295) 그런데 그 헌신적 노동은 일시적으로 효과가 있을지는 몰라도,

---

293) 中共中央文獻編輯委員會 編, 『毛澤東選集』 3卷, 北京, 人民出版社,
　　　1991, 855쪽.
294) 유교와 민주주의의 상호연관을 비판한 논문은 다음을 참조할 것. 김원
　　　열, 「유교민주주의론에 대한 비판적 고찰」, 『우리 시대의 민주주의에
　　　대한 철학적 반성과 전망』, 광주, 범한철학회 봄 학술발표회 자료집,
　　　2002, 41－66쪽. 특히 60－61쪽.

장기간 계속되기 어려운 매우 힘든 노동이라는 점에 문제가 있다.

그러나 이러한 문제점에도 불구하고 인민을 중심으로 한 모택동의 계급적 인간 개념은 적어도 소수 특권 계급이나 계층의 이익보다는 인민의 전체 이익을 중시했다는 사실이 중요하다. 게다가 그 계급적 인간 개념은 인민의 이익이 타율적으로 지켜지는 것이 아니라 인민이 능동적인 주체가 되어 철저히 인민의 이익을 관철시키려고 했던 매우 실천적인 사유 체계라는 점에서 그 사상사적 의의가 평가절하될 수는 없는 것이다. 다음 절에서 다룰 평등 지향의 무한한 사회적 실천 논리는 바로 인민 중심의 계급적 존재로 인간을 파악한 사유 방법이 중국의 문화대혁명(文化大革命)이란 현실 속에서 구체적으로 진행되었던 역사적 실험을 바탕으로 한 것이다.

제3절 현실의 구속을 해방시키는 영원한 실천

모택동 사상의 '계급적' 인간 개념의 특징들 가운데 하나는 공산당 지배구조를 포함한 기존 지배체제들에 대해 끊임없이 혁명의 논리를 전개한다는 점이다. 예를 들어 모택동은 자신이 몸담고 있는

---

295) 페어뱅크는 중국의 대약진운동(the Great Leap Forward)에 대해 전반적으로 개괄하고 체계적으로 서술하고 있다. John King Fairbank, *China; a new history*, Cambridge, Harvard University Press, 1992, 368-382쪽.

공산당에 대해 다음과 같이 말한다. "공산당을 만들고 발전시키는 것은 바로 공산당과 모든 정당제도를 소멸시키는 조건을 준비하는 것이다."296) 이렇게 자신이 몸담고 있는 공산당조차 혁명의 대상으로 삼는 것은 그 비슷한 사례를 찾기 어려운 사회역사적 변증법의 논리다. 그리고 실천적 측면에서도 1966년 모택동은 인민의 혁명적 요구를 반영한 문화대혁명(文化大革命)을 전개하여, 당시 공산당 지도부에 대해 혁명적 태도를 견지하였다. 이와 같이 모택동 사상의 인간 개념은 인식주체인 인간 자신이나 공산당 자체도 혁명의 대상으로 삼는 매우 혁명적인 인식논리인 것이다.

1966년 발생한 중국의 문화대혁명은 모택동 사상의 혁명론이 지향하는 바를 분명하게 보여주는 대표적 사례다.297) 문화대혁명이 전개되던 당시 철학적 측면에서 가장 문제가 되었던 것은 '수정주의'(修正主義)와 '봉건주의'(封建主義)였다. 그리고 그 속에 내재된 심각한 문제는 바로 일반 민중과 특권층의 불평등한 현실이었다. 다시 말해 문화대혁명 당시 가장 문제가 되었던 '수정주의'와 '봉건주의'의 문제는 불평등한 현실의 모습을 이념적 형태로 포착한 혁명 투쟁의 대상들이었던 것이다. '수정주의'에 대한 반대 투쟁은 1966년부터 1971년까지 지속적으로 이루어졌는데, 이것은 같은 사회주의 국가였

---

296) 中共中央文獻編輯委員會 編, 『毛澤東選集』 1卷, 北京, 人民出版社, 1991, 329쪽.

297) 문화대혁명의 발생원인, 전개과정, 혁명의 주체, 그리고 역사적 평가에 대한 논문은 다음을 참조할 것. 김원열, 「민중의 관점에서 바라본 문화대혁명」, 『시대와 철학』 제14권 2호, 서울, 한국철학사상연구회, 2002, 가을, 455-476쪽.

던 중국과 소련의 현실적인 대립이었던 중·소 분쟁과 긴밀한 연관이 있는 것이다. 그리고 중국의 현실 문제에 대한 진단과 해결 방법에서 모택동과 유소기는 정책적으로 다른 노선을 걷고 있었으며, 이 '두 노선'(two lines)은 서로 타협할 수 없는 모순의 양상을 보여주고 있었다.[298] 따라서 같은 사회주의 국가인 소련과 국내의 수정주의를 비판한 모택동의 의도는 불평등한 국가 관계와 불평등한 사회 구조에 대한 부정이었다.

그렇다면 문화대혁명 당시 '봉건주의'에 대한 비판은 어떤 근거하에 이루어졌는가? 중국의 현실적 낙후성을 반영하는 봉건적 의식인 '네 가지 오래된 것들'(四舊)인 '과거의 사상, 과거의 문화, 과거의 풍습, 과거의 관습'에 대한 홍위병의 비판[299]과 이후 '임표와 공자를 반대하는 운동'(非林非孔)의 전개[300]는 바로 낙후한 봉건적 의식이 사회주의 중국의 발목을 단단히 붙잡고 있었기 때문에 발생한 것이다. 다시 말해 '봉건주의'에 대한 비판은 사회주의적 평등 의식으로 당시 만연해 있던 불평등한 봉건적 신분의식을 철저히 극복하려는 과정에서 이루어진 것이다. 따라서 문화대혁명 시기에 이루어진 '수정주의'와 '봉건주의'에 대한 비판은 바로 평등을 지향하는 사회적

---

298) 스노우는 모택동의 용어를 빌려 '두 노선'의 투쟁 과정을 '비적대적 모순이 적대적 모순으로 된다.'고 파악한다. Edgar Snow, *China's Long Revolution*, Middlesex, Penguin Books, 1974, 28쪽.
299) 김원열, 「민중의 관점에서 바라본 문화대혁명」, 『시대와 철학』 제14권 2호, 서울, 한국철학사상연구회, 2002, 가을, 462−465쪽.
300) 김원열, 「민중의 관점에서 바라본 문화대혁명」, 『시대와 철학』 제14권 2호, 서울, 한국철학사상연구회, 2002, 가을, 470쪽.

실천과 사회적 의식 속에서 가능했던 것이다.

　문화대혁명에서 주장된 평등 지향의 논리가 단지 이념으로 그친 것이 아니라 중국 사회 전반에 걸쳐 '평등주의'를 구체적인 제도와 체계를 갖춘 것에 역사적 의의가 있다. 예를 들어 문화대혁명을 통해 민중의 평등한 이익을 확보할 수 있는 계기가 마련되었는데, 구체적으로 교육, 의료, 여성 분야에서 평등의식의 제도화가 잘 나타난다.[301] 문화대혁명의 평등주의 사상이 심화되고 있던 불평등한 현실을 혁파하는 적극적 역할을 한 것은 분명한 역사적 사실이다. 그렇다면 문화대혁명에서 평등을 지향하는 의식은 어떤 논리적 근거를 갖고 있는 것인가? 그것은 바로 '평등지향의 계속혁명'의 논리다.

　'계속혁명'(繼續革命)은 문화대혁명 당시에 본격적으로 제시된 논리였는데,[302] 그 이론적 연원은 모택동이 자신의 '사회역사 변증법'의 체계를 수립하던 1930년대 후반에 이미 시작되었다. 일찍이 모택동은 「모순론(矛盾論)」에서 '모순'의 '보편성'을 다음과 같이 설명했다. "모순의 보편성 혹은 절대성의 문제에는 두 측면의 의의가 있다. 첫 번째는 모순이 모든 사물의 발전과정에 존재한다는 것이고, 두 번째는 한 사물의 발전과정마다 처음부터 끝까지 모순운동이 존재한다는 점이다."[303] '모순'과 '모순운동'의 보편성을 주장하는 모택동의

---

301) 김원열, 「민중의 관점에서 바라본 문화대혁명」, 『시대와 철학』 제14권 2호, 서울, 한국철학사상연구회, 2002, 가을, 470－471쪽.
302) 참조. 任俊明・安起民 主編, 『中國當代哲學史』 下, 社會科學文獻出版社, 1999, 278쪽.
303) 中共中央文獻編輯委員會 編, 『毛澤東選集』 1卷, 北京, 人民出版社, 1991, 305쪽.

사유체계에는 인간 사회 또한 '모순' 및 '모순운동'의 보편성이 존재한다는 '사회역사적 변증법'이 깃들어 있다. 그래서 모택동은 사회적 제도나 공산당과 같은 기구의 계급모순을 언급하고, 그 모순을 해결하기 위한 사상투쟁을 다음과 같이 매우 중시한다. "당내의 다른 사상의 대립과 투쟁은 항상 발생하는 것이며, 이것은 사회의 계급모순과 새롭거나 오래된 사물의 모순을 반영한 것이다. 만약 당내에 모순이 없거나, 모순을 해결하려는 사상투쟁이 없다면 당의 생명도 곧 정지될 것이다."[304] 이와 같이 모택동은 존재하는 모든 것은 '모순'과 '모순운동'이 있다는 '모순'의 '보편성'을 강조하고 있으며, '모순'의 상반된 두 측면이 대립하거나 투쟁하는 것을 필연적인 법칙적 현상으로 이해하고 있는 것이다. 이러한 모택동의 사회역사적 변증법의 논리는 문화대혁명 당시 격화되었던 중국 공산당 내의 사상투쟁이나, '계속혁명'의 전개를 이해하는 데 적합한 근거를 제공해 준다.

모택동에게는 '모순'이 보편성뿐만 아니라 '특수성'도 지니고 있는 것으로 이해된다. 그는 '혁명'의 대상인 '중국사회'의 모순을, 구체적으로 '중국사회의 불평등한 현실'을 모순의 '특수성'으로 파악한다. 그리고 중국사회의 '특수한' 모순을 해결하기 위해 그는 '모순'의 '특수성'에 대한 탐구를 과학연구의 차원으로 고양시킨다.[305] 이 모순의 '특수성'을 설명하는 과정에서 모택동은 일본과 전쟁을 수행하

---

304) 中共中央文獻編輯委員會 編, 『毛澤東選集』 1卷, 北京, 人民出版社, 1991, 306쪽.
305) 中共中央文獻編輯委員會 編, 『毛澤東選集』 1卷, 北京, 人民出版社, 1991, 309쪽.

던 당시의 중국 현실 속에서 '주요한 모순'과 '부차적인 모순'의 전환을 언급한다. 예를 들어 모택동은 '부차적 모순'이 '주요한 모순'으로 전환되는 과정을 다음과 같이 서술한다. "중국과 같은 반(半)식민지의 국가는 주요모순과 부차적인 모순의 관계가 복잡한 정황을 나타낸다. 제국주의가 이러한 국가에 대해 침략전쟁을 감행할 때, 이러한 국가 내부의 각 계급들은 일부 매판적인 사람들을 제외하고 일시적으로 단결하여 제국주의에 반대하는 민족전쟁을 전개할 수 있다. 이때 제국주의와 이러한 국가의 모순은 주요한 모순이 된다."[306] 이와 같이 모택동의 '모순의 특수성'에 입각한 '주요모순'의 논리는 일본과 맞선 민족전쟁을 승리로 이끄는 데 커다란 역할을 하였다. 1937년 당시 중국 공산당 내의 교조주의자들과 대립적인 입장에 있던 모택동은 '모순의 특수성'과 '주요모순'의 논리를 통해 교조주의, 즉 기계적인 유물론을 극복할 수 있었던 것이다.[307]

'모순'에 관한 논리에서 '계속혁명'과 긴밀히 연관되는 것은 바로 '대립물의 투쟁과 통일'에 관한 모택동의 견해다. 그는 모순의 대립물들이 서로 통일되거나 서로 대립하는 것을 다음과 같이 표현한다. "대립의 통일은 조건적이고 일시적이며 상대적이지만, 대립의 상호 배제

---

306) 中共中央文獻編輯委員會 編,『毛澤東選集』 1卷, 北京, 人民出版社, 1991, 320－321쪽.

307) 모택동이『實踐論』과『矛盾論』을 통해 해결하려던 문제는 중국공산당 내에 만연하고 있던 教條主義다. 구체적으로 당시에 교조주의를 대표했던 것은 소련의 비호하에 있던 王明노선이며, 이 노선의 가장 심각한 문제는 중국의 실정과 상관없이 기계적으로 소련의 이론을 중국에 적용한다는 점이다. 다음을 참조할 것. 中共中央文獻編輯委員會 編,『毛澤東選集』1卷, 北京, 人民出版社, 1991, 282쪽, 299쪽.

하는 투쟁은 절대적이다."308) 이와 같이 대립의 투쟁을 '절대적'인 것
으로 파악하는 그는 중국 사회의 모순을 끊임없이 해결하려는 혁명적
투쟁을 주장하고 있는 것이다. 모택동이 인간 사회의 투쟁을 절대적
으로 파악하고 계속혁명을 주장한 것은 스탈린(Iosif Vissarionovich
Stalin; 1897-1953)이 일국사회주의(一國社會主義)를 내세우며 투쟁
을 상대적으로 파악한 것과 대조적인 현상이다.

  '대립물의 투쟁과 통일'에 대한 모택동의 해석은 '동일성'과 '투쟁
성' 및 '보편성'과 '특수성'의 상호관계를 다음과 같이 사회역사적 변
증법의 방법을 통해 보다 분명하게 규명한다. "동일성 가운데 투쟁
성이 존재하고, 특수성 가운데 보편성이 존재하며, 개별성 가운데 공
통성이 존재한다."309) 이러한 규정은 현상적으로 평화로운 상태처럼
보일 때에도 투쟁의 불씨는 살아 있으며, 근본적으로는 모든 존재의
운동은 모순과 투쟁으로 가능하다는 논리를 기반으로 한 것이다.

  중국의 사회적 모순을 극복하려는 모택동의 혁명 논리는 항일전쟁
시기에 머무는 것이 아니라, 중화인민공화국 수립 이후 사회주의 국
가 건설기나 문화대혁명 시기에도 '계속혁명'의 논리로 이어진다. 예
를 들어 1937년 「모순론」의 '대항적 모순'과 '비대항적 모순'의 상호
전화에 대한 논의나310) 같은 해 「차별과 모순 문제에 관하여」의 '차

---

308) 中共中央文獻編輯委員會 編, 『毛澤東選集』 1卷, 北京, 人民出版社,
    1991, 333쪽.
309) 中共中央文獻編輯委員會 編, 『毛澤東選集』 1卷, 北京, 人民出版社,
    1991, 333쪽.
310) 中共中央文獻編輯委員會 編, 『毛澤東選集』 1卷, 北京, 人民出版社,
    1991, 335쪽.

별'과 '모순' 문제 논의는[311] 중화인민공화국이 수립된 이후 1957년 「인민 내부의 모순을 정확히 처리하는 문제에 관하여」[312]의 '인민 내부 모순'에 대한 논의로 이어지는 것이다. 이러한 모택동 사상의 전개는 특수한 중국 사회의 모순을 구체적으로 분석하고, 적극적으로 모순을 해결하려는 실천적 노력에서 비롯된 것이다. 확실히 모택동 사상에서 '실천'의 중요성은 아무리 강조해도 지나치지 않는다. 왜냐하면 모택동은 「실천론」에서 인간의 자아의 개조와 세계 개조의 핵심으로 '실천'을 다음과 같이 중요하게 다루고 있기 때문이다. "실천을 통해 진리를 발견하고, 또한 실천을 통해 진리를 검증하며 진리를 발전시킨다. 감성 인식에서 능동적으로 이성 인식으로 발전하고, 또한 이성 인식으로 능동적으로 혁명실천을 지도하며, 주관 세계와 객관세계를 개조한다."[313] 모택동의 '실천' 개념은 일상적인 행동을 가리키는 것이 아니라 '사회적 실천'을 뜻하며, 그 사회적 실천은 유한한 일시적 실천이 아니라 무한한 영속적 실천을 의미하며, 無限한 사회적 실천의 대상이 주관과 객관의 세계를 모두 포함한다는 점에서 주목할 가치가 있다. 이러한 무한한 '사회적 실천'의 논리가 있었기에, 문화대혁명 당시 '중국인 스스로의 개조'와 '중국 사회 개조'를 강조하는 평등 지향의 '계속혁명'이 출현할 수 있었던 것이다.

---

311) 中共中央文獻硏究室 編, 『毛澤東文集』 2卷, 北京, 人民出版社, 1993, 31-32쪽.
312) 中共中央文獻硏究室 編, 『毛澤東文集』 7卷, 北京, 人民出版社, 1993, 204-244쪽.
313) 中共中央文獻編輯委員會 編, 『毛澤東選集』 1卷, 北京, 人民出版社, 1991, 296쪽.

모택동의 인간 개념은 중국의 전통철학적 인간 개념과 비교할 때, 보다 분명한 차이가 드러난다. 중국의 전통적인 유교철학의 '자연적 인간'이나 '본성적 인간'은 '객관 세계'를 인간 자신을 위해 적극적으로 개조하기보다는 있는 그대로의 '객관 세계'에 안주하고, '주관 세계'를 '객관 세계'에 적응시키는 관념적 사유체계에 속한다. 그러나 모택동의 인간 개념은 '혁명적 실천'을 통해 '객관 세계'와 '주관 세계'를 철저히 개조하고, 두 세계의 간극을 통일시키는 유물변증법적 사유체계에 속하는 것이다. 그리고 '인간의 본성' 문제에서 전통적인 유교철학의 '본성적 인간' 개념은 '추상적인' 인간 본성을 주장하지만, 모택동 사상의 인간 개념은 명확히 '구체적인' 인간 본성을 주장하고, 인간의 계급적 기반을 중시한다.[314] 따라서 모택동 사상의 인간 개념은 민중이나 인민과 같은 계급적 인간이 자기 자신과 사회, 그리고 자연 세계를 적극적으로 개척하는 매우 능동적인 존재라는 특성을 지닌다.

모택동 사상이 구체적으로 구현된 역사적 사실들 가운데 흔히 철학 연구자들이 간과하고 있는 것은 바로 인식 주체인 계급적 인간이 인식 대상인 '자연'을 적극적으로 개척하는, 즉 '자연'을 대상으로 혁명적으로 투쟁하는 논리적 근거를 모택동 사상이 제공한다는 점이다. 손문의 국민혁명이 봉건시대를 상징하는 '변발'(辮髮)과 '전족'(纏足)을 역사의 무대 뒤로 내몰았지만, 중국의 자연 재해나 식량 문제 등을 해결했던 것은 아니다. 중화인민공화국이 수립된 1949년

---

314) 中共中央文獻編輯委員會 編, 『毛澤東選集』 3卷, 北京, 人民出版社, 1991, 870쪽.

이래 중국은 수많은 자연재해에 부딪혔지만, 그 와중에서도 '자연과의 힘겨운 투쟁'을 통해 식량 문제 등을 구체적으로 해결해나갔다. 이 과정에서 인간의 능동적인 실천을 중시하는 모택동 사상은 매우 적극적인 작용을 했음에 틀림이 없다. 이런 점에서 자연에 대한 모택동의 투쟁을 '전쟁'이라고 명명하는 것도 무리가 아니며, 자연에 대한 투쟁의 측면에서 모택동 사상이 중국의 자연 순응적 전통을 거부한다는 것은 다시 한 번 강조될 필요가 있다.[315]

확실히 중국의 전통적인 자연 인식에서는 거대한 자연 현상에 대해 인간이 대립하고 투쟁하며 그 자연을 적극적으로 개척하거나 정복하는 철학이 매우 드물었으며, 주로 거대한 자연 현상을 어쩔 수 없는 현상으로 여기거나 자연의 질서에 순응하는 사유가 중국의 전통적 방법의 일반적 특징이다. 이런 점에서 모택동 사상은 객관세계인 자연을 적극적인 개척의 대상으로 삼은 사유체계이며, 그 논리적 방법은 바로 변증법적 유물론에 기반하고 있다는 점에서 과거 중국의 전통적인 자연적 세계관과는 근본적으로 다르다는 것을 확인할 수 있다. 이러한 자연 개념의 차이가 중국 철학의 인간 개념을 전혀 다르게 전환시켰다는 사실이 중요하다. 예를 들어 중국의 전통철학에서 인간은 매우 소극적 존재로 기존 사회질서에 순응적인 특징이 있는 데 반해, 모택동 사상의 인간은 매우 적극적인 존재로 과거의 계급질서를 전복하는 데 능동적으로 참여한다는 특징이 있는 것이다.

마지막으로 인간의 주관세계 개조의 문제를 중국의 전통철학과 모

---

315) Judith Shapiro, *Mao's War against Nature*, Cambridge, Cam‒bridge University Press, 2001, 8쪽.

택동 사상과의 비교를 통해 얼마나 두 사유체계의 방법이 다른가를 살펴보고자 한다. 중국의 전통철학에서 인간 개인은 독립적으로 존재하는 것이 아니라 가족의 구성원이나 지역의 구성원과 같이 소규모 공동체 속에서 비자립적으로 존재한다. 이런 상황에서 혈연적인 도덕적 가치나 가부장적인 유교 윤리의 덕목을 철저히 내면화하는 '수양'(修養)의 논리는 개인의 인격을 유교적 가치에 굴복시키고, 결국은 자신의 자유로운 욕구와 개성을 억압하는 결과를 초래한다.[316] 따라서 중국의 전통적인 인간 개념에서 강조되는 '수양'의 논리는 기존 지배질서의 정당화 논리인 것이다.

중국의 전통철학인 송대 신유학이 '정'(靜) 철학이나 '경'(敬) 철학을 중심으로 하는 데 반해, 모택동 사상은 '운동'(動) 철학을 기초로 하고 있다. 예를 들어 그는 다음과 같이 설명한다. "주희는 경(敬)을 중시하였으며, 육구연은 정(靜)을 중시하였다. 경(敬)은 움직이지 않는 것으로, 또한 고요한 정(靜)의 상태일 뿐이다……(중략)……정좌법(靜坐法, 조용히 앉아 수양하는 방법: 역자 주)은 주희와 육구연의 무리들이 모두 존중한 것이다. 근래에 장유교(蔣維喬)라는 자가 정좌법(靜坐法)을 말하니, 그 방법의 신묘함을 스스로 뽐내지만 운동을 비천하게 여겨 그 신체를 스스로 훼손한다."[317] 모택동은 운동을 배제

---

316) 주돈이의 主靜, 주희의 居敬, 왕수인의 心學 등의 수양 논리가 추구하는 것은 기본적으로 인간의 개인적 욕망에 대한 억압과 기존의 자연 및 사회 질서에 대한 순종이다. 이에 대한 상세한 설명은 본 논문의 제3장을 참조할 것.

317) 中共中央文獻研究室 編, 『毛澤東早期文稿』, 長沙, 湖南出版社, 1995, 69쪽.

하는 당시의 경향을 주희의 '경'(敬) 철학과 연관하여 비판적으로 고찰한 다음, 자신의 철학적 방법을 '운동'(動)으로 제시한다. "하늘과 땅[자연]에는 오직 운동이 있을 뿐이다."318) 여기서 모택동이 전통철학의 정적인 수양의 논리를 비판하고 활력에 넘치는 운동을 중시한 것은 식민지로 전락하던 중국의 정적(靜的) 현실에 대한 날카로운 문제의식이 발현된 결과다. 이 과정에서 모택동이 중국의 전통철학에 대해 핵심적인 비판을 한 것은 당시에 매우 설득력 있는 논리였다.

　문제의 핵심은 중국의 전통철학에서 강조되는 '본성적' 인간이 아무리 '수양'을 강조한다고 해도, 자신의 주관세계를 근본적으로 변화시킬 가능성이 별로 없다는 사실이다. 왜냐하면 인간의 주관세계 개조는 객관세계의 개조와 밀접한 관계가 있기 때문이다. 다시 말해 인간은 사회적 실천이나 사회적 노동을 통해 객관세계를 적극적으로 개조하면서 비로소 인간 자신의 근본적인 변화와 발전이 가능한 것이다. 모택동 사상의 '계급적' 인간은 무엇보다 객관세계의 근본적 개조를 위해 '실천'하거나 '노동'하는 가운데 현실적인 환경의 변화와 함께 주관세계인 자신이 근본적으로 발전하는 것을 확인할 수 있게 된다. 이와 같이 중국의 전통철학과 모택동 사상은 주관세계의 개조 문제에서도 근본적인 차이가 있는 것이다.

　'주관(主觀)과 객관(客觀)'의 문제는 '개인(個人)과 사회(社會)'의 문제와 밀접한 연관이 있다. 물론 '개인'을 절대적으로 사회와 대립적인 존재로 파악하는 것은 고도의 추상적 관념에서나 가능한 것이

---

318) 中共中央文獻硏究室 編,『毛澤東早期文稿』, 長沙, 湖南出版社, 1995, 70쪽.

다. 왜냐하면 인간은 절대적으로 고립된 '개인'일 수 없으며, 어떤 식으로든 '사회성'을 지닌 '개인'으로 삶을 영위하는 존재이기 때문이다. 그런데 '개인과 사회'의 문제를 절대적인 이분법적 논리로 사고하는 것은 계급적 인간, 즉 구체적인 현실적 인간을 외면하게 만들어 공허한 논의가 되기 쉽다. 이런 점에서 모택동은 개인의 의견을 제일로 삼는 자유주의가 '기회주의의 표현'이라고 비판한다.[319] 따라서 이러한 문제를 해결하기 위해서는 '개인과 사회'의 문제를 거론할 때 인간의 '사회성'을 중심으로 구체적인 현실에 대해 구체적으로 분석하는 가운데 '개인적 문제'로 보이는 것을 '사회적 차원의 문맥'으로 파악하는 것이 필요하다.

또한 '개인과 사회'의 문제에서 '개인'은 생물학적이나 사회적으로 볼 때, 그가 지닌 나이의 차이, 성별의 차이, 재산의 차이, 권력의 차이, 지식의 차이 등 개인들 서로 간의 차이가 적지 않기 때문에 인간을 획일적으로 동일한 '개인'으로 취급하여 '사회'와 비교하는 것은 상당히 비합리적인 논의 구도다.[320] 이것을 '개인의 이익'이란 측면에서 바라볼 경우에도 마찬가지 결과가 도출된다. 인간은 제각각 자신의 이익을 추구하는데 그 이익이 항상 동일한 것은 아니기

---

319) 中共中央文獻編輯委員會 編, 『毛澤東選集』 2卷, 北京, 人民出版社, 1991, 359－361쪽.

320) 개인의 사회성을 배제하고 획일적으로 개인의 권리를 추상화하는 것은 근대 자본주의의 발생 및 전개과정에서 두드러지게 나타난 것이다. 실제 역사적 결과는 이 추상적 개인의 자유와 이익이 사실은 자본가 계급의 자유와 이익이었음을 보여준다. 고전적인 부르주아 자유주의와 개인주의에 대해서는 다음을 참조할 것. 에릭 홉스봄, 『혁명의 시대』, 정도영·차명수 옮김, 서울, 한길사, 1998, 437－448쪽.

때문이다. 그러므로 '개인과 사회'의 문제나 '개인의 이익' 문제는
사회적인 불평등의 문제 및 계급의 문제와 연관해서 고찰되는 것이
타당하다.

　이런 점에 근거할 때, 중국의 전통철학에서 봉건적인 신분질서를
성왕 중심의 논리로 체계화한 것은 사회적인 불평등 문제를 그대로
온존시키는 매우 보수적인 역할을 한 것이다. 이에 반해 모택동 사
상의 계급적 인간 개념은 구체적인 사회적 현실의 불평등한 관계를
적극적인 혁명을 통해 평등한 관계로 뒤바꾸려는 매우 진보적인 사
유 방법인 것이다. 모택동 사상의 계급적 인간 개념이 현실 속에서
실험된 것이 바로 중국의 문화대혁명이며, 이 문화대혁명은 끊임없
이 '평등'을 지향한 사회적 실천이었다.[321]

　중국의 전통적인 사유체계 속에서 기능한 '자연적' 인간과 '본성
적' 인간관은 마침내 모택동 사상에 이르러 역사적 파산선고를 받았
으며, 중국 철학의 인간 개념은 모택동 사상을 통해 근본적으로 변
화하는 계기가 되었다. 현대 중국의 건설과정과 함께 이루어진 모택
동 사상이 중국의 전통적 세계관을 대변하는 '성왕 중심'에서 '백성'
의 즉자적 수동성을 붕괴시키고 '인민 중심'의 '자각적 능동성'을 최
대한 고양시켜, 객관세계와 주관세계인 사회·자연·사유를 새롭게
개척한 초윤리(Metaethik)의 사상을 형성한 것은 바로 전통적인 방법
의 근본적 전환에서 가능할 수 있었다.

---

321) 덜릭은 문화혁명의 특징을 '격렬한 평등주의 사상'으로 규정짓는다.
　　다음을 참조할 것. 아리프 덜릭, 「혁명없는 사회주의」, 『10억인의 나
　　라』, 두레, 1993, 82쪽.

제6장 결 론

지금까지 중국 철학에서 논의된 인간의 문제를 인식론적 측면에서 즉자적인 풍습(Ethos), 대자적인 도덕(Moral), 고양된 상호교섭의 윤리(Ethik), 숙고적인 초윤리(Metaethik)라는 문화인류학적 의식전환의 방법으로 분류하였다. 중국의 전통 사상이 인간과 자연의 '동일성'에 기반을 둔 '자연적 백성'(自然的 百姓)인 데 반해 모택동 사상은 인간과 자연의 차별성과 인간과 인간의 사회적 차이에 기초한 '계급적 의식의 인민'(階級的 意識의 人民)이다. 이러한 인간관의 변화는 전통 철학에 대한 지양(止揚; aufheben)의 과정을 거친 발전이었다. 특히 중국의 전통 사상이 거대한 자연 속에 매몰된 왜소한 '수동적'(受動的; passive) 인간을 주제로 하는 데서 "자연과 인간은 하나다."(天人合一)라는 '순수 본질'의 방법에 기초한 것과는 다르게 모택동의 사상은 신비한 주술적 자연과 계급적 모순의 사회에 맞서는 능동적(能動的; active) 인간을 제시함으로써 인간과 자연의 실제적인 차이를 명확히 드러낸 획기적인 인식 방법의 전환이다.

'인간과 자연'의 교섭관계에서 볼 때, 중국의 전통 철학은 주로 인간이 '자연적 질서'(自然的 秩序; natural order)에 순종할 것을 강조하고, '사회적 질서'(社會的 秩序; social order)에 대한 변화의 논의를 회피하였다. 중국의 전통 철학이 인간과 자연의 차이점보다 공통점에 주목하는 것은 인간과 자연의 '동일성'에 기반을 둔 논리다. 예를 들어 오로지 생명의 측면에서만 식물, 동물, 고등동물, 인간을 바라보면 차이점을 발견하기 어렵게 된다. 그러나 '이성'(理性)이나 '사회성'(社會性)을 기준으로 한다면, 자연의 구성물들과 인간은 분명한 차이가 있게 된다. 중국의 자연에 대한 인간의 문제는 그것들의 차이를 규명하는 기준의 합리성이 결여되었다는 점이다. 다시 말해 중국의 고대철학은 그리스 고대 철학에서와 같이 인간과 자연을 이성(理性)의 유무로 구분하는 합리적 기준을 지니지 못했다. 이러한 문제는 중국의 철학에서 사상적 인습(因襲)처럼 전승되어 '자연적' 인간의 '전형화'(典型化)가 이루어지고, 마침내 역사성을 배제한 '본성적' 인간, 즉 생명의 문제만을 주제로 했기 때문에 중국의 전통철학은 생물의 본성을 집중적으로 논의한 것이다.

중국의 전통철학, 특히 송대 성리학과 명대 심학(양명학)에서 인간의 위치는 '감각충동적' 존재, '본성적' 존재, 그리고 '선험적 정신'의 존재로 전환된다. 여기서 각각의 인간은 감정과 충동이 혼합되어 있는 무의식(無意識)의 존재이거나, 생명적 본능을 지닌 동물과 명확히 구별되지 않는 선천적(先天的) 존재이거나, 사물이나 동물과 분명히 구분되는 마음(心), 즉 정신의 존재인 것이다. 다시 말해 식물·동물·인간이 구분되지 않는 풍습(Ethos)적 인애(仁愛)라는 즉자적 존재의 단계에서 그 차이점으로 도덕(Moral)적 의리(義理)를 제시하는 대자적 존재의 단계로 전환하게 된다.

17세기 이후 중국과 서양의 교류과정을 살펴보면 타문화에 대한 수용의 태도가 서로 다르게 진행되었음을 확인하게 된다. 예를 들어 13세기부터 몽골 칭기즈칸(Chingis Khan; 1162-1227)의 서역정벌과정에서 유럽인들은 한편으로 동양의 과학적 결과인 제지, 나침반, 화약 등의 기술을 배우면서 매우 빠르게 그들의 사회적 모순을 제거할 수 있었으며, 17세기에는 예수회 선교사들이 소개한 중국의 철학을 수용하여 계몽주의 철학을 형성하며 절대왕정을 비판할 수 있었다. 이에 반해 만주족의 중국 지배는 정치적 민족적 감정에 기초하여, 많든 적든 타민족과 타문화를 배척하는 데만 진력하였다. 때문에 르네상스 이후 많은 발전을 이끌었던 유럽의 과학적 성과를 적절하게 이용할 수 없었다. 그러나 17세기 이후 빈번해진 교역과정에서 기독교적 신의 창조적 세계관이 배타적 저항 속에서도 부분적으로 전파되기도 했으며, 19세기에 이르러서는 서양의 세계관이 중국 사회에 큰 충격을 주게 된다. 이와 같은 다른 세계관의 충격은 적어도 '중화사상'(中華思想)에 대한 객관적 회의감이 확산되는 계기가 되었으며, 유일한 제국으로 오해되었던 '천하'(天下)의 중국 밖에도 수많은 국가가 존재한다는 사실을 확인하게 되고, 결국 중국도 수많은 국가들 가운데 하나에 불과하다는 현실적인 자각이 생기게 된다. 다시 말해서 전통적 성왕의 관념을 반성하며, 상대방의 존재를 승인하는 반성적 윤리(Ethik)를 갖추게 된 것이다. 인식의 측면에서 볼 때 19세기에 서양의 충격으로 중국은 전통적인 제왕의 '백성'이 아니라 국가의 '국민'이 중요한 주제가 되었으며, 신해혁명으로 전통적인 '성왕' 주체의 군주제를 붕괴시키고 '국민' 주체의 공화제를 지향한 중화민국을 건설할 수 있었다. 그러나 그 중화민국은 각 지역의 권력을 분할하고 있던 군벌들에 의해 끊임없이 왕정복고에 시달리곤 하였기 때문에 국가적 차원의 '국민혁명'은 성공할 수 없었다.

성왕 중심의 '백성'이 근본적으로 전환하게 된 것은 '국민'이 아니라 모택동의 철학에서 중요한 주제로 등장한 '인민'이다. 다시 말해 모택동의 사상은 중세 봉건제의 성왕 중심도 아니고 그렇다고 근대 자본주의의 시민인 자본가 중심도 아닌 철저히 '인민 중심'의 논리를 전개한 사유체계다. 성왕에서 국부(國父; 예를 들어 손문)로 그리고 다시 국부에서 인민으로 역사의 주체가 근본적으로 변화한 것은 인간의 역할에 대한 규정 방법이 획기적으로 전환된 결과다. 중국의 전통 철학에서 역사의 주체는 성인이나 성현으로 상징되는 봉건적인 제왕이었으며, 대다수 민중은 오직 성왕의 역사만을 위해 수동적으로 동원되는 자연물과 같은 '즉자적' 존재였다. 이에 반해 모택동의 철학에서는 역사의 주체가 더 이상 성왕이 아니며, 오로지 대다수 민중인 '인민'이 역사의 진정한 주체로 등장하게 된다. 그런데 이러한 역사 주체의 근본적인 변화가 저절로 이루어진 것은 아니다. 다시 말해 중국의 '인민'(人民)은 불편한 사회체제와의 투쟁, 봉건 군벌과의 투쟁, 제국주의자들과의 투쟁 과정에서 스스로 계급적으로 의식된 역사의 주체가 될 수 있었던 것이며, 그러한 투쟁 과정에서 숙고적인 사회적 실천 중시의 초윤리(Metaethik)의 논리를 체계화한 것이 바로 '모택동 사상'이다. 이러한 논리적 체계를 중국 사회의 발전과정과 의식의 발달과정 그리고 한 인간 개체의 의식발달과정과 중국의 사상을 연관하여 축약하면 다음과 같다.

중국 사회의 발전과정은 고대 부족사회, 중세 중앙집권적 봉건사회, 근대 자본주의 사회, 현대 사회주의 사회로 나눌 수 있으며, 이것을 의식의 발달과정으로 보면 각각 풍습(Ethos), 도덕(Moral), 윤리(Ethik), 초윤리(Metaethik)에 해당한다. 이 의식의 발달과정은 인간 개체의 성장 및 발달인 유년기, 아동기, 청년기, 성인기와 긴밀한 연관이 있으며, 이것을 기초로 중국 사상의 특징을 규명할 수 있다. 예를 들어 유년기에 인간은 대인관계에서 '내 것과 네 것'을 구분하지 못하고, 솔직·순박하며 고향의 씨족공동체적 가치관을 절대 시하는데 유가에서는 그것을 '인애'(仁愛)라 하는데, 이것은 분리되지 않은 '즉자적' 풍습이다. 아동기의 인간은 '네 것과 내 것'을 구분하여 제 것을 지키려 하며 내적으로 주관적 체계가 형성되며, 타인을 의식하며 고민에 빠지게 된다. 그래서 이 시기에는 규정의 서열과 등급을 설정하여 점차 대상화하는 실천적 노력을 기울이는데, 이것을 '의리'(義理)라 하고 이 단계는 '대자적' 도덕에 해당한다. 청년기에 인간은 자신의 행위에 대한 정당성의 객관적 공인(公認)을 생각하며, 어떤 규정이나 절차에 대해 과거의 예증을 살피게 되는데, 이것을 '예의'(禮儀)라 하고 이 단계는 상호교섭과정에서 개성을 고양시키는 윤리다. 장년기의 인간은 자신만의 특성을 토대로 새로운 창조를 기획하며, 기획한 목표를 달성하기 위해 타인을 설득하고 다시 숙고하며 다시 실천을 도모하는 것이 '지혜'(智慧), 즉 사상(思想)이고 이것이 초윤리의 단계인 것이다. 다시 말해 이 초윤리의 단계는 윤리의 단계를 토대로 더욱 세심하고 정확하게 각각의 특수성을 통합하여 새로운 체계를 형성하는 것이며, 이러한 과정에서 통합된 숙고된 성찰은 인격자(유가에서는 군자와 현인이고 모택동에게는 의식된 인민)에게 필수적이고, 그것은 억압될 수 없는 인간의 특권이며 자유인 것이다.322)

그런데 중국의 전통 철학인 인애(仁愛)를 오늘날에도 비판적으로 보지 못하고 절대적인 진리처럼 그래서 신주단지 모시듯이 하는 것은 인식론적으로나 실천적으로 심각한 문제를 내포한다. 예를 들어 인애는 미분화의 공감적 의식 형태로 가부장적 지배자의 사랑이나 동정을 의미하는데, 이것은 실천적으로 기존의 지배 질서에 저항하지 못하는 권력에 순종적인 가치관에 속한다. 전통적 의미의 '백성'이 오직 '성왕'의 정치에 의존하는 '즉자적' 존재일 때, 전통 사회의 통치자나 제국주의자들 또는 독재자들에게는 기존 이익이 보장될 수밖에 없다. 문화적 전통주의자들이 과거의 인애적 정신이 좋은 것이고 현대의 물질문명은 나쁜 것이라고 파악하는 논리에는 과거의 낮은 의식 단계에 머물고 현실 권력에 순응하는 문제가 내재해 있다. 이것이 전통적인 '인애'적 인간상의 실체인 것이다.

---

322) 참조. 양재혁, 「대성로; 智(法)를 향한 성균학통의 전환」, 『성균회보』 제286호, 서울, 성대동창회, 2003년 5월 1일, 仁·義·禮·智 칼럼 가운데 특히 智에 대한 현대적 의의.

이와 같은 전통 철학의 '백성'에 반해 모택동의 사상에서는 '자각적 능동성'(自覺的 能動性)을 지닌 '인민'은 자신의 이상을 사회적으로 실천하여 속박된 환경을 부정하고 보다 넓은 세계를 열어나가는 존재다. 모택동이 추구하는 이상적 인간은 현실 모순에 대해 항상 긍정하고 순응하는, 생명에 연연하는 '즉자적 존재'인 '백성'이 아니라, 현실의 모순을 부정하는 '생명의 고행자'이자 불편한 현실에 대항하여 싸우는 '영원한 혁명가'인 '인민'이다. '인민'은 전통적 가치관인 복고적 질서의 인애를 부정하고 숙고적인 의식의 심화를 토대로 내일에 보다 많은 '인민'이 주체적으로 참여할 수 있는 새로운 질서를 기획하고 사회적 실천을 요청한다. 이와 같이 모택동 사상의 '인민'은 전통 철학의 '백성'과 근본적으로 차이가 있는 것이다.

현대의 전통 철학자들 가운데는 인간이 천성적으로 선(善)하다는 것을 맹목적으로 신봉하고, 마치 자신이 성인(聖人)인 것처럼 시대착오적인 자가당착에 빠지는 경우가 있다. 그들은 선만 언급할 뿐 악(惡)의 문제는 의도적으로 회피하는데, 그러한 방법은 매우 근시안적 한계에 머물러 있는 것이다. 그들은 엥겔스가 악의 문제에 대한 헤겔의 철학을 평가한 다음의 글을 상기할 필요가 있다. "헤겔의 경우 악(惡)이란 역사 발전의 동력이 발현되는 형식이다. 여기에는 이중적인 의미가 포함되어 있다. 한편으로는 어떠한 새로운 전진이든 그것은 다 필연적으로 어떤 신성한 것에 대한 모독이며 낡아서 사멸하여 가고는 있으나 인습에 의하여 신성화된 제도에 대한 반역으로 나타난다. 다른 한편으로는 계급대립이 발생한 이후로는 사람들의 추악한 욕심, 즉 물욕과 권세욕이 역사 발전의 지렛대로 되었다. 예를 들어 봉건 제도와 부르주아지의 역사는 부단히 이를 증명하고 있다."323) 문화적 전통주의자들이 주장하는 '천인합일', 즉 '인간과 자연이 하나'가 되는 '성인'(聖人)의 경지는 의식의 단계로 볼 때 매우 낮은 즉자적 단계다. 그런데도 이것을 맹목적으로 추앙하는 것은 시대착오적인 자가당착의 논리이기 때문에 현실 문제를 해결하는 데 결코 도움이 되지 않는다. 뿐만 아니라 과거의 가치 기준으로 현대인의 활동을 억압하는 보수적 행위는, 만약 스스로 포기하지 않는다면 그에 대한 부정은 '무력적으로' 나타날 수밖에 없다.

이와 같은 '무력적 부정'은 모택동에게 있어 무한한 사회적 모순을 부정했던 '계속혁명'의 논리에 있다. 모택동은 공산당 지배구조를 포함한 기존 지배체제들에 대해 끊임없이 혁명의 실천을 강조한다는 점에서 '완전 독립'된 인격체다. 모택동 사상의 인민이 인식 주체인 그들 자신과 동시에 그들의 체제인 공산당 자체도 부정의 대상으로 삼은 것은 전통적인 자연순환반복론에 대한 사회역사적인 발전의 변증법이다. 이 계속혁명론에서 나타나는 계급적 인간은 궁극적으로는 계급을 부정하여 차별이 없는 '평등한 사회'를 추구한다. 끊임없이 평등을 지향하는 계속혁명론은 계속되는 모순구조의 사회에서 필연적인 논리이다. 그런데 모택동 사상의 변증법에 따르면, 모택동의 혁명적인 '계급'의 '인민'도 구체적인 중국의 사회역사적 전환 과정에서 새로운 의미로 변화할 수밖에 없다. 왜냐하면 모택동 사상도 중국의 한 시대의 사회구조를 토대로 형성되었으며, 중국 사회구조의

---

323) 프리드리히 엥겔스, 『포이에르바하와 독일 고전철학의 종말』, 양재혁 옮김, 서울, 돌베개, 1987, 54쪽.

새로운 변화와 함께 또다시 변할 수밖에 없기 때문이다. 만약 중국 사회가 근본적으로 전환되는데도 모택동 사상을 새롭게 적용하지 못하고 과거의 방법만을 고수(固守)한다면, 모택동 사상은 현실 사회를 외면하는 또 다른 형태의 기계적인 형식논리에 빠지고 말 것이다.

참고문헌

Ⅰ. 원 전

廣東省社會科學院歷史硏究室 外 合編, 『孫中山全集』 卷1-11, 北京, 中華書局, 1981-1986.

董仲舒, 『春秋繁露』, 賴炎元 註譯, 臺北, 臺灣商務印書館, 1984.

毛澤東文獻資料硏究會 編, 『毛澤東裸卷』 Ⅰ-Ⅲ, 東京, 蒼蒼社, 1984.

毛澤東文獻資料硏究會 編, 『毛澤東集』 1-10, 東京, 蒼蒼社, 1972.

班固 撰, 顔師古 注, 『前漢書』, 北京, 中華書局, 1988.

班固 撰, 顔師古 註, 『漢書』, 景印文淵閣四庫全書, 臺北, 臺灣商務印書館, 1983.

孫詒讓 撰, 『墨子閒詁』 上下, 北京, 中華書局, 2001.

嚴復, 「辟韓」, 『中國文化精華全集』哲學 卷3, 北京, 中國國際廣播出版社, 1992.

嚴復, 「原强」, 『中國文化精華全集』哲學 卷3, 北京, 中國國際廣播出版社, 1992.

黎靖德 編, 『朱子語類』 1-8冊, 北京, 中華書局, 1994.

王先謙 撰, 『荀子集解』 上下, 北京, 中華書局, 1988.

王先謙 編, 『莊子』, 成都, 四川省新華書店, 1988.

王先愼 撰, 『韓非子集解』, 北京, 中華書局, 1998.

王弼, 『王弼集校釋』, 樓宇烈 校釋, 北京, 中華書局, 1980.

程顥·程頤 撰, 朱熹 編, 『二程遺書』, 景印文淵閣四庫全書, 臺北, 臺灣商務印書館, 1983.

左丘明 撰, 杜預 注, 『春秋』(春秋左傳), 서울, 成均館大 大東文化研究
院, 1985.

朱謙之 撰, 『老子校釋』, 北京, 中華書局, 1984.

周敦頤 撰, 『周元公集』, 景印文淵閣四庫全書, 臺北, 臺灣商務印書館, 1983.

朱熹 集註, 『經書』(大學·論語·孟子·中庸), 서울, 成均館大 大東文
化研究院, 1990.

中共中央文獻研究室 編, 『毛澤東文集』1−8卷, 北京, 人民出版社, 1993−
1999.

中共中央文獻研究室 編, 『毛澤東早期文稿』, 長沙, 湖南出版社, 1995.

中共中央文獻研究室 編, 『毛澤東哲學批注集』, 北京, 人民出版社, 1988.

中共中央文獻編輯委員會 編, 『鄧小平文選』 1−3, 北京, 人民出版社,
1993−1994.

中共中央文獻編輯委員會 編, 『毛澤東選集』1−4, 北京, 人民出版社, 1991.

陳榮捷 撰, 『王陽明傳習錄詳註集評』, 臺北, 學生書局, 1992.

陳榮捷, 『王陽明傳習錄詳註集評』, 臺北, 臺灣學生書局, 1999.

韓愈 撰, 馬其昶 校注, 『韓昌黎文集』, 「原道」, 上海, 上海古籍出版社, 1987.

胡廣 等 撰, 『書經』(書傳大全), 서울, 成均館大 大東文化研究院, 1984.

胡廣 等 撰, 『詩經』(詩傳大全), 서울, 成均館大 大東文化研究院, 1984.

胡廣 等 撰, 『易經』(周易傳義大全), 서울, 成均館大 大東文化研究院, 1984.

胡廣 等 撰, 『禮記』(禮記集說大全), 서울, 成均館大 大東文化研究院, 1985.

Ⅱ. 단행본

郭建寧 主編, 『當代中國哲學綱要』, 北京, 北京大出版社, 1996.

김교빈·이현구,『동양철학에세이』, 서울, 동녘, 1993.

김교빈,『한국철학에세이』, 서울, 동녘, 2003.

김대환·백영서 편,『중국사회성격논쟁』, 서울, 창작과비평사, 1988.

김상협,『모택동 사상』, 개정증보판, 서울, 일조각, 1977.

김충렬·공기두,『모택동사상론』, 서울, 일월서각, 1985.

김충렬,『고려유학사』, 서울, 고려대출판사, 1984.

다니가와 미치오·모리 마사오 편,『중국민중반란사』, 송정수 역, 서울, 혜안, 1996.

다카하시 도오루,『조선의 유학』, 조남호 역, 서울, 소나무, 1999.

戴知賢,『毛澤東文化思想硏究』, 北京, 中國人民大出版社, 1992.

데이비드 맥렐런,『마르크스주의 논쟁사』, 서울, 인간사랑, 1986.

도크 바네트 외,『중공의 오늘과 내일』, 박노태 역, 서울, 원동사, 1967.

藤瀬浩司 외,『식민지 반봉건 사회론』, 장시원 편역, 서울, 미래사, 1985.

레오날드 샤피로,『소련공산당사』, 서울, 양흥모 역, 문학예술사, 1977.

루드비히 포이에르바하,『기독교의 본질』, 박순경 역, 서울, 종로서적, 1982.

마르크스·엥겔스,『독일이데올로기 1』, 김대웅 역, 서울, 두레, 1989.

마크 블레처,『반조류의 중국』, 전병곤·정환우 역, 서울, 돌베개, 2001.

마테오리치,『交友論、二十五言、畸人十篇』, 송영배 역, 서울, 서울대출판부, 2000.

마테오리치,『天主實義』, 송영배 외 역, 서울, 서울대출판부, 1999.

막스 베버,『유교와 도교』, 이상률 역, 서울, 문예출판사, 1990.

막스 베버,『프로테스탄티즘의 윤리와 자본주의 정신』, 박성수 역, 서울, 문예출판사, 1988.

막스 쉘러,『인간의 지위』, 최재희 역, 서울, 박영사, 1976.

마르크스·엥겔스,『칼 마르크스 / 프리드리히 엥겔스 저작 선집』 1 - 6 권, 최인호 외 역, 서울, 박종철출판사, 1992 - 1997.

바넷트 도크, 『중공의 오늘과 내일』, 박노태 역, 서울, 원동사, 1967.

박종홍, 『박종홍전집』 1-7권, 증보판, 서울, 민음사, 1998.

배종호, 『한국유학사』, 서울, 연세대출판부, 1974.

潘平 編, 『毛澤東之路』 1-4卷, 北京, 中國靑年出版社, 1993.

베링턴 무어, 『독재와 민주주의의 사회적 기원』, 진덕규 옮김, 서울, 까
　　　　치, 1985.

福井文雅, 『歐米の 東洋學と 比較論』, 東京, 隆文館, 1991.

北京大學哲學系中國哲學史敎硏室 選注, 『中國哲學史敎學資料選集』 下,
　　　　北京, 中華書局, 1982.

席宣・金春明, 『文化大革命簡史』, 北京, 新華書店, 1996.

石仲泉 主編, 『毛澤東硏究述評』, 北京, 中央文獻出版社, 1992.

상허안병주교수정년기념논문집간행위원회, 『동양철학의 체계와 인식』,
　　　　서울, 아세아문화사, 1998.

상허안병주교수정년기념논문집간행위원회, 『동양철학의 자연과 인간』,
　　　　서울, 아세아문화사, 1998.

샤오메이 천, 『옥시덴탈리즘』, 정진배 옮김, 서울, 강, 2001.

西順藏・島田虔次 編譯, 『淸末民國初政治評論集』, 東京, 平凡社, 1971.

葉靑, 『毛澤東思想批判』, 臺北, 帕米爾書店, 1970.

松島隆裕 외, 『동아시아사상사』, 조성을 옮김, 서울, 한울출판사, 1991.

송두율, 『계몽과 해방』, 서울, 한길사, 1988.

송두율, 『소련과 중국』, 서울, 한길사, 1990.

송두율, 『역사는 끝났는가』, 서울, 당대출판사, 1995.

송영배, 『제자백가의 사상』, 서울, 현음사, 1994.

송영배, 『중국사회사상사』, 서울, 한길사, 1986.

송영배・금장태 외, 『한국유학과 리기철학』, 서울, 예문서원, 2000.

守本順一郎, 『동양정치사상사 연구』, 김수길 역, 서울, 동녘, 1985.

스튜어트 R. 슈람, 『모택동』, 김동식 역, 서울, 두레, 1979.

안병주, 『유교의 민본사상』, 서울, 성균관대 출판부, 1987.

양재혁, 『동양사상과 마르크시즘』, 서울, 일월서각, 1989.

양재혁, 『동양철학, 서양철학과 어떻게 다른가』, 서울, 소나무, 1998.

양재혁, 『장자와 모택동의 변증법』, 서울, 이론과 실천, 1989.

楊超·畢劍橫 主編, 『毛澤東思想史』 1-4卷, 修訂本, 成都, 四川人民
　　出版社, 2001.

楊春貴 主編, 『中國哲學四十年』, 北京, 中共中央黨校出版社, 1989.

에드가 스노우, 『중국의 붉은 별』, 신홍범 역, 서울, 두레, 1994.

에드워드 W. 사이드, 『오리엔탈리즘』, 박홍규 역, 서울, 교보문고, 1991.

에른스트 카시러, 『인간이란 무엇인가』, 최명관 옮김, 서울, 서광사, 1988.

에릭 홉스봄, 『혁명의 시대』, 정도영·차명수 옮김, 서울, 한길사, 1998.

엘리자베스 크롤, 『중국여성해방운동』, 김미경·이연주 역, 광주, 사계
　　절, 1985.

黎永泰, 『中西文化與毛澤東早期思想』, 成都, 四川大學出版社, 1991.

王永盛·張偉 主編, 『毛澤東的藝術世界』, 北京, 山東大出版社, 1992.

王占陽 編, 『中外記者筆下的毛澤東』, 沈陽, 沈陽出版社, 1993.

廖國良 外 2人, 『毛澤東軍事思想發展史』, 北京, 解放軍出版社, 2001.

廖良初·季省身 主編, 『毛澤東思想的昨天與今天』, 北京, 北京出版社, 1993.

宇野重昭, 『毛澤東』, 東京, 淸水書院, 1970.

유승국, 『한국의 유교』, 서울, 세종대왕기념사업회, 1976.

李甦平, 『朱憙評傳』, 南寧, 廣西敎育出版社, 1994.

이영희, 『우상과 이성』, 서울, 한길사, 1977.

이영희, 『새는 좌·우의 날개로 난다』, 서울, 두레, 1994.

이영희 편, 『10억인의 나라』, 서울, 두레, 1993.

이영희, 『전환시대의 논리』, 서울, 창작과비평사, 1974.

李玉秀 外 主編, 『毛澤東與中國傳統文化』, 武漢, 武漢出版社, 1994.

이운구・윤무학, 『묵가철학연구』, 서울, 성균관대 대동문화연구원, 1995.

이철승, 『유가사상과 중국식 사회주의 철학』, 심산, 2002.

李澤厚, 『中國現代思想史論』, 北京, 東方出版社, 1987.

任俊明・安起民 主編, 『中國當代哲學史』 上下, 北京, 社會科學文獻出
版社, 1999.

자크 제르네, 『전통중국인의 일상생활』, 김영제 역, 서울, 신서원, 1995.

張岱年, 『中國倫理思想研究』, 上海, 上海人民出版社, 1989.

張岱年, 『中國哲學大綱』(1958), 再版, 北京, 中國社會科學出版社, 1982.

錢 穆, 『朱子學提綱』, 臺北, 三民書局, 1971.

조경란, 『중국 근현대 사상의 탐색』, 서울, 삼인, 2003.

조너선 D. 스펜스, 『현대중국을 찾아서』 1-2권, 김희교 역, 서울, 이산,
1998.

趙智奎, 『鄧小平理論的範疇體系』, 鄭州, 河南人民出版社, 2001.

竹內實 編, 『中國近現代論爭年表』(1895-1989) 上下, 京都, 同朋舍, 1992.

中華炎黃文化研究會 外 編, 『孫中山與現代文明』, 蘇州, 蘇州大學出版
社, 1997.

中共中央文獻研究室 編, 『毛澤東年譜』 上中下, 北京, 新華書店, 1993.

中西功, 『中國革命の 毛澤東思想-中國革命史の 再檢討』, 東京, 青林
書店, 1981.

秦英君, 『當代中國哲學思想史』, 開封, 河南大學出版社, 1999.

코프닌, 『마르크스주의 인식론』, 김현근 역, 서울, 이성과현실사, 1988.

鮑學根, 『毛澤東哲學思想研究』, 北京, 新華出版社, 1994.

폴 A. 코헨, 『미국의 중국근대사 연구』, 서울, 고려원, 1995.

馮友蘭, 『中國哲學史』 上下, 北京, 中華書局, 1961.

프리드리히 엥겔스, 『포이에르바하와 독일 고전철학의 종말』, 양재혁 옮

김, 서울, 돌베개, 1987.

필검횡, 『모택동 사상과 중국철학』, 이철승 역, 서울, 예문서원, 2000.

하워드 P. 카인즈, 『철학적 인간학』, 정연교 역, 서울, 철학과 현실사, 1996.

何寅・許光華 主編, 『國外漢學史』, 上海, 上海外語敎育出版社, 2000.

何顯明, 『超越與回歸, 毛澤東的心路歷程』, 上海, 學林出版社, 2002.

한국철학사상연구회 편, 『현대중국의 모색』, 서울, 동녘, 1992.

한수인, 『모택동전기』 1-4권, 김자동 역, 서울, 일월서각, 1986-1987.

헤겔, 『정신현상학 I』, 임석진 역, 서울, 지식산업사, 1989.

許全興 外 2人, 『中國現代哲學史』, 北京, 北京大出版社, 1991.

邢賁思 主編, 『中國哲學五十年』, 沈陽, 遼海出版社, 1999.

侯外廬 主編, 『中國近代哲學史』, 北京, 人民出版社, 1978.

侯外廬 主編, 『中國思想通史』 1-5卷, 北京, 人民出版社, 1957-1960.

A. Doak Barnett, *China after Mao*, Princeton, Princeton University Press, 1967.

Alfred Forke, *Geschichte der alten chinesischen Philosophie*, Hamburg, Kommissionsverlag L. Friederichsen & Co., 1927.

Benjamine I. Schwartz, *Chinese Communism and the Rise of Mao*, Cambridge, Harvard University Press, 1951.

Benjamine I. Schwartz, *In Search of Wealth and Power — Yen Fu and the West*, Cambridge, Harvard University Press, 1964.

Chester C. Tan, *Chinese Communism Thought in the twentieth Century*, New York, Double Day & Co. Inc., 1971.

Conrad Brandt etc. ed, *A Documentary History of Chinese Communism*, Cambridge, Harvard University Press, 1952.

Paul H. Clyde and Burton F. Beers, *The Far East: A History of the*

Western Impact and the Eastern Response, N. J., Prentice Hall, 1966.

Edgar Snow, *China's Long Revolution*, Middlesex, Penguin Books, 1974.

Edgar Snow, *Red Star over China*, New York, Grove Press, 1968.

Franz Schurmann and Orville Schell, *Communist China*, New York, Vintage, 1967.

Fung, Yu−Lan, *A History of Chinese Philosophy* I − II, tr. Derk Bodde Princeton, Princeton University Press, 1937−1952.

Fung, Yu−Lan, *A Short History of Chinese Philosophy*, New York, Macmillan, 1948.

Helen Foster Snow, *Inside Red China*, New York, Da Capo Press, 1977.

Jacques Gernet, *A History of Chinese Civilization*, tr. J. R. Foster, Cambridge, Cambridge University Press, 1982.

Jerome Ch'ên, Mao and the *Chinese Revolution*, Oxford, Oxford University Press, 1965.

John King Fairbank, *China Watch*, Cambridge, Harvard Uni−versity Press, 1987.

John King Fairbank, *China; a new history*, Cambridge, Harvard University Press, 1992.

Jonathan Spence, *Mao Zedong*, New York, Viking Penguin, 1999.

Joseph Needham, *Science and Civilisation in China* Vol. I − III, Cambridge, Cambridge University Press, 1954−1959.

Joseph R. Levenson, *Confucian China and Its Modern Fate* I − III, Berkeley, University of California Press, 1966.

Joseph R. Levenson, *Liang Ch'i −ch'ao and the Mind of Modern China*, Berkeley, University of California Press, 1970.

Judith Shapiro, *Mao's War against Nature*, Cambridge, Cam−bridge

University Press, 2001.

Lucien Bianco, *Origins of the Chinese Revolution 1915 – 1949*, trans. Muriel Bell, Stanford, Stanford University Press, 1967.

Marcel Granet, *Das chinesische Denken(1963)*, München, dtv Nr. 4362, 1980.

Marcel Granet, *Die chinesische Zivilisation – Familie Gesellschaft Herrschaft*, München, R. Piper & Bosse, 1976.

Richard Solomon, *Mao's Revolution and the Chinese Political Culture*, Burkely, University of California Press, 1971.

Stuart Schram, *The Thought of Mao Tse – tung*, Cambidge, Cambrdge University Press, 1989.

Wolfgang Franke, *A century of Chinese Revolution; 1851 – 1949*, Columbia, University of South Carolina Press, 1970.

Ⅲ. 논 문

곽신환, 「주역의 자연과 인간에 관한 연구」, 서울, 성균관대 박사학위논문, 1987.

권인호 외, 「근대공간에서의 한국 철학－구국과 계몽의 이중주」, 『시대와 철학』 제10호, 서울, 동녘, 1995 봄.

그레고르 파울, 「관념철학과 신유학의 기본적 문제점들」, 『현대중국연구』 제1호, 서울, 성균관대 현대중국연구소, 1992.

金谷治, 「陰陽五行說的創立」, 『中國哲學史研究』 32期, 于時化 譯, 北京, 中國社會科學院, 1988.

김교빈 외, 「신과학 운동 비판」, 『시대와 철학』 제2호, 서울, 동녘, 1991.

김교빈, 「본체론과 심성론을 통해 본 주자의 격물치지 이해」, 『동양철학 연구』 제6집, 서울, 동양철학연구회, 1985.

김원열, 「모택동 사상의 인간 개념 연구」, 『2002년 상반기 정기논문발 표회자료집』, 서울, 한국철학사상연구회, 2002.

김원열, 「민중의 관점에서 바라본 문화대혁명」, 『시대와 철학』 제14권 2 호, 서울, 한국철학사상연구회, 2002, 가을.

김원열, 「서평 / 이철승, 『유가사상과 중국식 사회주의 철학』, 『진보평론』 13호, 서울, 현장에서 미래를, 2002.

김원열, 「宋代 新儒學의 自然 槪念 硏究」, 서울, 성균관대 석사학위논 문, 1996.

김원열, 「유교민주주의론에 대한 비판적 고찰」, 『우리 시대의 민주주의 에 대한 철학적 반성과 전망』, 광주, 범한철학회 학술발표회 자 료집, 2002, 봄.

김원열, 「중국 고대 철학의 자연적 인간 개념에 대한 비판적 고찰」, 『2003 년 추계정기논문발표회 논문집』, 서울, 한국철학사상연구회, 2003.

김충렬, 「모택동의 실천론과 모순론 비판」, 『아세아연구』 제22권 제2호 (통권 제62호), 서울, 고려대 아세아문제연구소, 1979.

羅　光, 「朱熹的形上結構論」, 『中國哲學史硏究』 12期, 北京, 中國社會 科學院, 1983.

段若鵬・許冬梅・于吉楠, 「毛澤東思想的基本特徵及其發展史研究述評」, 『毛澤東硏究述評』, 北京, 中央文獻出版社, 1992.

唐明邦, 「周易象數與古代科學」, 『中國哲學史硏究』 33期, 北京, 中國社 會科學院, 1989.

董光壁, 「中國古典哲學與現代自然哲學」, 『中國哲學史硏究』 20期, 北京, 中國社會科學院, 1985.

里 文, 「關于朱熹卜筮之謎的考釋」, 『中國哲學史研究』 20期, 北京, 中國社會科學院, 1985.

牟宗三, 「王弼易學之史迹」, 『中國哲學史研究』 33期, 北京, 中國社會科學院, 1989.

蒙培元, 「墨,荀心性論的特質及其比較」, 『中國哲學史研究』 35期, 北京, 中國社會科學院, 1988.

박상환, 「라이프니쯔와 그의 '중국철학에 관한 논고'」, 『현실인식과 인간해방』, 서울, 들불, 1993.

박상환, 「유기체사유에 대한 비교철학적 고찰」, 『대동문화연구』 29, 서울, 성균관대 대동문화연구원, 1994.

박상환, 「주역과 라이프니쯔」, 『대동문화연구』 28, 서울, 성균관대 대동문화연구원, 1993.

方克立, 「理與氣」, 『中國哲學史』, 北京, 中國人民大學校, 1983.

福井文雅 編, 「西方文獻中對'氣'的飜譯」, 『中國哲學史研究』 25期, 李存山 譯, 魏常海 校, 北京, 中國社會科學院, 1986.

上山春平, 「朱子的人性論與禮論」, 『中國哲學史研究』 24期, 北京, 中國社會科學院, 1986.

徐遠和, 「略論二程的直覺觀」, 『中國哲學史研究』 35期, 北京, 中國社會科學院, 1989.

石倬英, 「朱熹的理與黑格你的絶對理性」, 『中國哲學史』, 北京, 中國人民大學校, 1985.

송영배, 「기독교와 유교의 상충과 대화의 모색: 마테오 리치의 『천주실의』의 분석을 중심으로」, 『21세기의 도전, 동양윤리의 응답』, 서울, 아산재단, 1997.

송영배, 「마테오 리치의 중국전교와 유교관」, 『현실인식과 인간해방』, 서울, 들불, 1993.

신정근, 「선진시대 초기 문헌의 仁의 의미」, 『동양철학연구』, 제31집, 서울, 동양철학연구회, 2002.

안병주, 「산업사회와 유교적 인간관」, 『인문과학』 제5호, 서울, 성균관대 인문과학연구소, 1976.

안병주, 「유교의 자연관과 인간관」, 『퇴계학보』 제75·76집, 서울, 퇴계학연구원, 1993.

안병주, 「주자의 '尊孟辨'의 의미」, 『유교사상연구』 창간호, 서울, 『유교학회』, 1986.

양재혁, 「대성로; 智(法)를 향한 성균학통의 전환」, 『성균회보』 제286호, 서울, 성대동창회, 2003년 5월 1일.

양재혁, 「박종홍 철학에 대한 비판적 연구」, 『동양철학연구』, 제31집, 서울, 동양철학연구회, 2002.

양재혁, 「성리학의 문제」, 『한국사상대계』 Ⅳ, 서울, 성균관대 대동문화연구원, 1984.

양재혁, 「역사적 근거에서 본 중국철학과 서양철학의 차이점」, 『인문과학』 15, 서울, 성균관대 인문과학연구소, 1986.

양재혁, 「이황의 '경철학'의 연원과 그 변화」, 『대동문화연구』 25, 서울, 성균관대 대동문화연구원, 1990.

王　明, 「論先秦天人關係」, 『中國哲學史研究』 21期, 北京, 中國社會科學院, 1985.

饒懷民, 「孫中山的近代化思想與反封建」, 『孫中山與現代文明』, 蘇州, 蘇州大學出版社, 1997.

유병구, 「서구근세사에 있어서의 중국사상의 역할」, 서울, 성균관대 박사학위논문, 1992.

유승국, 「동양사상의 특수성과 보편성」, 『동양학술회의 논문집』, 서울, 성균관대 대동문화연구원, 1975.

劉榮榮, 「老子認識論思想新探」, 『中國哲學史研究』 30期, 北京, 中國社會科學院, 1988.

劉長林, 「呂氏春秋的整體結构思想」, 『中國哲學史研究』, 16期, 北京, 中國社會科學院, 1984.

劉學照, 「論孫中山的近代化思想」, 『孫中山與現代文明』, 蘇州, 蘇州大學出版社, 1997.

윤무학, 「묵가의 명학에 관한 연구」, 서울, 성균관대 박사학위논문, 1991.

윤영식, 「송대 신유학에서 철학적 쟁점의 연구」, 서울, 서울대 박사학위논문, 1993.

李杰臣, 「王陽明朱熹格物觀差異之討論」, 『中國哲學史研究』 32期, 敦玉林 譯, 北京, 中國社會科學院, 1988.

이운구, 「논형에 나타난 왕충의 비판의식」, 『대동문화연구』 19, 서울, 성균관대 대동문화연구원, 1985.

이운구, 「묵가적 기술의 성격과 과학의식 비판」, 『대동문화연구』 29, 서울, 성균관대 대동문화연구원, 1993.

이철승, 「왕부지와 애사기 철학에 나타난 인식과 실천의 문제」, 서울, 성균관대 박사학위논문, 1995.

이철승, 「중국마르크스주의 철학에 나타난 진리관 문제」, 『시대와 철학』 제12권 1호, 서울, 한국철학사상연구회, 2001, 봄.

張岱年, 「中國哲學中'天人合一'思想的剖析」, 『中國哲學史』, 北京, 中國人民大學校, 1985.

張立文, 「論周敦頤的陰陽五行學說」, 『中國哲學史』, 北京, 中國人民大學校, 1983.

張立文, 「朱熹易學思想辨析」, 『中國哲學史研究』 10期, 北京, 中國社會科學院, 1983.

鄭家棟, 「現代新儒家槪念及其他」, 『中國哲學史研究』 33期, 北京, 中國社會科學院, 1989.

程宣山, 「張載哲學是唯物論」, 『中國哲學史』, 北京, 中國人民大學校, 1985.

鄭如心, 「王充的哲學思想與漢代的氣象學」, 『中國哲學史研究』 18期, 北京, 中國社會科學院, 1985.

조경란, 「중국 근대의 자유주의 문제」, 『시대와 철학』 제12권 1호, 서울, 한국철학사상연구회, 2001, 봄.

조경란, 「진화론의 중국적 수용과 역사인식의 전환」, 서울, 성균관대 박사학위논문, 1994.

周乾濚, 「董仲舒的天道觀辨析」, 『中國哲學史研究』 30期, 北京, 中國社會科學院, 1988.

周云之, 「'白馬非馬'決不是詭辯命題」, 『中國哲學史研究』 27期, 北京, 中國社會科學院, 1987.

陳來, 「關于程朱理氣學說兩條資料的考證」, 『中國哲學史研究』 11期, 北京, 中國社會科學院, 1983.

陳榮捷, 「孔子人文主義導言」, 『中國哲學史研究』 13期, 北京, 中國社會科學院, 1983.

陳榮捷, 「朱, 陸通訊詳述」, 『中國哲學史研究』 12期, 北京, 中國社會科學院, 1983.

칼 마르크스, 「데모크리토스와 에피쿠로스 자연철학의 차이」(박사학위논문), 고병권 역, 서울, 그린비, 2001.

馮友蘭, 「中國古典哲學的意義」, 『中國哲學史研究』 19期, 北京, 中國社會科學院, 1985.

홍원식, 「정주학의 거경궁리설 연구」, 서울, 고려대 박사학위논문, 1993.

A. S. Cua, "Li and moral justification: A study in the Li Chi", Philosophy East and West, vol.33, Honolulu, University of

Hawaii, 1983.

Bak Sang−hwan, "Chinesische philosophie bei Leibniz ein Vergleich der Naturkonzepte", Gießen, Doktors der Philosophie, 1992.

Chan Wing−tsit, "Neo−Confucianism and Chinese Scientific Thought", Philosophy East and West, vol.6, Honolulu, University of Hawaii, 1957.

Chan Wing−tsit, "The Evolution of the Neo−Confucian Concept Li as Principle", Tsing Hua Journal of Chinese Studies 4, Taipei, 1964.

David J. Kalupahana, "A Moral Philosophy with a Human Face: Early Buddhism for the 21st Century", The Challenge of the 21st Century−The Response of Eastern Ethics, Seoul, Asan Foundation, 1997.

Holmes Rolston Ⅲ, "Can the East Help the West to Value Nature", Philosophy East and West, vol.37, Honolulu, University of Hawaii, 1987.

Huang Siu−chi, "Chang Tsai's Concept of Ch'i", Philosophy East and West, vol.18, Honolulu, University of Hawaii, 1968.

Hu Shih, "The Scientific Spirit and Method in Chinese Philosophy", Philosophy East and West, vol.9, Honolulu, University of Hawaii, 1959.

James T. C. Liu, "How did a Neo−Confucian School become the State Orthodoxy", Philosophy East and West, vol.23, Honolulu, University of Hawaii, 1973.

Rodney L. Taylor, "Proposition and Praxis: The Dilemma of Neo−Confucianism Syncretism", Philosophy East and West, vol.32, Honolulu, University of Hawaii, 1982.

Steven J. Bennett, "Chinese Science: Theory and Practice", Philosophy East and West, vol.28, Honolulu, University of Hawaii, 1978.

Tu Wei－ming, "Family, Nation and the World: The Global Ethic as a Modern Confucian Quest", The Challenge of the 21st Century－ The Response of Eastern Ethics, Seoul, Asan Foundation, 1997.

Yü Ying－shih, "Confucian Ethic and Capitalism", The Challenge of the 21st Century－The Response of Eastern Ethics, Seoul, Asan Foundation, 1997.

보론: 현대 중국과 전통 유교의 융합 가능성에 대한 연구

김원열

(한양사이버대 교양학부 철학 교수)

요약문

이 연구는 현대 중국과 전통적인 유교의 융합 가능성을 살펴보는 것을 목적으로 한다. 현대 중국의 문화대혁명과 개혁 개방은 서로 맞물려 있다. 평등을 지향한 문화대혁명은 개혁 개방을 추진하면서 뒷전으로 물러나게 되었다. 1980년대 중국 공산당은 중국 특색의 사회주의, 사회주의 초급 단계론, 사회주의 시장경제론과 같은 이론을 갖추고 개혁 개방을 추진했다. 문화대혁명을 추진했던 모택동은 농촌이나 농민을 매우 중시했고 풍부한 노동력을 통해 생산력을 향상시키려 했으며 무엇보다 사회주의적 평등 원리에 충실했다. 이러한 경향과는 대조적으로 개혁 개방을 추진한 등소평은 농촌이나 농민보다 도시나 시민을 매우 중시했고 전문적인 지식인을 중시했으며 자유로운 이윤 추구를 통해 생산력을 향상시키려 했다. 다시 말해 모택동은 농민을 중심으로 한 민중의 자각 능동성을 중시한 반면 등소평은 테크노크라트, 즉 기술관료의 전문성을 중시하였다.

등소평이 주장한 '중국 특색의 사회주의'는 사회주의 초급 단계론이나 시장경제론이 형성되기 이전부터 지속적으로 개혁 개방의 기초 이론이다. 이 이론은 사회주의, 무산계급의 독재, 공산당의 영도, 마르크스-레닌주의와 모택동 사상의 견지와 같은 네 가지 기본 원칙을 바탕으로 한다. 또한 그는 '중국 특색의 사회주의'의 기본 원칙을 견지하면서 '해방사상(解放思想)'과 '실사구시(實事求是)'를 강조하며 낙후한 중국의 현실을 인식하고 선진국을 목표로 하는 개혁 개방을 추진했다. 그리고 '중국 특색의 사회주의' 이론이 발전한 것이 바로 중국 공산당의 사회주의 초급 단계론이며, 구체적으로 4개 현대화, 즉 공업 / 농업 / 국방 / 과학기술의 현대화인 것이다. 사회주의 초급 단계론의 특징은 정확하게 중국 자신의 실제 모습을 인정한 것에 기초하면서도 생산력의 발전을 위해 자본주의가 아닌 사회주의를 내세웠다는 점이다. 다시 말해 어떠한 일이 있어도 사회주의를 포기하지 않겠다는 것과 진정한 사회주의를 실현하려는 의지가 담겨 있는 것이 사회주의 초급 단계론이다. 또한 '사회주의 초급 단계론'에는 '생산력 표준론'처럼 생산력 발전에 도움이 되는 것은 받아들이고 방해가 되는 것은 폐기하는 실용주의적인 생산력 중심 가치관이 존재한다. '사회주의 시장 경제론'은 개혁 개방을 추진하는 중국 공산당이 중요한 경제 정책으로 설정한 이론이자 중국의 경제성장을 이룩하기 위한 방법이다. 그런데 중국의 성장이 둔화되고 실업자가 급증하며 사회적 양극화가 심화되는 가운데 나타난 현상이 1989년 6·4 천안문 민주화 운동이다. 민주화 운동을 무력으로 탄압한 중국 정부는 사회 문제의 해결을 경제 성장으로 풀려고 하였다. 그런데 중국은 경제 성장률이 아무리 높아도 여전히 정치적 민주화 문제, 과도한 인구 문제, 이농현상으로 대표되는 농촌과 도시의 격차 문제, 연해 도시와 내륙 도시의 불균등한 발전 문제, 소수 민족 문제 등의 문제를 안고 있다.

중국에서 유교는 다른 어떤 것보다 중화주의를 대변하는 중국적 사유 체계로 중국 공산당의 입장에서는 충분히 이용 가치가 있는 것이다. 중국 공산당이 국학 진흥 차원에서 유교 연구를 지원하는 것은 전통적인 유교가 지닌 보수적 특성이 중국의 현실 문제를 무마시키는 역할을 할 수 있다는 기대감이 있는 것이다. 그런데 동아시아에서 경제성장의 원인을 유교 문화에서 찾는 것이 합리적인 설득력이 없듯이, 현대 중국의 사회 모순을 전통적인 유교로 해결하려는 시도는 결국 실패하고 말 것이다. 새로운 시대의 사회 모순을 구체적으로 해결하기 위해서는 새로운 사상과 변혁이론이 필요하기 때문이다.

1. 개혁 개방 정책이 등장하게 된 배경

중국의 개혁 개방을 제대로 이해하기 위해서는 반드시 개혁 개방 이전의 문화대혁명이나 조정기의 상황에 대한 파악이 먼저 이루어져야 한다. 문화대혁명이 시작되고 종결되는 과정과 개혁 개방이 등장하게 되는 과정은 서로 맞물려 있기 때문이다. 1976년 9월 9일 모택동이 죽자 크게 세 부류의 정치 세력이 서로 권력을 놓고 팽팽한 긴장감에 휩싸였다. 문화대혁명을 이끌었던 사인방 세력이 있었고, 문화대혁명 시기 숙청과 복권이 반복되었던 등소평(鄧小平: 1904~1997)을 중심으로 한 세력이 있었으며, 모택동이 살아 있을 때 신뢰했던 화국봉(華國峰: 1921~)을 중심으로 한 중간 세력이 있었다. 팽팽한 긴장 속에서 화국봉은 사인방을 제외한 나머지 세력과 손을 잡고 10월 6일 사인방을 전격 체포하였으며, 이후 화국봉을 중심으로 권력의 핵심인 중앙 정치국 회의가 운영되었다.

그런데 이 화국봉과 문화대혁명의 관계를 보면 문제가 간단하지 않다. 왜냐하면 화국봉은 문화대혁명을 통해 권력의 중심부에 진입할 수 있었기 때문이다. 다시 말해 그가 문화대혁명을 청산하기 위해서는 자기 자신을 부정해야 한다는 것을 의미한다. 이러한 상황에서 그는 죽은 모택동을 추종하는 방식으로 권력을 유지하려 했으며, 그 이론적 표현이 유명한 '양개범시(兩個凡是)', 즉 "'무릇' 모 주석이 한 결정은 우리가 굳건히 옹호해야 하며, '무릇' 모 주석이 한 지시는 우리가 변함없이 따라야 한다."는 것이다. 그가 '양개범시'와 같은 맹목적인 교조주의를 내세운 것은 그만큼 그의 권력 기반이 취약했다는 것을 나타낸다. 실제로 등소평의 지지가 없었다면 그의 2년간 집권조차 거의 불가능했을 것이다. 그러나 등소평은 화국봉과 달리 실사구시의 입장에서 모택동의 공적과 과오를 함께 조망하고 있었다. 또한 화국봉과 비교하면 등소평은 단지 모택동에 대한 평가가 다른 것뿐만 아니라 문화대혁명에 대한 평가에도 차이가 있었다. 예컨대 화국봉이 문화대혁명의 계속 수행의 입장이었다면 등소평은 문화대혁명의 종결을 원했고 실제 복권되어 정책을 수행할 때에도 각종 사회 제도를 문화대혁명 이전 상황으로 되돌려 놓았다.

그렇다면 문화대혁명 이전과 문화대혁명 시기 그리고 그 이후는 어떤 차이가 있는가? 문화대혁명이 본격적으로 전개된 1966년 이전의 중국은 이른바 '조정기'라 불리던 시기로 유소기와 주은래 그리고 등소평이 중심이 되어 1958년 인민공사와 대약진의 정책 실패를 조정했던 것이다. 그 조정 정책의 특징은 철저히 계획에 입각한 경제 정책에서 자유 경제 정책으로 전환한 가운데 생산력을 회복하는 것이었다. 이 조정기의 철학적 논의들을 경제의 측면에서 살펴보면 '합이이일(合二而一)'은 조정 정책의 추진자들이 통합적 입장에서 생산력의 향상 측면을 강조한 것이고, 계급적인 입장이 반영된 '일분위이(一分爲二)'는 계급 간의 투쟁을 중시한 것으로 양자는 대조적인 논리와 입장으로 서로 대립하고 있었다. 사실 '조정기'를 통해 파괴되었던 생산력을 어느 정도 회복하게 된다. 그런데 문제는 생산력이 향상될수록 빈부격차와 같은 불평등 현상도 심화된다는 점이다. 이념적으로는 평등한 사회주의를 지향하면서 현실적으로는 소득이 15배 이상 차이나는 불평등한 현상 속에서 중국인들 특히 젊은이들이 혼란을 겪은 것은 당연한 일이다. 불평등의 현상은 우선 교육, 의료와 같은 사회 공공성의 영역에서 심각하게 나타났다.

사회주의 교육을 받은 젊은이들은 이러한 불평등 현상을 용납하지 않고 1966년 평등 사회를 위해 문화대혁명 운동 가운데 가장 먼저 일어난 것이 홍위병 운동이다. 이 홍위병은 문화대혁명의 초기에 중요한 전위대 역할을 하게 된다.[324] 이후 문화대혁명은 중국 전역에 넓게 퍼졌으며 그 10년간 불평등 현상은 상당히 완화되었다. 평등을 지향한 문화대혁명에서 교육의 경우 예전에는 꿈도 꾸기 어려웠던 일반 노동자나 농민의 자녀도 대학에 들어갈 자격을 얻게 되었고, 의료의 경우는 보건 의료 관련 학생들이 전국 곳곳 특히 산간벽지에도 찾아가 예방의학과 기초의료를 시행함으로써 그 결과 수많은 사람들이 각종 의료의 혜택을 입게 되었다. 평등 지향의 문화대혁명은 한편으로 공산당의 간부들이나 전통적 지식인들에게는 많은 어려움을 주었지만, 수많은 노동자와 농민에게는 새로운 평등 세상을 체험하는 계기가 되었다. 문화대혁명을 바라볼 때도 어떤 입장이나 관점에서 보느냐에 따라 전혀 다른 평가가 이루어질 수 있는 것이다.

그런데 1976년 이후 등소평이 복권되어 각종 사회제도를 과거 문화대혁명 이전으로 되돌려 놓는다. 다시 말해 문화대혁명 이전처럼 대학은 쉽게 들어가지 못하는 곳이 되었고, 의료는 공산당의 간부나 도시의 시민만이 누릴 수 있는 혜택으로 바뀌게 된 것이다. 또한 과거 '조정기'에 관료로 활약했던 당간부들도 대거 복권되었다. 이러한 기본 정책의 전환은 중국의 권력 변화 및 문화대혁명 재평가와 밀접한 연관이 있다. 예컨대 1978년 화국봉이 실각하였고 등소평이 중심

---

324) 문화대혁명에서 혁명을 수행한 홍위병의 전위적 역할과 한계에 대해서는 다음을 참조할 것. 김원열, 『동북아시아 유교의 전통과 현대』, 한국학술정보, 2007, 130-133쪽.

이 되어 각종 개혁을 추진하게 되었으며, 1981년에는 '건국 이래 당의 약간의 역사문제에 대한 결의'[325]라는 것을 통해 문화대혁명의 오류를 정리하여 '10년 동란'으로 규정했다. 이 과정을 통해 모택동의 위상도 절대적인 존재에서 상대적인 존재로 바뀌었고, 등소평은 개혁을 위한 각종 정책을 힘 있게 추진할 수 있게 되었다. 등소평이 추진한 그 개혁 정책들은 문화대혁명 이전 '조정기'의 정책을 보다 전면적으로 실행하는 것이었다. 다시 말해 등소평은 개혁 정책을 통해 우선 최대한 생산력을 높이는 것에 중점을 둔 것이다. 그리고 생산력을 높이는 방법으로 적극적인 외자 유치를 위해 경제특구를 설치하는 등 대외 개방을 가속화하였다. 그런데 유념할 점은 중국의 대외 고립은 1949년 중화인민공화국의 수립 이후 미국의 대륙봉쇄 정책이나 1960년 소련의 철수 등과 같은 중소분쟁에서 비롯된 것이다. 이후 세계정세의 변화에 따라 중국은 1979년 미국과 국교 정상화가 이루어지고 1992년 한국과 국교 정상화가 이루어지며 1997년 러시아와도 국경분쟁에 종지부를 찍음으로써 본격적인 대외 개방을 추진할 수 있게 되었다.

2. 모택동과 등소평의 비교

중국의 개혁 개방을 추진한 등소평과 중국 공산당은 중국 특색의

---

325) 이 문건 전체에 대해서는 다음을 참조. 중국공산당중앙문헌연구실 편, 『정통 중국현대사』, 허원 역, 사계절, 1990.

사회주의, 사회주의 초급 단계론, 사회주의 시장경제론과 같은 이론을 갖추고 있다. 그 등소평의 개혁 개방의 이론을 다루기 전에 모택동과 비교하여 양자의 공통점과 차이점을 살펴볼 필요가 있다. 무엇보다 모택동이나 등소평은 중국혁명을 함께 수행했던 같은 공산당원이었으며 절친한 동지였다. 뿐만 아니라 정강산 투쟁이나 준의회의 등 당시 노선투쟁에서 등소평은 모택동을 지지하는 중요한 역할을 수행했다. 그렇다고 모택동과 등소평이 항상 동일했던 것은 아니다. 특히 1960년대와 70년대에 걸쳐 모택동과 등소평은 서로 다른 길을 걸으며 서로 대립하기도 했고 서로가 서로를 필요로 하기도 했던 애증의 관계를 형성했다.

　모택동은 호남성 출신으로 항상 국내에서 혁명 운동을 한 반면, 등소평은 근공검학 운동의 일환으로 프랑스에 유학 가서 노동자이자 공산주의자로 활동을 했다. 그리고 정강산에서 서로 만나기 전까지 모택동이 주로 농촌, 즉 홍구(紅區)에서 공개적인 혁명 활동을 한 것에 반해, 등소평은 도시, 즉 백구(白區)에서 비공개 지하 활동을 했다. 그러나 이러한 차이에도 불구하고 모택동과 등소평은 정강산 투쟁을 함께했으며, 강서소비에트를 수립하는 데 협력하였고, 만리장정 중에 둘은 뜻을 함께하였고, 항일 전쟁 시기에도 중국 공산당의 공식 이념으로 모택동 사상을 함께 형성하였다. 또한 중화인민공화국 수립 이후에도 중국을 함께 이끌어갔던 것이다. 실천적으로 볼 때 모택동과 등소평은 중국의 해방에 헌신했고, 이념적으로 볼 때도 사회주의를 지향했다는 점에서 서로의 공통점이 잘 나타난다.

　그런데 모택동과 등소평은 근본적으로 서로 다른 점도 있었다. 그 차이점이 1960년대 '조정기'와 '문화대혁명기'를 거치면서 모택동과 등소평의 노선 차이로까지 명확하게 드러나게 된 것이다. 예컨대 등소평은 '조정기'에 유소기(劉少奇: 1898～1969)와 함께 정책을 수행하면서 모택동과는 차이를 나타냈다. 구체적으로 양자의 차이를 보면 모택동은 농촌이나 농민을 매우 중시했고 풍부한 노동력을 통해 생산력을 향상시키려 했으며 무엇보다 사회주의적 평등 원리에 충실했다.[326] 이러한 경향과는 대조적으로 등소평은 농촌이나 농민보다 도시나 시민을 매우 중시했고 전문적인 지식인을 중시했으며 자유로운 이윤 추구를 통해 생산력을 향상시키려 했고 현실적으로 불평등한 현상이 나타난다고 해도 전체의 경제적 부를 중시했다.[327] 다시 말해 모택동은 농민을 중심으로 한 민중의 자각 능동성을 중시한 반면 등소평은 테크노크라트, 즉 기술관료의 전문성을 중시하였다.

모택동과 등소평은 '문화대혁명기' 중국 공산당에 대해 서로 다른 입장도 있었다. 중국 공산당은 어느 한 사람에 의해 만들어진 것이 아니라 수많은 사람들이 당원으로 활동하면서 중국 혁명을 이끈 대표적인 정당이다. 이런 점에서 보면 모택동과 등소평은 당원으로 중국 공산당 활동에 헌신적이었다. 그런데 모택동은 문화대혁명 당시 중국 공산당조차 혁명의 대상으로 설정하였다. 민중의 관점에서는

---

326) 모택동 사상에 대한 상세한 내용은 다음을 참조할 것. 김원열, 『중국 철학의 인간 개념 연구』, 한국학술정보, 2005, 153－191쪽. 또는 김원열, 『중국철학의 인간 개념 연구』(증보판), 한국학술정보, 2008, 「제5장 모택동사상의 대상성의 변화－사회적 실천」 참조.

327) 등소평 이론에 대한 원전은 다음을 참조할 것. 중공중앙문헌편집위원회 편, 『등소평문선』1－3권, 인민출판사, 1993－1994.

당시 공산당원이 특권 계급으로 인식되었고 중국 공산당에 문화대혁명이 필요하다고 판단했기 때문이다. 그러나 등소평은 문화대혁명이 필요 없다고는 생각하지 않았지만 그 혁명 대상이 중국 공산당으로 모아지는 것을 결코 원치 않았다. 문화대혁명 시기 중국에서 실제로 전개된 것은 공산당원의 특권이 폐지되었고 공산당의 존립 근거도 취약하게 되었다. 이 과정에서 모택동은 권력을 장악했으나 등소평은 실각되기도 하고 복권되기도 하는 정치적 시련을 겪었다. 논의를 정리하면 모택동이 '계속혁명'의 논리로 중국 공산당조차 문화대혁명의 대상으로 삼고 실제로 혁명을 실천한 것에 반해 등소평은 중국 공산당의 주도적인 역할을 전제한 상태에서 문화대혁명의 전개 과정에서 나타난 혼란과 문제점에 주목하였다. 이러한 양자의 차이를 파악해야 문화대혁명 이후 등소평이 문화대혁명을 비판하고 개혁 개방을 추진하게 된 이론적 근거들을 제대로 이해할 수 있다. 문화대혁명 이후 개혁 개방의 이론적 근거가 최초로 등장한 것이 '중국 특색의 사회주의'다.

3. 중국 특색의 사회주의

1981년 6월 중국공산당은 제11기 6중전회에서 문화대혁명에 대한 '역사 평가'를 시도하고 1982년 9월 제12차 전국대표대회(약칭 12대)에서 '중국 특색의 사회주의'를 표방하였다. '역사 평가'가 과거 문화대혁명에 대한 청산 작업이었다면, '중국 특색의 사회주의'는 향후 개

혁 개방을 위한 거대한 청사진이었다. 특히 '중국 특색의 사회주의'
는 사회주의 초급 단계론이나 시장경제론이 형성되기 이전부터 지속
적으로 개혁 개방의 기초 이론으로 제시된 것이기 때문에 매우 중요
한 의미를 지니고 있다. '중국 특색의 사회주의'는 중국 공산당 12대
개막식에서 등소평이 마르크스주의의 보편적 진리와 중국의 구체적
실제를 결합하여 자신의 길을 갈 것을 주장했던 것에서 비롯된다.[328]

　정치적 측면에서 보면 '중국 특색의 사회주의'는 중요한 네 가지
기본 원칙을 담고 있다. 그것은 사회주의, 무산계급의 독재, 공산당
의 영도, 마르크스-레닌주의와 모택동 사상의 견지다. 첫째 사회주
의의 경우 무엇보다 생산수단의 공유제를 기초로 한다. 둘째 무산계
급의 독재는 무산계급을 중심으로 한 민중의 권력을 옹호하기 위한
것이다. 셋째 공산당의 영도는 중국공산당이 중화인민공화국을 대표
하는 유일한 정당임을 확인하는 것이다. 넷째 마르크스-레닌주의와
모택동 사상은 사회주의와 공산주의를 실현하기 위한 중국 공산당의
주요 이념이다. 이 가운데 모택동 사상은 1945년 중국 공산당의 공
식 이념으로 선포된 이후 현재까지도 공산당의 대표적인 이념으로
남아 있다. 중국 공산당이 문화대혁명을 청산하는 과정에서 모택동
을 비판하면서도 모택동 사상을 중요한 이념으로 남겨놓은 이유는
만약 모택동 사상을 완전 부정할 경우 곧바로 중국 공산당 자신을
부정하는 결과를 낳기 때문이다.[329]

---

328) '중국 특색의 사회주의'를 국가이념의 차원에서 다룬 것은 다음을 참
　　조할 것. 송봉규 외, 『중국학개론』, 동양문고, 1998, 89-97쪽.
329) '중국 특색의 사회주의'를 세계화의 문제와 연관해서 정리한 것은 다

이와 같이 '중국 특색의 사회주의'의 네 가지 기본 원칙을 바탕으로 등소평은 '해방사상(解放思想)'과 '실사구시(實事求是)'를 주장하며 개혁 개방을 추진했다. 그에 따르면 '해방사상'은 다음과 같다. "우리가 말하는 해방사상은 마르크스주의의 지도 아래 타성에 젖은 세력과 주관적인 편견의 속박을 타파하여 새로운 상황을 연구하고 새로운 문제를 해결하는 것이다." 다시 말해 그는 문화대혁명 이래 사람들이 처한 사상적 혼란 특히 교조주의와 주관주의를 비판하기 위한 방법으로 '해방사상'을 내세운 것이다. 그런데 그는 '해방사상'과 '실사구시'가 서로 매우 밀접한 연관이 있다고 보았다. 예를 들어 그는 다음과 같이 말한다. "해방사상은 사상과 실제를 서로 부합시키고, 주관과 객관을 서로 부합시키는 것으로서 실사구시이다." 확실히 어떤 일이든 사실에 바탕을 둬야 올바른 해결 방법이 모색될 수 있다는 점에서 등소평의 '해방사상'과 '실사구시'는 개혁 개방의 추진에서 매우 중요한 의미가 있다.

등소평은 '중국 특색의 사회주의'의 기본 원칙을 견지하면서 '해방사상'과 '실사구시'를 강조하며 낙후한 중국의 현실을 인식하고 선진국을 목표로 하는 개혁 개방을 추진한 것이다. 또한 그의 이론이 발전한 것이 바로 중국 공산당의 사회주의 초급 단계론이며, 구체적으로 4개 현대화, 즉 공업 / 농업 / 국방 / 과학기술의 현대화인 것이다. 이 4개 현대화는 원래 모택동이 제시하고 주은래(周恩來: 1898~1976)가 선포했던 것을 개혁 개방의 구체적인 항목으로 등소평이 재

음을 참조할 것. 이철승, 『유가사상과 중국식 사회주의 철학』, 심산, 2002, 257쪽.

강조한 것이다. 공업과 농업 분야를 살펴볼 때 공업 개혁의 경우 시장원리를 적극적으로 도입하여 현대화를 달성하고, 농업 개혁의 경우는 사실상 인민공사의 해체로 개별 농민의 이익 추구를 보장하는 방식으로 현대화를 달성하고자 하였다. 이러한 개혁 개방의 논리를 체계적으로 이론화한 것이 '사회주의 초급 단계론'이다.

4. 사회주의 초급 단계론

중국 공산당은 개혁 개방을 추진하면서 경제 개혁의 이론적 근거로 사회주의 초급 단계론을 제시했다. 이 사회주의 초급 단계론은 1987년 10월 중국공산당 중앙 제 3기 전국인민대표자대회에서 조자양(趙紫陽: 1919~2005)이 최초로 보고한 것이다. 이론적으로 볼 때 보편적인 역사 발전 법칙에 따르면 사회주의는 자본주의보다 훨씬 높은 생산력을 지닌 공산주의로 이행하는 과도기적인 경제적 사회구성체다. 그런데 과도기적인 사회구성체라고 해도 사회주의는 이론적으로 자본주의가 고도로 발달한 가운데 사적 소유의 철폐와 생산수단의 사회화라는 특징이 있다. 그러나 현실 사회주의 국가들은 선진 자본주의 국가들보다 결코 생산력이 높지 않은 상태에서 사회혁명을 통해 사회주의 국가가 된 경우가 대부분이다.

특히 중국의 경우 자본주의의 발달 과정을 거치지 않고 반식민지 반봉건 사회에서 중화인민공화국을 수립하였다. 그러나 내전을 통해 중국을 수립했지만 물려받은 유산은 파괴된 산업시설과 굶주린 엄청난 인구였다. 이렇게 열악한 객관적 조건을 고려할 때 건국 이후 상대적으로 생산력이 매우 낙후한 상태에서 민중의 힘으로 생산력을 향상시키고 그 자신감으로 사회주의적 개조 과정을 거친 것은 불가피한 선택이었다. 그런데 1980년대 중국의 현실은 여전히 민중의 욕구에 비해 사회적으로는 생산력이 매우 뒤떨어져 있었다. 그래서 당시 공산당은 중국 사회의 주요 모순을 '나날이 증가하는 인민의 물질적/문화적 수요와 뒤떨어진 사회 생산력 사이의 모순'으로 파악하였다. 이와 같은 주요 모순 규정은 1930년대 후반 상황과 다른 것이다. 1930년대 후반에는 제국주의와 중국 인민 간의 모순을 주요 모순으로 파악했던 것과 달리 1980년대 개혁 개방 시기에는 낮은 생산력과 인민 요구의 불일치가 주요 모순으로 규정된 것이다. 이 주요 모순 규정은 중국의 사회주의가 저급한 생산력을 지니고 있다는 것을 스스로 인정한 결과다.

사회주의 초급 단계론의 특징이 정확하게 중국 자신의 실제 모습을 인정한 것에 기초하면서도 생산력의 발전을 위해 자본주의가 아닌 사회주의를 내세웠다는 점이다. 다시 말해 어떠한 일이 있어도 사회주의를 포기하지 않겠다는 것과 진정한 사회주의를 실현하려는 의지가 담겨 있는 것이 사회주의 초급 단계론이다. 생각해 보면 중국 사회의 각종 모순들을 극복하는 과정에서 수많은 민중들의 희생이 뒤따랐고 마침내 제국주의의 지배로부터 자유로운 중화인민공화국을 수립했던 중국 공산당의 입장을 충분히 고려할 필요가 있다. 중국 공산당이 자신의 존립 기반인 사회주의 이념과 체제를 포기하기는 매우 어려운 일이다. 왜냐하면 사회주의의 포기는 중국 공산당이 자신을 포기하는 것과 마찬가지기 때문이다. 따라서 중국 공산당은 사회주의를 포기하고 자본주의로 되돌아가지 않고 반드시 사회주의를 실현할 것을 강조하였고, 이 명시적이고 체계적인 사회주의 선언이 사회주의 초급 단계론이다.[330]

그렇다면 등소평이 강조했던 '중국 특색의 사회주의'는 사회주의 초급 단계론과 어떤 연관이 있을까? '중국 특색의 사회주의'는 마르크스주의의 보편적 진리를 중국의 구체적 사실에 결합시키는 것으로 중국이 처한 낙후한 생산력과 수준 낮은 생활에 기초한 '사회주의 초급 단계론'과 긴밀한 연관이 있는 것이다. 그래서 사회주의 초급 단계론은 생산력 발전에 모든 것을 귀결시키고 모든 활동의 기준으로 '생산력 표준론'을 제시하고 있다. '생산력 표준론'은 생산력 발전에 도움이 되는 것은 받아들이고 방해가 되는 것은 폐기하는 매우 실용주의적인 가치관의 표현이다. 일종의 성장 중심주의에 해당하는 '생산력 표준론'이 사회주의 초급 단계론에서 중요한 이론으로 등장하게 된 것은 현대 중국의 개혁 개방에서 오로지 생산력을 중시하는 중국의 실용주의적 특징을 잘 말해 준다.

5. 사회주의 시장 경제론

1992년 1월 등소평의 '남순강화(南巡講話)' 이후 중국 공산당은

---

330) '사회주의 초급 단계론'을 경제 개혁으로 다룬 것은 다음을 참조할 것. 강춘화,『당대 중국학 입문』, 박영률출판사, 1998, 289-294쪽.

동년 10월 제14차 전국대표대회를 통해 개혁의 방법으로 '사회주의 시장 경제론'을 공식적으로 채택하였다. '사회주의 시장 경제론'은 개혁 개방을 추진하는 중국 공산당이 중요한 경제 정책으로 설정한 이론이다.331) 중국은 개혁 개방 이전에 철저한 계획경제에 입각해 경제 정책을 수행했다. 그런데 비효율적인 계획경제가 중국의 경제발전에 걸림돌이 된다고 판단한 중국 정부는 시장경제의 도입을 적극적으로 검토하게 되었고 그 결과 '사회주의 시장경제' 이론을 형성하게 된다. 이 '사회주의 시장경제'는 기본적으로 중국의 경제성장을 위한 방법이기 때문에 '시장경제'에 강조점이 있는 것이다. 이론적으로 볼 때 사회주의는 생산수단의 사회화와 계획 경제로 자본주의적인 시장, 즉 자본가 계급과 노동자 계급이 자본과 노동력을 교환하는 시장을 필요로 하지 않는 것으로 전제하는 것이 일반적이다. 그러나 중국 공산당은 민중의 욕구가 충족되기 위해서는 시장이 필요한 것으로 보고, 사회주의하에서 시장경제를 옹호하는 논리를 전개한다. 예컨대 등소평은 사회주의와 시장경제에는 근본 모순이 존재하지 않으며, 사회주의에도 시장경제가 있을 수 있다고 주장하는 것이다. 이러한 주장은 시장경제를 자본주의적인 것으로만 보고 그것에 대해 일반적으로 형성되어 있는 심리적 거부감을 완화시킨다.

　　그런데 만약 계획경제보다 '시장경제'를 강조할 경우 중국의 경제성장은 가능할 수 있지만, 그 성장과정에서 발생할 수 있는 빈부격차의 문제가 더욱 심각해질 염려가 있다. 다시 말해 기존의 계획경

---

331) '사회주의 시장경제론'의 형성 과정과 총체적 기획에 대해서는 다음을 참조할 것. 강춘화, 『당대 중국학 입문』, 박영률출판사, 1998, 191－197쪽.

제를 완전히 포기하면 시장경제는 왜곡된 혼란에 빠지거나 양극화 현상이 나타날 수 있는 것이다. 이러한 점에서 중국의 시장경제는 자본주의가 아닌 사회주의라는 점을 강조하고, 시장경제만이 아니라 계획경제도 유지하지 않을 수 없는 것이다. 그래서 등소평은 시장경제뿐만 아니라 그 시장경제를 통제할 수 있는 사회주의 체제를 강조한 것이다. 그는 한편으로 시장경제를 강조하면서도 시장경제의 병폐를 막기 위해 다른 한편으로 사회주의를 강조한다. 따라서 '사회주의 시장경제론'은 사회주의와 시장경제를 절충한 것으로 시장경제로 경제성장이라는 목적을 이루고 필요할 경우 정부가 시장에 적극적으로 개입하고자 하는 특징을 지닌 경제정책 이론이다.

소유 형태로 '사회주의 시장경제'를 보면 이것은 사적 소유가 아니라 공유제에 기초하고 있다. 사적 소유가 아니라 공유제를 근간으로 하기 때문에 이것에는 계급 문제가 없다고 한다. 공유제를 기초로 한 '사회주의 시장경제'는 자본가 계급과 노동자 계급의 대립이 아니라 노동자들 상호 간에 호혜와 평등 관계가 성립한다는 것이다. 또한 사회주의 시장경제는 기본적으로 계획 경제이기 때문에 자본주의 시장의 무질서한 경제 혼란에 빠질 일이 없다는 것이다. 다시 말해 사회주의 시장 경제의 생산 관계는 노동자 계급 상호 간의 평등한 관계이기 때문에 대립이 아닌 협조가 필요하고 시장은 자본주의 시장이 아니라 계획적 상품경제를 바탕으로 하기 때문에 경제 혼란이 발생하지 않는다는 것이다.

그런데 여기서 발생하는 문제는 사회주의 시장 경제에서 생산력 발전과 같은 성장 제일주의에 몰두하다 보니 새로운 형태의 자본가

계급이 이미 중국에서 출현하여 자본가와 노동자 사이에 계급 대립이 격화될 수 있다는 점이다. 그리고 계획 경제를 강조하지만 자본이 축적되면 그것이 국가의 계획과 통제를 벗어나 수단과 방법을 가리지 않고 자유롭게 이윤을 추구하는 것이 자본의 법칙이라는 점에서 계획 경제가 붕괴될 가능성이 높은 것이다. 그럼에도 불구하고 중국 공산당이 사회주의 시장 경제를 강조하는 것은 등소평이 '소강수평(小康水平)'이라고 지칭하는 민중들의 물질문화 생활이 안정된 수준을 확보하기 위한 것이며, 경제 개혁과 함께 대외 개방을 주장하는 것도 민중들의 욕구가 어느 정도 충족될 수 있는 생활을 확보하기 위한 것이다. 여기에도 여전히 문제가 남아 있는데 인간의 욕구는 끝이 없어서 중국이 고도성장을 할 경우는 별문제가 없지만, 만약 성장이 둔화되고 실업자가 급증하며 사회적 양극화가 심화된다면 사회적으로 큰 문제가 대두될 것이란 점이다. 이러한 문제가 현실로 나타난 것이 1989년 6·4 천안문 민주화 운동이다.

6. 6·4 천안문 민주화 운동

1989년 6월 4일 발생한 북경 천안문 앞에서의 대학생들과 시민 그리고 노동자의 민주화 요구와 중국 공산당의 유혈 강경 진압 사태는 세계적으로 큰 충격을 준 사건이다. 1989년 천안문 민주화 운동의 직접적인 계기는 4월 15일 호요방(胡耀邦)이 심장마비로 갑작스럽게 죽자, 그의 죽음을 추모하기 위해 4월 17일 대학생들이 주축이 되어 모인 것에서 비롯된다. 천안문 추모 집회에 모인 사람들은 한편으로 호요방을 추모하고, 다른 한편으로 정부 내의 부패와 관계중심의 연고주의의 종식, 정책결정에서 더 많은 민주적 참여, 그리고 대학 환경의 개선 등을 중국 정부에 요구했다. 그런데 학생들이 연좌농성을 하고 대화를 요구했으나 이루어지지 않자 학생들은 4월 24일 동맹휴학 및 5월 4일 시위행진과 단식농성까지 불사하였다. 그 과정에서 등소평과 이붕(李鵬: 1928~)의 사임을 촉구하게 된 것이다. 그제야 이붕은 학생들과 대화를 나누었는데 그 대화가 결렬되고 천안문 광장은 일촉즉발의 긴장감이 감돌게 되었다. 특히 5월 17일과 18일에 천안문 광장 안팎에서 민주화 운동에 참여한 사람이 100만 명을 넘어서면서 위기의식을 느낀 이붕 국무원 총리와 국가주석 양상곤(楊尙昆: 1907~1998)은 5월 20일 계엄령을 선포하였다. 그러나 계엄군이 노동자들의 조직적인 저항으로 천안문 광장의 통제에 실패하자 6월 3일 밤늦게 국가주석인 양상곤 주석의 친척이 사령관인 제27군과 등소평 지지의 부대가 광장에 있던 학생, 시민, 노동자에게 무차별 발포를 하고 6월 4일 천안문 광장을 봉쇄하였다. 이 민주화 운동에 희생된 사람은 약 7백 명이고 다친 사람도 수천 명에 이르렀다.332)

이 민주화 운동의 주체는 처음에는 대학생이었고 이후 교수와 언론인이 참여했으며 나중에는 일반 시민과 노동자도 적극적으로 참여하게 되었다. 이 민주화 운동의 대상은 중국 공산당의 부패관료였으

---

332) 천안문 민주화 운동 전반에 대해서는 다음을 참조할 것. 나까지마 미네오, 『중국의 비극』, 강표 역, 인간사, 1989.

며, 운동 주체들은 독재적 통치 체제 대신 민주주의를 요구하였다. 민주화 운동이 좌절한 후 마침내 당시 미온적이었다는 이유로 조자양이 실각하고 강경한 입장이었던 강택민(江澤民: 1926~)이 권력의 핵심으로 등장하는 결과를 낳았다. 그리고 민주화 운동에 앞장섰던 학생과 교수는 외국으로 망명을 가서 중국 공산당에 반대하는 단체를 구성하고 끊임없이 중국의 민주화를 요구하게 되었다.

이 민주화 운동은 10년간 추진한 중국의 개혁 개방 정책이 지닌 문제점들이 한꺼번에 폭발한 것이라는 점에서 자세히 살펴볼 필요가 있다. 먼저 민주화 운동이 발생하게 된 원인을 보면 무엇보다 개혁 개방에 따른 빈익빈 부익부, 즉 양극화 현상의 심화를 들 수 있다. 경제적으로 볼 때 개혁 개방의 성과는 당 고위간부의 자녀나 친척이 독차지하여 당 고위간부와 특별한 관계가 없으면 부자가 될 가능성이 별로 없는 것이다. 이와 같이 양극화 현상이 심화되는데다 물가는 치솟고 실업자는 늘어나는 현상이 나타났다. 그래서 민주화 운동 초기에 대학생들은 관계 중심의 연고주의를 철폐할 것을 요구하고 보다 전면적인 개혁 개방을 요구한 것이다. 그리고 정치적으로 볼 때 중국의 보수적인 정치 제도하에서는 민중의 정치적 권리가 별로 없는 상황이었다. 그래서 많은 사람들이 민주주의를 요구하게 된 것이다.[333]

---

333) 민주화 운동이 전개되던 5월 소련의 고르바초프가 북경을 방문했는데 당시 학생들에게는 그가 민주주의의 영웅으로 인식되었다. 소련과 중국 그리고 북한 사회주의를 각각 페레스트로이카와 개혁 그리고 주체로 비교한 것은 다음을 참조할 것. 송두율, 『소련과 중국』, 한길사, 1990, 263-285쪽.

그런데 민주주의를 요구한 것은 천안문 민주화 운동에서 최초로 나타난 것이 아니다. 예컨대 이미 1979년 북경 홍위병 출신인 위경생(魏京生)은 제5의 현대화로 민주주의를 요구했으며 공산당이 중국의 문제를 해결하지 못하고 있다는 것을 빈민가, 매춘, 도처에서 사람들이 비참할 정도로 가난하게 살며 구걸하는 모습을 보면 알 수 있다고 하였다. 그리고 인민의 경제적 '가난' 문제의 해결은 민주주의를 통해 이루어질 수 있다고 본 것이다. 또한 그가 생각한 민주주의는 '문화대혁명' 초기 중국 민중의 강인함과 민주주의를 향한 투쟁의 힘이며, 대표를 민중 스스로 선택하는 것이다. 이러한 민주주의 요구는 1986년 대학생들의 민주화 요구에서도 잘 나타난다. 당시 학생들은 자유와 민주주의를 요구했던 것이다. 다시 말해 이미 개혁개방 과정에서 민주화 요구는 줄기차게 이어졌으며 1989년 천안문 민주화 운동 과정에서 다양한 요구들이 집약적으로 표출된 것이다. 따라서 비록 무력으로 민주화 운동이 좌절되었지만 중국 사회의 모순이 심각할수록 언제든 다시 민주화 운동이 전개될 수 있는 것이다.

7. 중국의 경제성장과 사회적 문제들

경제 개혁과 대외 개방 정책을 추진한 이래로 중국은 매우 높은 경제 성장을 지속하고 있다. 1997년 등소평이 죽은 이후에도 중국의 개혁 개방 정책은 강택민과 호금도(胡錦濤: 1942~)로 이어지는 권력 구조에서도 계속 추진되는 기본 정책이다.[334] 그런데 등소평이 바라던 소강 사회의 경우 호금도가 집권하면서 2004년 당시 중국이 이미 소강 사회에 진입한 것으로 평가했고, 최근에는 더 높은 사회적 목표를 설정했다. 이러한 고무적인 현상은 중국의 경제 성장률이 높은 수준에서 유지될 때 가능한 것이다. 중국의 개혁 개방 정책이 목표로 했던 생산력의 향상과 급속한 경제성장은 등소평을 비롯해 강택민도 지속적으로 추구했던 것이고 그 실행 과정에서 중국 공산당이 많은 노력을 기울인 것도 사실이다. 예컨대 개혁 개방을 가속화할 목적으로 등소평이 1992년 대외 개방 지역을 방문하여 개혁 개방을 촉진시킨 '남순강화(南巡講話)'는 대표적인 사례다.

　확실히 최근까지 중국은 연 9%대의 높은 경제성장률을 유지하고 있다. 그런데 그 성장은 엄청난 빈부격차를 전제로 한 것이다. 일본 유엔대학 세계경제개발 연구소에 따르면 2006년을 기준으로 지니계수가 0.47에 이를 정도로 중국의 양극화 현상은 심각한 수준에 와 있는 실정이다. 그래서 등소평이 '흑묘백묘(黑猫白猫)'에 입각한 실용주의 노선이나 성장 지상주의의 표현인 '선부론(先富論)'이 2004년 10월 중국공산당 16기 제5차 중앙위원회에서 제11차 5개년 계획 구호인 '균부론(均富論)'으로 바뀐 것은 중국 사회의 빈부격차가 매우 심각한 수준에 이르렀다는 것을 의미한다. 그러나 현대 사회주의 중국이 개혁 개방을 통한 성장 지상주의 또는 보수적 성장주의를 바꾸지 않는 한 중국 사회의 양극화 현상은 쉽게 해소되기 어려운 문제가 남아 있다. 다시 말해 한편으로 높은 경제 성장률을 유지하면서

---

334) 1997년 등소평의 사망과 강택민 체제에 대해서는 다음을 참조할 것. 김영화, 『강택민과 중국정치』, 문원, 1997, 267-295쪽.

사회적 양극화를 해소하는 일은 어느 나라든 결코 쉬운 일이 아니다.

중국 사회의 문제가 단지 양극화와 같이 소득 격차에 따른 빈부 문제만 있는 것은 아니다. 1978년 이후 지금까지 지속적으로 추진되고 있는 현대 중국의 개혁 개방 체제는 한편으로 급속한 경제 성장을 이루고 있지만, 다른 한편으로 수많은 사회 문제들이 여전히 존재하고 악화되고 있다. 예를 들어 정치적 민주화 문제, 과도한 인구 문제, 이농현상으로 대표되는 농촌과 도시의 격차 문제, 연해 도시와 내륙 도시의 불균등한 발전 문제, 소수 민족 문제 등이 그러하다. 이러한 현대 중국의 문제들 가운데 특히 정치적 민주화 문제는 천안문 민주화 운동에서 나타났듯이 언제든 매우 심각한 형태로 재현될 수 있는 것이다. 중국의 개혁 개방의 최대 수혜자들인 자본가 계급이 정치적 민주화를 요구할 경우 그 파장은 거대할 수밖에 없을 것이다. 이런 점을 고려해서인지 중국 공산당은 이미 2002년 중국 공산당 16차 인민대표자대회(약칭 16대)에서 사영기업가와 자영업자와 같은 자본가 계급의 중국 공산당 입당을 전격적으로 허용하였다. 자본가 계급을 공산당에 입당시킴으로써 혹시 일어날 수도 있는 자본가 계급의 민주화 운동을 사전에 차단하기 위한 의도가 있는 것이다. 이로써 중국 공산당은 계급정당에서 국민 정당으로 변화한 것이다.

8. 중국의 향후 전망과 유교의 역할

개혁 개방을 추진하면서 그 합리화 또는 정당화의 이념이었던 '중국 특색의 사회주의'를 어떻게 평가할 것인가는 현대 중국을 이해하는 데 매우 중요한 문제다. 왜냐하면 '중국 특색의 사회주의'는 '사회주의 초급 단계론'이나 '사회주의 시장 경제론'과 같은 개혁 개방의 논리를 규정짓는 중요한 포괄적 범주이기 때문이다. 따라서 '중국 특색의 사회주의'가 견지하고자 한 네 가지 기본 원칙들을 통해 이 문제를 다음과 같은 몇 가지로 나누어 살펴볼 필요가 있다. 첫째 중국은 사회주의 국가인가? 둘째 중국은 무산 계급 독재가 이루어지고 있는가? 셋째 중국에서 공산당은 영도적 지위에 있는가? 넷째 중국의 지배 이념은 마르크스-레닌주의와 모택동 사상인가?

첫째 중국은 사회주의 국가인가? 중국은 여전히 사회주의 국가임을 표방하고 있으며 생산수단의 경우 국가 기간산업은 여전히 공유제를 원칙으로 하고 있다. 그런데 정치적으로 사회주의를 표방하고 있다고 해도 현재 공유제의 원칙이 다양한 분야에서 사적 소유로 바뀌고 있는 실정이다. 다시 말해 경제적으로 자본주의의 원리를 확대하면 할수록 사회주의 이념은 퇴색되고 국가의 정체성도 자본주의로 바뀔 수밖에 없는 것이다. 둘째 중국은 무산 계급 독재가 이루어지고 있는가? 중국 사회에 큰 영향을 미치는 현실 권력의 축이 노동자와 농민에서 공산당 간부와 자본가 계급으로 이동하고 있는 현실에서 무산 계급 독재가 관철되고 있다고 보기 어렵다. 셋째 중국에서 공산당은 영도적 지위에 있는가? 이 공산당의 영도 견지는 현재 이루어지고 있다. 중국에서 다른 어떤 정치적 집단보다 공산당은 가장 강력한 권력을 지니고 있다. 중국 사회의 향방을 규정짓는다는 점에서 현재 중국에서 가장 영도적 지위에 있는 정치 집단은 공산당이다. 다만 공산당 내부에 자본가 계급이 영입되는 변화 과정을 볼 때 공산당 자체의 성격 변화 가능성이 존재한다. 넷째 중국의 지배 이념은 마르크스-레닌주의와 모택동 사상인가? 아직까지는 중국 공산당이 중국 사회를 지배하고 있기 때문에 공산당의 이념인 마르크스-레닌주의나 모택동 사상은 지배적 위치에 있다. 문제는 개혁 개방의 흐름 속에서 이념적 갈등과 충돌 현상들이 나타나고 있다는 점이다. 따라서 '중국 특색의 사회주의'에서 견지하려는 네 가지 기본 원칙은 유명무실해질 가능성을 안고 있는 것이다.

현재 중국 공산당이 자주 언급하는 '소강(小康)' 사회나 '대동(大同)' 사회라는 것은 매우 전통적인 유교의 용어를 현대에 차용해서 현재와 미래를 설명하는 방식에 속한다.[335] 그런데 개혁 개방 초기 등소평이 추구했던 선부론(先富論)의 소강 사회나 앞으로 중국 사회가 균부론(均富論)의 대동 사회로 이행하는 것과 같은 전망은 불분명할 수밖에 없다. 왜냐하면 전망이 불투명한 것은 사용되는 용어 자체가 소강이나 대동과 같이 불분명한 유교적 용어이기 때문이다. 그리고 중국의 향후 경제성장에 대한 전망도 수많은 변수를 고려해야 하므로 결코 쉽지 않은 일이다. 또한 유교라 할 때 그 유교의 외연과 내포를 한정하지 않으면 매우 자의적인 절충식 답변에 그치게 될 것이다. 다만 지금까지 중국 공산당이 전통에 대해 비판계승의

---

335) '소강(小康)'이나 '대동(大同)'은 유교에서 과거를 이상적으로 설정하는 복고적 관념에서 나온 것이다. 원래 '소강'은 공공성의 '대동'이 사적으로 타락한 것을 의미하는데 중국 공산당은 이것을 개혁 개방 초기 '먹고 살 만한 사회'로 규정하였다. '대동'과 '소강'에 대해서는 다음을 참조할 것. 호광 외 찬, 『예기』, 성균관대 대동문화연구원, 1985, 271-272쪽.

입장을 취한 것과 최근까지 국학이란 이름하에 특히 유교 연구를 지원하거나 활용한 것을 고려하면 전통적인 유교의 역할에 대해서는 어느 정도 생각해 볼 수 있다.

　중국에서 유교는 다른 어떤 것보다 중화주의를 대변하는 중국적 사유 체계로 중국 공산당의 입장에서는 충분히 이용 가치가 있는 것이다. 동아시아에서는 경제성장의 문화적 원인으로 유교가 관심의 대상이 되어 유교 자본주의가 담론으로 형성됐다. 그렇지만 중국에서는 유교 자본주의 논의가 활발하게 전개되기 어려운 점이 있다. 왜냐하면 중국 공산당은 여전히 '중국 특색의 사회주의', '사회주의 초급 단계론', '사회주의 시장 경제론'과 같이 이념으로서 사회주의를 포기하지 않기 때문이다. 그런데도 중국 공산당이 국학 진흥 차원에서 유교 연구를 지원하는 것은 전통적인 유교가 지닌 보수적 특성이 중국의 현실 문제를 무마시키는 역할을 할 수 있다는 기대감이 있는 것이다. 예컨대 계급 간 갈등과 대립보다 조화와 질서를 중시하는 유교는 현존 지배 구조를 유지하는 데 도움이 되는 것이다. 물론 화교 경제권의 강화 과정에서 중화주의의 대표적인 이념인 전통 유교가 중국 대륙과 해외 화상들 사이에서 매개 역할을 할 수는 있다. 그러나 동아시아에서 경제성장의 원인을 유교 문화에서 찾는 것이 합리적인 설득력이 없듯이, 중국의 사회 모순을 전통적인 유교로 해결하려는 시도는 결국 실패하고 말 것이다. 또한 중국은 사회주의 혁명을 통해 유교를 철저히 비판한 역사적 경험이 풍부하기 때문에 전통적인 유교 이념이 중국 사회에서 높은 경제 성장률을 유지하는 것과 심각한 사회 모순을 극복하는 것에 적극적으로 기여할 가능성은 그다지 높지 않다. 오히려 유교는 중국 사회의 정치문화에서 지배 질서의 유지와 같은 보수적 이념들 가운데 하나로 활용될 가능성이 높은 것이다.336)

---

336) 한국 사회에서 유교의 문제점을 민주주의와 비교하여 다룬 것은 다음을 참조할 것. 김원열, 『동북아시아 유교의 전통과 현대』, 한국학술정보, 2007, 191-195쪽.

참고문헌

강춘화, 『당대 중국학 입문』, 박영률출판사, 1998.

김영화, 『강택민과 중국정치』, 문원, 1997.

김원열, 『동북아시아 유교의 전통과 현대』, 한국학술정보, 2007.

김원열, 『중국철학의 인간 개념 연구』, 한국학술정보, 2005.

나까지마 미네오, 『중국의 비극』, 강표 역, 인간사, 1989.

마크 블레처, 『반조류의 중국』, 전병곤·정환우 역, 돌베개, 2001.

막스 베버, 『유교와 도교』, 이상률 역, 문예출판사, 1990.

막스 베버, 『프로테스탄티즘의 윤리와 자본주의 정신』, 종로서적출판사,
        1988.

베링턴 무어, 『독재와 민주주의의 사회적 기원』, 진덕규 역, 까치, 1985.

샤오메이 천, 『옥시덴탈리즘』, 정진배 역, 강, 2001.

송두율, 『소련과 중국』, 한길사, 1990.

송봉규 외, 『중국학개론』, 동양문고, 1998.

송영배, 『중국사회사상사』, 한길사, 1986.

양재혁, 『동양사상과 마르크시즘』, 일월서각, 1989.

에드워드 W. 사이드, 『오리엔탈리즘』, 박홍규 역, 교보문고, 1991.

오쿠무라 사토시, 『새롭게 쓴 중국 현대사』, 박선영 역, 2001.

이철승, 『유가사상과 중국식 사회주의 철학』, 심산, 2002.

조경란, 『중국 근현대 사상의 탐색』, 삼인, 2003.

조너선 D. 스펜스, 『현대 중국을 찾아서』1-2권, 김희교 역, 이산, 1998.

중국공산당중앙문헌연구실 편, 『정통 중국현대사』, 허원 역, 사계절, 1990.

중공중앙문헌연구실 편,『모택동문집』1-8권, 인민출판사, 1993-1999.

중공중앙문헌편집위원회 편,『등소평문선』1-3권, 인민출판사, 1993-1994.

중공중앙문헌편집위원회 편,『모택동선집』1-4권, 인민출판사, 1991.

한국철학사상연구회 편,『현대중국의 모색』, 동녘, 1992.

한중사회과학연구회 편,『현대중국의 이해』, 한울, 2002.

호광 외 찬,『예기』, 성균관대 대동문화연구원, 1985.

색 인

ABSTRACT

A Study on the Human Concept in the Chinese Philosophy
—As the Center of Turning Point in the Episteme Methods—

Kim, Won Yeol

This thesis is written for the purpose of analyzing on the Human Concept of Chinese Philosophy. Mao Zedong Thought (毛澤東思想) has ruled modern China for 60 years since 1940s. As a modern philosophy, It is a very important ideology of modern China. Especially it was an epoch of changes in the episteme methods. Mao Ze-dong(毛澤東; 1893-1976) had criticized the traditional episteme methods in china, made it a new system of thought, that is Mao Zedong Thought.

In first chapter, I deal with different problems of study as an introduction. For example there are aim, sphere and method of this thesis. Above all questions the most important thing is "What is a human?" In the chinese philosophy, this question has not presented to philosophers, because they have regarded it useless. But the question is worthy of notice. If we couldn't prescribe for a human, we wouldn't understand about a human. By the way according to each times, episteme methods of a human have changed in china. After I systematically analyze the changes of episteme methods, I will syntheseze the Human concepts. Now chapters of this paper are introduced to readers from 2nd chapter to 6th chapter.

In second chapter, ancient chinese Human concepts divided into two points. That is, one is a human concept of 'the natural thing', the other is a human concept of 'the emperor-center'. Ancient chinese philosophers had thought a human the part of the nature. This logic of an organism is Tian Ren He Yi(天人合一). In it differents of a human and a nature is disappeared, only a community of two remains. For instance Ru Gia(儒家) and Dao Gia(道家) had treated Wan Wu(萬物) without discrimination. Therefore they had regard a human to a natural thing. In the logic of sameness a human is not a positive being but a passive being

262

before the Nature. Of course the logic of Tian Ren Zhi Fen(天人之分) had been unfolded by Xun Kuang(荀況; 313?-238 B. C). But Tian Ren He Yi(天人合一) became the main current, Tian Ren Zhi Fen(天人之分) remained to be the branch stream in premodern society of China. And Ancient chinese philosophers, that is Ru Gia, Dao Gia, Mo Gia(墨家), Fa Gia(法家) etc., all had folded the logic of 'the emperor-center'. First of all Fa Gia had stood by emperor, because they had wanted to unify nations with emperor's power. After all they unified nations in 221 B. C.

This human cocepts had developed the model of a natural human, that is Sheng Ren(聖人). Ru Gia worshipped that he was a divine being. However the natural human is not 'Ding für uns' but 'Ding an sich'. Therefore this human concept connotes the way of nature-'of itself'(自然). And this pattern of episteme methods is made by Dong Zhong-shu(董仲舒; 179-104 B. C) in the Han(漢) period, finally it become the ruling ideology in the middle ages. It was Xuan Xue(玄學; the School of Mysteries) that developed the eposteme model. For example It used the methode of Qing Tan(淸談), that is 'pure conversations'. But they can not free from the real world, because they are related to political issues. Henceforth the model of a natural human succeed to Neo-Confucianism in the

Song(宋) and Ming(明) period.

In third chapter, I analyze Neo-Confucianism's human concepts, divide them to three types. First, it is a human of 'the Sensitive Impulse'. He(or She) is not an active being but a passive being before the Nature. And this human of the Sensitive Impulse is an unconsciousness being like a plant in the episteme phases. For instance Zhou Dun-yi(周敦頤; 1017-1073) emphasized the logic of Zhu Jing(主靜) in the Bei Song(北宋) period. It implied the cutting of episteme functions as the way of Xiu Yang(修養). The human of the Sensitive Impulse admires the emperor system in China.

Second, it is a human of 'the Original Nature'. According to Zhu Xi(朱熹; 1130-1200) in the Nan Song(南宋), the human has the Original Nature, it is Li(理). This logic is the very theory of Xing Ji Li(性卽理). This human of the Original Nature is a priori being. In the logic he explained movements of nature with Li and Qi(氣). And he made a distinction between Li and Qi, endowed Li with the best value. In other words he regarded Li as right, but Qi as wrong. Particular he attached great importance to Zhu Jing(主敬) as the way of Xiu Yang. He made it a main category in Neo-Confucianism. It means obedience before the enormous Nature or the Man of high social status. In the end the human of the Original Nature became the ruling ideology since the Nan Song.

Third, it is a human of 'the Transcendental Mind'. It is Liang Zhi(良知) that know innately moral knowledge without a posteriori experience. Especially Wang Shou-ren(王守仁; 1472-1528) stressed this logic in the Ming (明) period. When he said Xin Ji Li(心卽理), it implied that 'the Mind is the Principle.' According to his notion, there is nothing outside Mind (Xin Wai Wu Wu; 心外無物). In other words it is Xin that is a very important concept. The Xin is the subjectivity of the human. But his Xin concept is imperfect, because it can not get out of the body. And he don't criticize the emperor system, admired it in the Ming age. Therefore his human concept of the Transcendental Mind could not help incompleting, his Xin Xue(心學) supported to the order of emperor-center.

In fourth chapter, I deal with relations of the Western and the Chinese, that is 'the Western Impact' and 'the Chinese confrontation'. Above all new human concepts are introduced to the Chinese by Matteo Ricci(1552-1610). He was the Italian Jesuit, basically his human concept was the Catholic Theology. By the way he thought that the human had the Reason, that is the intellectual capacity. It distinguishes the human from the animal. And he convinced of relationship between the ancient Chinese thoughts and Christianity. But his human concept of the Reason was unfamiliar to the Chinese. After all his Rational human couldn't widely spread in the China.

After the Opium War the chinese philosophers could not help thinking about the western human concepts, because they came to a serious crisis-the western invasions. Particular after the chinese defeat of 1895, many thinkers searched for coumter plans. Of them it was Yan Fu(嚴復; 1853-1921) that introduced the western philosophies to the chinese. During the translating years he understood the Reasonable human concept through the theory of Social Evolution. And Tian Yan Lun(天演論) was his most a successful translation. Many philosophers used terms of 'the survival of the fittest'(適者生存) or 'superior victorious, inferior defeated'(優勝劣敗) for explaining to the real China. But he did not realize imperial factors in the theory of Social Evolution. Also he admired the system of emperor. Consequently he couldn't take part in the National Revolution.

The republican Sun Wen(孫文; 1866-1925) devoted himself to the National Revolution. His San Min Zhu Yi(三民主義) represented the republican ideology in the modern China. And he insisted on the human concept of the National Reason. In other words it was the capitalists who were value to him. But after the Revolution of 1911 had been failed by the military, he developed San Min Zhu Yi into a new thing under the Socialism. For instance he criticized the problems of Capitalism, interested in the Socialism. But he didn't deny the national capitalists as ever. Though he was the National Revolutionist, his ideology was based on the chinese elitism. Therefore his human concept can not help having the sense of distances in the People's profits.

In fifth chapter, I deal with the human concept of Mao Zedong thought. In the Mao Zedong thought the human concept divided to three characteristics. The first, Mao Ze-dong regards 'Thinking' as a product of the material 'Being'. In other words he thinks that 'Being' is more fundermental thing than 'Thinking'. If there are not the material 'Being', there are not the 'Thinking'. Of course 'the relationship between Being and Thinking' in Mao Zedong Thought is based on Marx-Leninism. But in comparison him with other communists, he starts from the real China. And he argues 'the Subjective Activity'(自覺能動性) about a human. It discriminates a human between animals, because only a man has the capacity. Pre-modern chinese philosophers thought a passive human the part of the nature. In contrast with them, he thinks a active human other Being with the nature. Therefore a human in the Mao Zedong thought can exploit the nature, the society etc.

The second, Mao Ze-dong regards a human as the Class Being. In terms of the chinese word, it is Ren Min(人民). He emphasizes the struggle of classes, for example worker class vs capitalist class. In other words he uses more concrete concepts than abstract concepts about a human. According to him, Ren Min is the subject of the history. Also they is the subject of the production. Hence they have the right of profits. Traditionally Ren Min is not the subject but the object in the chinese government. But Ren Min in the Mao Zedong thought is not only the object but also the subject. Therefore the class human concept is the core of episteme methode in the Mao Zedong thought.

The third, it is the Continuous Revolution(繼續革命). In the Continuous Revolution, the human thinks over the real problems. Mao Ze-dong systematically made it the concept of consideration. This consider human is in search of the Continuous Revolution. For instance it is the Great Cultural Revolution that reflects from the Continuous Revolution. Major contradictions(主要矛盾) between Ren Min and Excutives stirred up the Great Cultural Revolution. After the Red Guards were avantcouriers in the Great Cultural Revolution, they were closely connected with it. By the way the Great Cultural Revolution was not the Court a coup d'état but Ren Min's Revolution. The Great Cultural Revolution was the Continuous Revolution of Point to Equality. Therefore I conclude the Great Cultural Revolution is Ren Min's Revolution for class profits in Mao Zedong Thought.

Finally sixth chapter is a conclusion of this thesis. In sixth chapter, for the readers, I summarize the main subjects from 2nd chapter to 5th chapter. Particular the summary consists of the contrast pre-modern thought between Mao Zedong Thought, that is traditional episteme way and modern episteme methode. For example from Bai Xing(百姓, an sich Sein) to Ren Min(人民, für sich Sein). However Mao Zedong Thought in the china is not the doctrine of absolute perfection, because all thoughts has the limit of time and space.

저자소개

김원열(金元烈)

　서울 을지로에서 선친 김성구(金聖九)와 어머니 조향기(趙香紀) 사이의 건강한 아들로 태어났다. 부모님의 끝없는 사랑 속에서 어린 시절 천진난만하게 자랐으며, 청소년 시기 삶과 죽음의 문제와 사회 문제에 골몰했다. 일찍이 철학에 관심을 갖고 성균관대학교 동양철학과에서 학부 및 대학원 석박사 과정을 마쳤으며, 특히 성대 양현재 기숙사 생활은 민족의 흥망성쇠와 민중의 삶을 자각하는 계기가 되었다. 문학석사 논문은 「송대 신유학의 자연 개념 연구」(1997)이고 철학박사 논문은 「중국 철학의 인간 개념 연구」(2004)이다.

　철학박사 학위 취득 이후 한국철학사상연구회의 전임연구원으로 학술 활동을 하면서 주로 근현대 한국의 철학 사상을 연구했으며, 대학강의는 성균관대, 한국기술교육대, 호서대 등에서 사회철학 관련 강의를 했다. 지난 몇 년간 새로운 인문학을 모색하는 과정에서 인문콘텐츠학회 이사로 활동하게 되었으며, 현재도 인문학과 콘텐츠의 융합적 만남에 대한 연구를 계속 진행하고 있다. 학술단체협의회 대외협력위원장을 역임했으며 현재도 다시 그 일을 맡고 있다. 또한 한국철학사상연구회의 한국사회문제연구분과에서 분과장으로 한국

사회의 제반 모순을 연구하고 있으며 한양사이버대 교양학부 철학 교수로 재직 중이다.

　주요 저서는『중국 철학의 인간 개념 연구-인식방법의 전환을 중심으로』(한국학술정보, 2005),『최제우의 동경대전』(삼성출판사, 2006),『동북아시아 유교의 전통과 현대』(한국학술정보, 2007),『한·미 FTA와 한국의 선택(공저)』(한울아카데미, 2007),『송대 신유학의 자연 개념 연구』(한국학술정보, 2008) 등이다. 또한 주요 논문은 「유교민주주의론에 대한 비판적 고찰」(2002), 「민중의 관점에서 바라본 문화대혁명」(2003), 「황도 유교의 사유체계와 방법론적 문제점에 대한 비판」(2004), 「동북아시아 삼국의 근대성에 대한 비판적 고찰」(2005), 「유교 윤리의 근대적 변형에 대한 비판적 고찰」(2006), 「유교 민주주의와 공동체 윤리관」(2006), 「지속가능한 발전 개념과 담론 연구」(2007), 「한국의 비정규직 교수 문제에 대한 진단과 대안적 고찰」(2008) 등이다.

전자우편: bulgum@hycu.ac.kr

중국 철학의 인간 개념 연구
― 인식 방법의 전환을 중심으로 ―

• 초판 인쇄   2008년 3월 30일
• 초판 발행   2008년 3월 30일

• 지 은 이   김원열
• 펴 낸 이   채종준
• 펴 낸 곳   한국학술정보㈜
            경기도 파주시 교하읍 문발리 513-5
            파주출판문화정보산업단지
            전화   031) 908-3181(대표) · 팩스   031) 908-3189
            홈페이지 http://www.kstudy.com
            e-mail(출판사업부) publish@kstudy.com
• 등   록   제일산-115호(2000. 6. 19)
• 가   격
            29,000원

ISBN   9. ~~89 534 8646~~1 93150 (Paper Book)
        978-89-534-8647-8 98150 (e-Book)